LAURA BALDINI

Lehrerin einer neuen Zeit

LAURA BALDINI

Lehrerin einer neuen Zeit

Maria Montessori –
Die schwerste Entscheidung ihres Lebens
traf sie für das Wohl der Kinder

ROMAN

PIPER

Mehr über unsere Autoren und Bücher:
www.piper.de

Wenn Ihnen dieser Roman gefallen hat, schreiben Sie uns unter Nennung des Titels »Lehrerin einer neuen Zeit« an empfehlungen@piper.de, und wir empfehlen Ihnen gerne vergleichbare Bücher.

Bedeutende Frauen, die die Welt verändern, Band 1

FSC
www.fsc.org
MIX
Papier aus verantwortungsvollen Quellen
FSC® C083411

5. Auflage 2020
ISBN 978-3-492-06240-4

Lektorat: Dr. Annika Krummacher
Satz: Uhl + Massopust, Aalen
Gesetzt aus der Adobe Devanagari
Druck: CPI books GmbH, Leck
Printed in the EU

Irrenanstalt Ostia bei Rom, 1894

Die Glocken der Chiesa Sant'Aurea kündigten die Abendmesse an. Der tiefe, metallene Klang hallte zwischen den Häusern wider und drang durch die dicken Mauern des alten Gebäudes, das einst ein Kloster gewesen war. Das Läuten hatte etwas Beruhigendes und Vertrautes. Die Kirchenglocken weckten vage Erinnerungen an ein Leben in Freiheit, an Lachen und ausgelassenes Spiel. An einen Hof mit Hühnern, denen die Kinder hinterherliefen, um sie zu fangen. An eine sonnendurchflutete Werkstatt und den Geruch von frisch gehobeltem Holz. Doch sobald die Glockenklänge erstarben, verschwanden auch die freundlichen Bilder einer vergangenen Zeit.

Luigi hockte zusammengekauert auf einer harten Matratze. Man hatte ihn erneut in die winzige Zelle gesperrt, in der nichts als ein kahles Stahlrohrbett stand. Durch ein kleines, rechteckiges Fenster ganz oben an der Wand sah er den Himmel, der sich dunkelblau färbte und den Untergang der Sonne ankündigte. Luigi konnte sich nicht erinnern, warum er schon wieder hier war. Sein Aufenthalt in der Zelle hatte etwas mit dem rostbraunen Fleck zu tun, der ihm anklagend von der grauen Wand entgegenleuchtete. Der Fleck erinnerte ihn an ein Tier, dessen Name ihm allerdings entfallen war, so wie er nach und nach alle Bilder und Namen vergaß, die mit seiner Vergangenheit zu tun hatten. Möglich, dass der rostbraune Fleck von seinem Blut stammte. Er würde die Wand so lange verunzieren, bis der Raum irgendwann neu ausgemalt wurde. Das konnte Jahre dauern, denn das Geld war knapp, und die Menschen, die man hier untergebracht hatte, waren der Obrigkeit weniger wert als der Unrat, der sich in den Armenvierteln Roms auf den Straßen sammelte. Im Istituto waren die Geisteskranken des Hafengebiets Ostia untergebracht, die Idioten und die Krüppel, die man wegsperrte, um den Rest der Gesellschaft vor ihrer Unberechenbarkeit zu schützen. Mit seinen erst acht Jahren war Luigi bei Weitem nicht der jüngste Insasse des Istituto. Im großen Saal nebenan befanden sich Kinder, die gerade erst angefangen hatten zu laufen. Doch statt sich über ihre ersten Schritte zu freuen und lachend durch den Raum zu stolpern, hockten sie auf ihren Betten und starrten mit leeren Augen an die schmucklose Decke.

Warum saß Luigi nicht bei ihnen? Hatte er wieder zugebissen? Einer der Wärter hatte ihn ein gefährliches Monster geschimpft, einen Wilden, der niemals gelernt habe, sich den Regeln der Gesellschaft zu unterwerfen. Dunkel konnte Luigi sich an den Geschmack von Blut erinnern. War es sein eigenes gewesen? Luigis Mund war seine einzige Waffe. Damit wehrte er sich gegen die Übergriffe der Erwachsenen, wenn sie ihm mit ihren starken Händen die Kleidung vom Leib rissen, um ihn mit eiskaltem Wasser abzuspritzen, damit er nicht stank wie ein Tier. Eine erniedrigende und qualvolle

Prozedur, die sich jede Woche aufs Neue wiederholte. Gut möglich, dass sie ihn wegen eines Bisses in die Jacke aus stinkendem, kratzendem Stoff gesteckt hatten. Die langen Ärmel waren am Rücken fest zusammengebunden. Luigi konnte sich kaum noch bewegen. Und der Blutfleck an der Wand? Luigi blinzelte. An seinen langen Wimpern hingen winzige dunkle, getrocknete Tropfen. Seine rechte Schläfe pulsierte. Offenbar war er gegen die Wand gestoßen worden. Vorsichtig neigte er den Kopf und sah an sich herunter. Auch die Jacke war voller Blutspritzer. Wenn er das Gesicht verzog, spannte die Haut über seinem rechten Auge. Dort pochte eine Wunde, und das war gut so. Er begrüßte den Schmerz wie einen Freund, der ihm signalisierte, dass er am Leben war. Solange er ihn spürte, hatte er die Gewissheit, dass er noch nicht tot war. Alles war besser als die furchtbare Leere, die ihn Tag für Tag begleitete. Eine Leere, die er nur mit dem aussichtslosen Kampf gegen seine Wärter füllen konnte.

Luigi wünschte, die Kirchenglocken würden erneut erklingen, damit die freundlichen Erinnerungen an ein Leben zurückkehrten, das es wert war, dafür zu kämpfen. Aber mit jedem Tag, den er hier verbrachte, wurden die Bilder blasser. Luigi fürchtete nichts mehr als den Zeitpunkt, wenn sie völlig verschwunden wären. Wenn er wie die anderen Kinder resignieren und sich kampflos seinem Schicksal ergeben würde. Er legte den Kopf auf den Knien ab und lauschte in die Stille. Sie war finster und bedrohlich, wie ein Loch ohne Boden, in dem man langsam versank. Luigi wartete auf die Glocken, irgendwann würden sie die Gläubigen wieder zum Gebet rufen und ihn für einen kurzen Moment aus der leeren Dunkelheit holen.

Rom, Herbst 1894

»Wo bleibt Papa?« Nervös lief Maria im Speisezimmer auf und ab. Bei jedem Geräusch, das eine vorbeifahrende Kutsche ankündigte, eilte sie zum hohen Fenster, das auf die Straße führte, und schaute suchend nach unten.

»Er wird gleich kommen«, beruhigte Renilde Montessori ihre Tochter. Sie blickte von ihrer Stickarbeit auf, einem kleinen Spitzendeckchen, das sie später auf die dunkle Kommode aus glänzendem Kirschholz legen wollte, damit jeder Besucher gleich sehen konnte, dass eine geschickte und fleißige Dame dem Haushalt vorstand. »Dein Vater weiß, dass er dich heute zur Universität begleiten muss.«

»Manchmal denke ich, Papa verspätet sich absichtlich, um mein Studium noch komplizierter zu gestalten. Dabei ist es so schon schwierig genug. Jeden Tag heißt es, sich aufs Neue gegen neidvolle Kommilitonen und ignorante Professoren durchzusetzen. Sie wollen allesamt keine Frau in ihren ehrwürdigen Räumen sehen.« Maria kehrte zum Esstisch zurück und ließ sich wenig elegant auf einen der Stühle plumpsen. Ungeduldig trommelte sie mit ihren langen, schlanken Fingern einen Takt auf die Tischplatte.

»Unsinn. Dein Vater wird gleich da sein. Er weiß, dass du nicht allein zum Anatomischen Institut fahren kannst. In diesem Fall reicht es auch nicht, wenn ich oder eine andere Frau neben dir in der Kutsche sitzt. Für eine Anstandsdame ist dein Vorhaben zu außergewöhnlich, du brauchst männliche Begleitung.« Mit gerunzelter Stirn warf Renilde einen tadelnden Blick auf Marias Hand. »Hör mit dem Geklopfe auf«, forderte sie streng.

Schuldbewusst zog Maria ihre Hand zurück in ihren Schoß. Trotz ihrer vierundzwanzig Jahre fühlte sie sich manchmal in der Gegenwart ihrer Mutter wie ein kleines Mädchen, das wegen seines ungestümen Benehmens gemaßregelt wurde. Dabei war sie eine der ersten Frauen Italiens, die erfolgreich Medizin studierte, und war im letzten Monat sogar mit dem begehrten Rolli-Preis geehrt worden, der ihr ein stattliches Stipendium von tausend Lire gewährte. Seither war Maria von ihren Eltern finanziell weitgehend unabhängig.

»Bei jedem anderen Seminar oder bei einer Vorlesung wäre es mir gleich, wenn ich zu spät käme«, sagte Maria. Sie war es gewohnt, dass sie als Frau den Vorlesungssaal erst betreten durfte, wenn alle männlichen Kollegen da waren und einen Platz gefunden hatten. Da einige immer zu spät kamen, musste sie regelmäßig warten und hörte nie die einleitenden Sätze der Vortragenden. »Aber bei meiner ersten Stunde im Seziersaal, noch dazu einer Privatstunde, wäre es äußerst unangenehm, wenn ich nicht pünktlich wäre. Professor Bartolotti würde mir das sehr übel nehmen.«

»Ich weiß, Maria. Und deinem Vater ist der Umstand durchaus bekannt, das kannst du mir glauben.« Seit Tagen gab es im Hause Montessori kein anderes Gesprächsthema.

Maria ließ keine Gelegenheit aus, mit ihrer Familie über ihre Ängste zu sprechen. Der Saal, in dem tote Menschenkörper untersucht wurden, war in ihren Augen ein gruseliger Ort, den sie am liebsten gemieden hätte. Aber ohne die Anatomiestunden gab es keinen Abschluss. Also musste Maria sie über sich ergehen lassen.

Renilde legte ihre Stickarbeit auf dem Tischchen ab und sah ihre Tochter ermutigend an.

»Du bist schon so weit gekommen, du wirst auch diesen Teil des Studiums schaffen.« Im Gegensatz zu ihrem Mann, dem Finanzbeamten Alessandro Montessori, war sie von Anfang an vom Berufswunsch ihrer Tochter begeistert gewesen und hatte sie in ihrem Vorhaben, eine der ersten Ärztinnen Italiens zu werden, bedingungslos unterstützt. Für Renilde war Marias Entscheidung nicht unerwartet gekommen. Nach sechs Jahren Grundschule hatte ihre Tochter eine technische Sekundarschule besucht und danach ein zweijähriges Studium der Naturwissenschaften abgeschlossen. Da war die Medizin beinahe eine logische Konsequenz. Alessandro Montessori sah das etwas anders, doch Renilde war stolz auf ihre Tochter. Vielleicht mischte sich eine Spur Neid darunter, denn auch die Mutter hatte einen wachen Geist und interessierte sich für die Naturwissenschaften. Leider war es ihr verwehrt gewesen, ein Studium zu absolvieren. Dieses Privileg erkämpften sich die Frauen des neuen, vereinigten Königreichs Italien erst allmählich.

»Du könntest die Wartezeit sinnvoll nutzen und dein Haar neu hochstecken«, schlug Renilde vor. »Es hat sich eine Strähne gelöst, was nicht nur nachlässig, sondern auch frivol aussieht. Du kannst es dir nicht leisten, dass über dich getratscht wird.«

Maria verzog den Mund. Sie war es gewohnt, dass ihre Mutter ihr Aussehen bemängelte. Renilde Montessori, geborene Stoppani, stammte aus einer Großgrundbesitzerfamilie in Chiaravalle, einer kleinen Stadt in der Nähe von Ancona. Wie viele Italiener war sie der festen Überzeugung, dass die katholische Kirche den Menschen nicht nur den einzig wahren Glauben anbot, sondern ihnen auch die Regeln vorgab, an die sie sich im Leben zu halten hatten. Sittsamkeit erschien ihr als eine der höchsten Tugenden.

Gerade als Maria dem Vorschlag ihrer Mutter Folge leisten wollte, hörte sie, wie sich im Erdgeschoss die Eingangstür öffnete.

»Endlich!« Rasch sprang sie auf. Die Haarsträhne war vergessen. Maria griff nach ihrer ledernen Umhängetasche, in der sich ihre Bücher, ihre Unterlagen und das Federmäppchen befanden, und stürmte zur Treppe. Damit sie nicht so schwer schleppen musste, hatte sie ihre Bücher in dünne Hefte geteilt, von denen sie immer nur diejenigen mitnahm, die sie gerade brauchte. Sobald sie ihre Prüfungen bestanden hatte, wollte sie die Einzelteile wieder zu Büchern binden lassen. Trotzdem wog die Tasche einige Kilogramm.

»Maria!«

»Ja?« Sie drehte sich zu ihrer Mutter um.

»Du bist doch rechtzeitig zum Abendessen wieder zu Hause?«

»Ich weiß es nicht.«

»Flavia hat gestern frische Pasta gemacht. Die bereitet sie heute Abend mit Butter und Salbeiblättern zu. Das ist eine deiner Lieblingsspeisen.«

»Das klingt verlockend, Mama, aber ich kann dir leider nicht sagen, wie lange ich im Seziersaal brauchen werde.«

Für einen Moment wirkte Renilde enttäuscht. Die Aussicht, länger als gewohnt auf die Rückkehr ihrer Tochter warten zu müssen, missfiel ihr. Die abendlichen Gespräche mit Maria bildeten den Höhepunkt in ihrem eintönigen Alltag. Seit Jahren wusste sie über jede Kleinigkeit im Leben ihrer Tochter Bescheid, und so sollte es auch in Zukunft bleiben.

»Ich werde auf dich warten.«

»Bis später!« Maria warf ihrer Mutter eine Kusshand zu und lief wenig damenhaft den Gang entlang zum Vorzimmer. Dabei raffte sie ihre langen Röcke, um nicht über den Saum zu stolpern. Die kleine goldene Uhr, die sie an einer Kette um den Hals trug, baumelte hin und her.

Im Flur stand ihr Vater neben der Eingangstür. Er hatte dem Dienstmädchen Flavia seine Aktentasche übergeben, seinen Hut aber aufbehalten. Auch seinen Gehstock hielt er weiter in der behandschuhten Hand. Alessandro Montessori war ein stattlicher Mann, der auf sein Äußeres großen Wert legte.

»Wenn du weiter so rennst, wirst du noch über deine eigenen Füße fallen«, bemerkte er missbilligend.

Maria war froh, dass er überhaupt wieder mit ihr sprach. Nachdem sie ihm vor gut zwei Jahren mitgeteilt hatte, dass sie Ärztin werden wollte, hatte er wochenlang kein Wort mit ihr gewechselt und sie geflissentlich ignoriert, wenn sie ihn um seine Meinung gefragt hatte. Die gemeinsamen Mahlzeiten waren eine Tortur gewesen. Zum Glück war diese Phase vorbei. Zwei wichtige Ereignisse hatten maßgeblich dazu beigetragen. Zum einen das Rolli-Stipendium, zum anderen die

Ehre, die Maria vor zwei Jahren beim Blumenfest in der Villa Borghese zuteilgeworden war. Damals hatte sie im Namen der Universität der italienischen Königin Margherita eine Fahne und einen Blumenstrauß überreicht. Hinterher war ein Foto von Maria und der Monarchin in den Zeitungen abgelichtet worden. Die Reporter hatten nicht nur Margheritas Schönheit gepriesen, sondern auch die Anmut und die Eleganz der jungen Medizinstudentin.

Auch wenn Alessandro endlich wieder stolz auf seine Tochter sein konnte, schienen die Tage, an denen er ihr mit warmer, bedingungsloser Zuneigung begegnet war, für immer der Vergangenheit anzugehören. Zu schwer wog die Enttäuschung, dass sie sich gegen seinen Willen für die Medizin entschieden hatte. Maria hatte sich damit abgefunden.

»In einer Stunde muss ich im Anatomiesaal stehen«, sagte sie aufgeregt.

»Das ist kein Ort für eine junge Frau«, brummte ihr Vater.

»Ich bin dir dankbar, dass du mich begleitest«, erwiderte Maria unbeirrt.

Statt zu antworten, öffnete ihr Vater die Eingangstür der Wohnung und ließ ihr den Vortritt. Maria nahm von Flavia ihren dünnen Staubmantel entgegen. Das Dienstmädchen arbeitete seit einem Jahr bei der Familie Montessori. Ihre Vorgängerin Silvia war unverheiratet schwanger geworden, weshalb sie, noch am Tag, an dem sie ihren Umstand gebeichtet hatte, das Haus hatte verlassen müssen. Renilde Montessori duldete keine moralischen Verfehlungen. So fortschrittlich sie in Hinblick auf die Ausbildung ihrer Tochter war, so konservativ waren ihre Vorstellungen von der Beziehung zwischen Mann und Frau. Maria schlüpfte nicht in den Mantel, sondern warf ihn bloß locker über ihre Schultern. Ihr war nicht kalt. Ganz im Gegenteil, vor Aufregung liefen feine Schweißtropfen über ihre Schläfen. Ihr Herz schlug schnell, und sie atmete flacher als sonst. Vielleicht hätte sie heute Morgen ihr Korsett etwas lockerer schnüren sollen. Aber sie hatte die Erfahrung gemacht, dass sie mit ihrer Erscheinung die Blicke der männlichen Kollegen beeinflussen konnte. Je enger die Taille und je femininer ihr Aussehen, umso eher schlug ihr Bewunderung statt Feindseligkeit entgegen, wenn sie die langen, düsteren Gänge der Universität entlanglief.

Schnell trat Maria ins Treppenhaus und stieg vor ihrem Vater die breite Wendeltreppe ins Erdgeschoss hinab. Vor dem Haus wartete eine geschlossene dunkle Kutsche. Alessandro Montessori war damit eben aus dem Finanzministerium gekommen, wo er als erster Revisor arbeitete. Für gewöhnlich lief er zu Fuß den Tiber entlang nach Hause. Die Tatsache, dass er eine Kutsche gerufen hatte, bewies Maria, dass er sie nicht unnötig hatte warten lassen. Ein Gefühl der Dankbarkeit durchflutete sie.

Als der Kutscher Maria erblickte, sprang er mit einem Satz vom Kutschbock und öffnete galant die Tür des Wagens.

»*Grazie mille!*« Geschickt kletterte Maria ins Innere. Ihr Vater nahm ihr gegenüber auf der rot gepolsterten Bank in Fahrtrichtung Platz. Kaum dass beide saßen, setzte sich die Kutsche mit einem Ruck in Bewegung und ratterte über die unebene Straße.

Die Universität La Sapienza, die 1303 als päpstliche Universität gegründet worden war, befand sich immer noch in der Nähe des Heiligen Stuhls. Mittlerweile war sie staatlich und teilte sich in vier Fakultäten auf: eine theologische, eine philosophische, eine juristische und eine medizinische. Der heutige Weg führte Maria und ihren Vater quer durch Rom, vorbei an einigen großen Sehenswürdigkeiten. An jedem anderen Tag hätte Maria den Blick aus der Kutsche genossen. Sie liebte die pulsierende Stadt, die mit jedem Gebäude von einer Vergangenheit erzählte, in der der Vatikan mit weltlichen Herrschern um die Vormachtstellung gekämpft hatte. Erst seit der Einigung Italiens wuchs Rom zu einer modernen Hauptstadt heran, in der kriegerische Auseinandersetzungen nicht mehr auf der Tagesordnung standen. Wie in einem riesigen Freilichtmuseum reihte sich ein Kunstwerk an das andere. Doch heute konnte Maria weder dem Kolosseum noch dem Forum Romanum, der Engelsburg oder dem Pantheon die gebührende Aufmerksamkeit schenken. Selbst als sie den Tiber überquerten, bedachte sie den Fluss mit keinem Blick. Nervös knetete sie ihre Hände in ihrem Schoß und betrachtete sorgenvoll die roten Flecken, die zurückblieben.

»Du musst diese Übung nicht machen«, sagte ihr Vater leise. »Jeder würde verstehen, wenn du das Studium abbrichst. Es ist keine Schande, wenn du dich für einen anderen Beruf entscheidest.«

»Auf gar keinen Fall!« Die Antwort schoss ihr förmlich aus dem Mund. Etwas sanfter fügte sie hinzu: »Was mich auch heute erwarten wird, ich werde nicht aufgeben. In zwei Jahren verlasse ich als Dottoressa die Fakultät.«

Bekümmert legte Alessandro Montessori seine hohe Stirn in Falten. Zu seinem Ärger gesellte sich die Sorge um seine Tochter. »Es ist nicht gut, wenn eine junge Frau in die entblößten Körper toter Menschen schneidet.«

»Ach, Papa.« Maria rollte ungeduldig die Augen. »Wir haben dieses Thema schon so oft besprochen. Warum ist es eine Selbstverständlichkeit, dass junge Männer Tote sezieren, und ein Skandal, wenn junge Frauen es machen?«

»Weil es unschicklich ist! Ich will mir gar nicht vorstellen, was du zu sehen bekommst.«

Maria schüttelte bloß den Kopf und antwortete nicht. Sie war diese Diskussion leid, von der sie wusste, dass sie zu keinem befriedigenden Ergebnis führte. In einen toten Körper zu schneiden, war immer gruselig, egal, ob der Schnitt von einer männlichen oder einer weiblichen Hand vollzogen wurde. Maria wusste, dass sie ihre Erfahrungen im Seziersaal allein machen musste. Angeblich war es männlichen Studenten nicht zumutbar, entblößte Körper zu studieren, wenn eine Frau anwesend war. Die Professoren vertraten die Meinung, dass junge Studentinnen grundsätzlich keine nackten Körper betrachten sollten. Es in Gegenwart von Männern zu tun, galt erst recht als obszön. Deshalb würde Maria zuerst theoretischen Privatunterricht erhalten, um dann allein im Seziersaal ihre Übungen durchzuführen. Sie durfte erst in den Saal, wenn alle anderen Studenten mit ihren Aufgaben fertig waren. Wenn die Kommilitonen trödelten, würde die Sonne bereits untergegangen sein, wenn es Maria endlich gestattet war, den Raum zu betreten.

Die Kutsche hielt vor dem vierstöckigen hellen Gebäude der Medizinischen Fakultät. Eine breite Treppe führte zum Eingang, der rechts und links von mächtigen Säulen flankiert war. Maria kletterte aus dem Wagen, und ihr Vater folgte ihr.

»Soll ich dich noch zum Saal begleiten?«

Maria blickte sich um. Der Platz vor dem Universitätsgebäude war weitgehend leer. Eine Mutter zog ein quengelndes Kind auf die andere Straßenseite, während ein Bursche sich mit einem schweren Handkarren abmühte, der mit verbogenen Metallteilen beladen war. Niemand schenkte ihr Beachtung. Marias Blick glitt die Fassade des Gebäudes hoch. Hinter einem der hohen Fenster im ersten Stock erkannte sie die Gestalt eines ihrer Professoren. Er hatte gesehen, dass Maria nicht allein gekommen war. Damit war dem Anstand Genüge getan.

»Nein, das ist nicht notwendig. Vielen Dank!«

»Wann soll ich dich wieder abholen?«

»Es reicht, wenn du mir gegen zehn eine Kutsche schickst«, meinte Maria. »Ich glaube nicht, dass irgendjemand zu später Stunde kontrollieren wird, ob du in der Kutsche sitzt.«

»Zehn Uhr?«, wiederholte ihr Vater grimmig.

Noch bevor er Protest einlegen konnte, verabschiedete sich Maria von ihm und lief die Treppe hoch zum Eingang. »Ich muss mich beeilen!«, rief sie und winkte ihm zu.

Im Inneren des Gebäudes war es kühl. Sie zog den Mantel enger um sich. Die dicken Mauern sorgten dafür, dass im Sommer die oft unerträgliche Hitze der Stadt draußen blieb und im Winter angenehme Temperaturen herrschten. Im Frühling und Herbst war es dagegen unerwartet frisch. Gegenüber vom Eingang hing eine übergroße Uhr, die an die unpersönliche Halle eines Bahnhofs erinnerte. Sie passte so ganz und gar nicht zur üppigen Barockausstattung der Räumlichkeiten. Dieser Teil der Universität war in einem ehemaligen Bischofspalazzo untergebracht. Aus Platzmangel hatte man die vier Fakultäten auf viele verschiedene Gebäude quer über Rom verstreut. Dieser Palazzo der Medizinischen

Fakultät zählte zu den vornehmsten Adressen. Steinerne Blumengirlanden an den Handläufen der Treppengeländer und pausbackige Engel in Fensternischen legten Zeugnis vom vergangenen Reichtum einstiger Bewohner ab. Auch wenn hier und da die Goldfarbe der Reliefs abblätterte, konnte man immer noch erahnen, wie eindrucksvoll die Empfänge und Ballnächte gewesen sein mussten, die hier abgehalten worden waren. Heute liefen mehr oder weniger motivierte Studenten durch die schmalen, hohen Gänge und verschanzten sich zum Studium hinter weiß gestrichenen Türen.

Maria nahm immer zwei der niedrigen Stufen auf einmal und gelangte rasch in das Zwischengeschoss, wo der Institutsdiener hinter einem Glasfenster saß. Maurizio war ein ungepflegter kleiner Mann, der im Krieg gegen die Habsburger seinen rechten Arm verloren hatte. Jetzt hockte er den ganzen Tag in der winzigen Holzkabine, las Zeitung oder aß das Salamibrot, das ihm seine Frau jeden Morgen mit in die Arbeit gab. Maurizio schenkte Maria keine Beachtung, sie lief an ihm vorbei und ging weiter in den zweiten Stock, wo der Anatomiesaal lag. Auf dem Weg über den Gang kamen ihr zwei Studenten entgegen. Andrea Testoni und Marco Balfano stammten aus reichen römischen Bürgerfamilien und hatten mit ihr das Studium begonnen. Beide hatten erst halb so viele Prüfungen absolviert wie Maria, was auf ihren ausschweifenden Lebenswandel zurückzuführen war. Lieber verbrachten sie ihre Nächte in den Cafés und Bars der Stadt, besuchten Soireen oder Tanzveranstaltungen, statt zu lernen. Sie begegneten Maria mit Hochmut und hatten sie in den letzten zwei Jahren noch nie gegrüßt. Dafür ließen sie keine Gelegenheit aus, um ihr das Leben schwer zu machen. Als Andrea Testoni sie erblickte, grinste er hinterhältig. Dann wandte er sich an Marco Balfano, der einen Kopf größer war als er selbst, und sprach so laut, dass Maria ihn hören musste: »Heute wird die hochnäsige Ziege ihre längst fällige Lektion erhalten.«

Balfano lachte zur Antwort. Obwohl Maria die Gehässigkeit der beiden gewohnt war, kränkten sie ihre Worte. Sie hatte keinem der beiden etwas getan. Allein die Tatsache, dass sie eine Frau war, genügte, dass die Männer sich in ihrer Ehre gekränkt fühlten. Maria schluckte ihren Ärger hinunter und ging hoch erhobenen Hauptes an ihnen vorbei. Die Absätze ihrer knöchelhohen Schnürschuhe hallten laut vom gefliesten Boden wider. Maria konzentrierte sich auf den Lärm, den sie selbst verursachte, und versuchte, das hämische Lachen der beiden zu ignorieren. Am Ende des Flurs blieb sie stehen. Angestrengt lauschte sie. Hinter der Tür waren Stimmen zu vernehmen. Die Kommilitonen hatten ihre Übungen noch nicht beendet. Das hieß, sie musste warten. Nervös trat sie zu einem der Fenster und lehnte sich gegen das Fensterbrett aus Marmor. Es dauerte schier eine Ewigkeit, bis die Tür sich öffnete und zwei weitere Studenten auf den Gang traten. Sie schenkten Maria keine Beachtung und liefen schweigend an ihr vorbei, als wäre sie Luft. Beide wirkten mitgenommen und blass. Kurz darauf ging die Tür noch einmal auf. Diesmal kam Professor Bartolotti heraus.

»Ach, da sind Sie ja«, sagte er. Bartolotti war ein kleiner, dürrer Mann mit einem gekrümmten Rücken. Auf seiner spitzen Nase saß eine schmale Metallbrille, über deren Rand er seine Studenten aus dunklen Knopfaugen streng musterte. Er war einer der wenigen Professoren, die Maria mit Wohlwollen begegneten. Das war nicht von Anfang an so gewesen, doch er hatte seine Meinung geändert, als er bemerkt hatte, dass Maria zu allen Übungen rechtzeitig erschien, ihre Aufgaben gewissenhaft erledigte und die vorgeschlagene Lektüre studierte. Mittlerweile schätzte Bartolotti seine einzige Studentin und hatte sich gegen die Ansicht der restlichen Dozenten, allen voran Dr. Sergi, durchgesetzt und dafür gesorgt, dass Maria am Anatomieunterricht teilnehmen konnte, wenn auch nicht in Gesellschaft der anderen Studenten.

»Kommen Sie herein, Signorina Montessori, bevor es finster wird.« Er öffnete die Tür weit und winkte sie zu sich. Über seinem dunklen Anzug trug er einen nicht mehr ganz sauberen Arztkittel, auf dem sich Blutspuren und Reste anderer Sekrete befanden. Maria bemühte sich, nicht auf die Flecken zu starren.

Es war das erste Mal, dass sie den Anatomiesaal betrat. Bisher hatte sie nur Schauergeschichten über das Inventar des Raums gehört und sich ihr eigenes Bild in ihrer durchaus lebhaften Fantasie zusammengereimt. Zögerlich folgte sie dem kleinen Professor in den lang gestreckten Saal. Der Raum war höher als der Gang und die Decke mit üppiger, bunter Malerei verziert. Halb nackte, römische Göttinnen saßen in prunkvollen Wagen, die von seltsamen Fabelwesen gezogen wurden. Aber Marias Aufmerksamkeit galt nicht den jahrhundertealten Gemälden, sondern den hohen Schränken, die links und rechts an den Wänden standen. In den Regalen reihten sich Gläser in unterschiedlichen Größen aneinander. Der Inhalt der Behälter ließ sie schaudern. Körperteile von verstorbenen Menschen schwammen darin: Fingerglieder, Hände, aber auch Innereien und sogar der vollständige Körper eines Ungeborenen. Marias Magen drehte sich um. Ihr spätes Mittagessen, das sie vor Stunden zu sich genommen hatte, stieß ihr sauer auf. Die Gläser stanken entsetzlich nach Salmiak und Verwesung.

»Dort hinten können Sie Ihren Mantel ablegen und einen der Kittel überziehen, damit Sie Ihr Kleid nicht unnötig beschmutzen.« Professor Bartolotti zeigte mit ausgestrecktem Arm auf einen Kleiderständer im hinteren Teil des Saals, der durch einen Säulengang abgetrennt war.

Maria lief nach hinten, sorgfältig darauf bedacht, weder nach rechts noch nach links zu schauen. War es moralisch vertretbar, dass Teile von Verstorbenen für immer in Gläsern schwammen, statt friedlich in einem Grab zu ruhen? Beim Kleiderständer angekommen, hängte sie ihren Staubmantel auf und griff nach einem der Kittel. Der Saum war feucht und klebrig. Sie zuckte zurück und ließ den Stoff wieder los. Rasch nahm sie ihren Mantel vom Ständer, faltete ihn fein säuberlich zusammen und stopfte ihn mühevoll in ihre Umhängetasche. Sicher würde ihre Mutter später schimpfen, aber besser ein paar Falten im Stoff als die Spuren von Leichenteilen. Mit spitzen Fingern schob sie die Kittel auseinander und wählte einen aus, der zwar über und über mit Blut und hellerem Sekret bespritzt war, dessen Flecken aber eingetrocknet waren. Angewidert schlüpfte sie in den Kittel, dann kehrte sie zum Professor zurück. Bartolotti war an einen der Tische getreten und hatte eine Petroleumlampe entzündet. Das flackernde Licht warf schaurige Schatten auf die schmutzige Tischplatte.

»Wir haben uns nicht die Mühe gemacht aufzuwischen. Der Tisch wird ohnehin gleich wieder schmutzig«, meinte der Professor beiläufig.

Maria nickte bloß. Sie wollte den Mund lieber nicht aufmachen – aus Angst, sich zu übergeben.

»Sie werden heute erste Untersuchungen an Organen vornehmen«, erklärte Bartolotti. »Wir haben Innereien für Sie vorbereitet, die Sie genau studieren sollen. Ziel ist es, dass Sie erkennen, wo wichtige Blutgefäße verlaufen und wie die Konsistenz und Größe eines gesunden Organs im Vergleich zu einem kranken ist. Ich will, dass Sie alles, was Ihnen auffällt, detailliert in schriftlicher Form festhalten. Später im Semester bekommen Sie Körperteile vorgelegt. Dabei gilt es, sich Schicht für Schicht bis zum Knochen vorzuarbeiten und jede Sehne, jeden Muskel freizulegen. Nach diesem Semester sollten Sie sowohl blind als auch im Schlaf jeden noch so kleinen Teil im menschlichen Körper kennen und benennen können.« Er machte eine kurze Pause. »Die Resultate dieser Aufträge ergeben die Semesternote.«

Wieder nickte Maria und starrte die Schüssel auf der Tischplatte an. Das Wasser darin war rot gefärbt vom Blut, das sich die Studenten vor ihr abgewaschen hatten. Ein schmutziges, zerknülltes Handtuch lag daneben.

»Darf ich frisches Wasser holen?«

»Wie bitte?« Irritiert schaute Bartolotti über seinen Brillenrand.

»Ich würde gerne die Schüssel mit frischem Wasser füllen.«

»Das ist reine Zeitverschwendung. Es ist spät, und ich will nach Hause, wo meine Frau mit dem Abendessen auf mich wartet.«

Die Vorstellung von Essen, egal welcher Art, brachte Marias Magen zum Rebellieren.

»Bleiben Sie denn nicht hier?« Maria versuchte erst gar nicht, die Angst in ihrer Stimme zu verbergen. Das Gefühl kroch einer Spinne gleich ihren Körper entlang und nistete sich in ihrem Nacken ein. Sie zog die Schultern hoch.

»Natürlich nicht, was soll ich denn hier tun? Ihnen etwa dabei zusehen, wie Sie die Leber eines Säufers in feine Scheiben schneiden?«

Maria wurde schwindelig. Tapfer atmete sie ein und aus, um nicht bewusstlos zu werden. Der Gestank war entsetzlich. Sie fragte sich, ob die Dämpfe schädlich für ihre Gesundheit sein mochten.

»Ich werde Ihnen zeigen, wie man mit dem Seziermesser umgeht, wie man es richtig ansetzt, ohne sich dabei zu verletzen, und dann bringt Ihnen der Institutsdiener die Organe, die wir für Sie vorbereitet haben. Den Rest müssen Sie schon selbst erledigen. Haben Sie Ihre Bücher dabei?«

Maria bejahte leise.

»Sehr schön. Dann lassen Sie uns beginnen.«

Aus einem nierenförmigen Metallbehälter, der am Ende des Tisches stand, holte Bartolotti mehrere scharfe Instrumente und deponierte sie in einer Reihe auf der schmutzigen Tischplatte. Zielstrebig griff er nach dem ersten Skalpell und legte es geschickt in seine Hand. Mit geübten Bewegungen führte er Maria vor, wie man es richtig festhielt. Dann reichte er es an sie weiter und verlangte von ihr, es ihm gleichzutun. Genauso ging er mit den weiteren Instrumenten vor. Schon nach wenigen Minuten war der Privatunterricht beendet.

»So, das war es auch schon«, sagte er zufrieden. »Ich habe Ihnen eine Lampe besorgt, damit Sie ausreichend Licht haben und die Organe nicht nach ihrer Form und dem Geruch beurteilen müssen«, bemerkte er und kicherte über seine Worte, die er für einen gelungenen Scherz hielt. »In weniger als einer Stunde können Sie hier die Hand nicht mehr vor Augen sehen. Die Sonne geht bereits unter.«

Marias Knie wurden weich. Warum gab es in dem Saal keinen Stuhl oder wenigstens einen Hocker, auf dem man sich kurz ausruhen konnte?

Bartolotti legte alle Instrumente zurück in den Metallbehälter und wischte sich die Hände an seinem Kittel ab. In dem Moment klopfte es. Noch bevor er laut »Herein!« rufen konnte, öffnete sich quietschend die Holztür, und Maurizio trat ein. Maria fragte sich, ob er die Tür mit dem Kinn geöffnet hatte, denn mit der verbliebenen Hand trug er eine große Schüssel vor sich her. Sie erinnerte an den Behälter, den Flavia in wenigen Wochen zum Backen des traditionellen Panettone im Advent verwenden würde. Aber aus dieser Schüssel stieg nicht der köstliche Duft von Vanille, Rosinen, Hefe und Zitronenschale auf, sondern ein bestialischer Gestank, der direkt aus der Hölle zu kommen schien.

Mit einem lauten Knall platzierte Maurizio den Behälter auf dem Tisch. Eine dunkle, schleimige Masse schwappte bis zum Rand der Schüssel. Wortlos ging der Diener mit schlurfenden Schritten wieder zur Tür.

»Maurizio wird so lange auf Sie warten, bis Sie hier fertig sind. Lassen Sie sich Zeit, und arbeiten Sie in Ruhe alle Forschungsobjekte durch.«

Nun murmelte der Diener unhöfliche Worte, doch sie verklangen in seinem dichten Vollbart, der ihm bis zur Brust reichte. Mit einem weiteren Knall schlug er die Tür hinter sich zu.

»Haben Sie noch irgendwelche Fragen?«

Marias Kopf war voller Fragen, aber sie wagte es nicht, sie zu stellen. Bartolotti wirkte ungeduldig, er griff nach seiner goldenen Taschenuhr und klappte sie auf. Es war nicht zu übersehen, dass er zu seiner Frau und seinem wohlverdienten Abendessen wollte. Schon schlüpfte er aus seinem Kittel, trug ihn zum Kleiderständer und hängte ihn dort auf. Als er zurückkehrte, hatte Maria immer noch keinen eingehenden Blick in die Schüssel gewagt.

»Es sind ein paar ganz hervorragende Anschauungsobjekte dabei«, sagte Bartolotti. »Ich bin schon gespannt auf Ihre Aufzeichnungen. Sie werden eine Menge lernen, meine Liebe.«

Maria zweifelte an ihrem Lernerfolg, denn sie fragte sich, wie sie es schaffen sollte hier zu bleiben, ohne in Ohnmacht zu fallen.

»Ich wünsche Ihnen gutes Gelingen!« Bartolotti wandte sich zum Gehen, als ihm noch etwas einfiel. »Bitte vergessen Sie nicht, die Lampe mitzunehmen, wenn Sie den Raum verlassen. Maurizio wird sie wegräumen. Und die zerschnittenen Organe werfen Sie einfach in den Eimer unter dem Tisch. Die Putzfrau wird sie morgen beseitigen.«

Sie verabschiedete sich von dem Professor, und sobald er den Saal verlassen hatte, hielt sie Ausschau nach dem erwähnten Eimer. Doch kaum hatte sie ihn entdeckt, schrie sie vor Entsetzen beinahe laut auf. In dem offenen Behälter lagen Fleischklumpen in unterschiedlichen Größen und Formen. Maria stürzte zum Fenster und riss beide Flügel auf. Dann lehnte sie sich nach draußen und hielt sich dabei am Fensterbrett fest. Gierig sog sie die herbstliche Abendluft in ihre Lungen. Noch nie war ihr der Geruch von Pferdeäpfeln, geröstetem Brot und dem Rauch, der aus den unzähligen Schornsteinen aufstieg, so lieblich erschienen wie jetzt. Für einen Moment schloss sie die Augen. Ihr Herz raste wie wild. Sie spürte das Blut durch den Körper pulsieren. Erst als der Gestank vollständig aus ihren Nasenflügeln entwichen war, öffnete sie langsam wieder die Augen und blickte nach unten. Eine Droschke polterte über die unebene Straße, eine Frau schleppte einen schweren Korb, der bis zum Rand mit angeschlagenen Tomaten und Gurken gefüllt war. Sie trug zerlumpte Kleidung und sah müde aus. Sicher hatte sie das Gemüse billig erstanden. Hinter ihr schlenderten zwei ältere Damen in eleganten Mänteln. Die eine trug einen zusammengeklappten Sonnenschirm in der Hand, der ihr als Spazierstock diente. Die Frauen liefen das neu angelegte Trottoir entlang, das nur bis zur nächsten Straßenkreuzung führte und dort im Nichts endete.

Maria sah den wohlsituierten Damen ebenso neidvoll nach wie der müden Frau in ihrem schäbigen Kleid. Wie gerne hätte sie mit ihnen getauscht! Alles erschien ihr im Moment erstrebenswerter als der Raum, in dem sie sich befand. Lieber hätte sie eimerweise fauliges Gemüse durch die Stadt getragen, als sich dem unappetitlichen Inhalt der Schüssel auf dem Tisch zu widmen. Was hatte sie Böses angestellt, dass man sie dermaßen bestrafte? War es ihr Hochmut, für den sie nun die Rechnung zahlte? Die beiden Frauen auf der Straße sahen aus, als wären sie mit ihrem Leben zufrieden. Sie schwätzten und lachten. Warum konnte Maria sich nicht mit den Kleinigkeiten des Lebens zufriedengeben? Weshalb nur hatte sie sich in den Kopf gesetzt, der Welt zu beweisen, dass eine Frau eine ebenso gute Medizinerin werden konnte wie ein Mann? Maria ballte ihre Hände zu Fäusten. »Weil es die Wahrheit ist«, sagte sie trotzig zu sich selbst.

Aus einer schmalen Seitenstraße trat ein Laternenanzünder. Unter den Arm hatte er eine Leiter geklemmt, in der anderen Hand hielt er eine kleine Lampe. Er ging zu einer der Straßenlaternen, klappte seine Leiter auf, kletterte hinauf und machte sich daran, das Licht zu entzünden. Die Sonne stand tief, in weniger als einer halben Stunde würde sie vollständig untergegangen sein. Maria trat vom Fenster zurück in den Raum. Besser, sie fing jetzt mit ihrer Arbeit an. Wieder drang der süßlich-faulige Geruch von Verwesung in ihre Nase. Sie versuchte, möglichst flach zu atmen, in der Hoffnung, dass nur wenig Luft in ihre Lungen geriet. Entschlossen kehrte sie zum Tisch zurück. Es war gut, dass Professor Bartolotti an die Lampe gedacht und sie bereits entzündet hatte. Bis auf die Lichtquelle war es nun finster im Raum. Die flackernde Flamme warf unheimliche Schatten an die Wände und schien die Inhalte der Gläser mit Leben zu füllen. Die missgestalteten Körperteile sahen aus, als würden sie in trüber Flüssigkeit einen bizarren Tanz aufführen. Maria zwang sich, nicht hinzusehen. Stattdessen widmete sie sich der Schüssel mit dem grausigen Inhalt. Eine dunkle, glänzende Masse lag obenauf. Sie stank erbärmlich, wie der Atem des Leibhaftigen. Maria drängte den Brechreiz zurück und griff danach. Das Organ war glitschig und kalt. Mit spitzen Fingern hob sie die Leber aus der Schüssel und klatschte sie auf den Tisch, wo sich das Organ nach allen Richtungen ausdehnte, als wollte es vor Maria davonlaufen. Aus der Nierenschale ergriff sie eines der Skalpelle und setzte zum ersten

Schnitt an. Dabei summte sie die Melodie eines Kinderliedes, um sich abzulenken. Ihre eigene Stimme klang gespenstisch. *»Lucciola, lucciola, vien da me, ti darò il pan del re, pan del re e della regina …«*

In diesem Moment hätte Maria einer Schar von Glühwürmchen tatsächlich das Brot des Königs und der Königin gegeben, nur um nicht allein zu sein. Sie versuchte, nicht daran zu denken, was sie gerade tat. Noch vor Kurzem hatte die Leber einem Menschen gute Dienste erwiesen, doch jetzt lag sie in einer Schüssel auf einem schmutzigen Tisch. Denk an etwas Schönes!, ermahnte sich Maria vergeblich.

Jeder Handgriff war eine Tortur, jeder Schnitt eine Qual. Eiskalter Angstschweiß lief ihr über die Stirn und tropfte auf die Tischplatte. Maria fuhr dennoch mit ihrer Arbeit fort. Was sie sah, hielt sie in ihrem Notizbuch fest. Jedes Mal, wenn sie das Skalpell weglegte, wischte sie zuvor ihre Hände an dem schmutzigen Tuch ab, dann erst griff sie nach ihrem Stift. Trotzdem hatte sie das Gefühl, ihre wertvollen Schreibutensilien für immer zu besudeln. Nach und nach wurden die Organe in der Schüssel weniger. Die zerkleinerten Teile warf sie in den Eimer neben sich. Ihre Tätigkeit erinnerte sie an Flavia, die mit dem Küchenmesser die Sonntagsschnitzel bearbeitete. Nur dass Maria nicht ins Fleisch eines Schweins schnitt, sondern in die Leber eines toten Menschen.

Bei jedem Geräusch, das von der Straße in den Saal drang, zuckte Maria zusammen. Selbst das Ticken der goldenen Uhr, die an einer langen Kette um ihren Hals hing, erschien ihr unnatürlich laut. Nach einer gefühlten Ewigkeit war die Schüssel leer. Maria schaute hinein. Am Boden befand sich nur noch dickflüssiges Sekret. Erleichtert wischte sie mit dem schmutzigen Tuch über die Tischplatte und säuberte sie notdürftig. Dann trug sie die Wasserschüssel hinaus auf den Gang zum Waschbecken. Dabei hielt sie in der einen Hand die Lampe. Maria konnte es kaum erwarten, die ekelhafte Brühe wegzuschütten. Sie lief so schnell, dass zweimal Flüssigkeit über den Rand schwappte. Wieder im Seziersaal, entledigte sie sich endlich des schmutzigen Kittels, hängte ihn zurück zu den anderen und verließ eilig den Raum. Sie hastete die Treppen hinunter ins Zwischengeschoss, wo Maurizio in seiner Kabine eingeschlafen war. Als Maria ihn weckte, rappelte er sich auf.

»Beim nächsten Mal warte ich aber nicht so lang«, brummte er unfreundlich. Er nahm Maria die Lampe ab, und sie musste die letzte Treppe im Halbdunkel hinuntergehen. Zum Glück drang das Licht der Straßenlaterne durch die hohen Fenster in die Halle. Maria stürzte aus dem Gebäude und sog die frische Luft in sich auf. Neben der Gaslaterne wartete bereits die Droschke, die ihr Vater für sie bestellt hatte. Viel lieber wäre sie den ganzen Weg nach Hause gelaufen, aber es war natürlich undenkbar, allein durch die nächtliche Stadt zu marschieren. Als der Kutscher sie entdeckte, kletterte er vom Wagen. Der hagere Mann hatte seinen Hut tief in die Stirn geschoben und den Mantel fest um die Schultern gelegt. Ihm schien kalt zu sein.

»Ich warte seit einer ganzen Stunde«, sagte er mürrisch. »Die Zeit muss ich extra berechnen, ich hätte in der Zeit mindestens drei Fahrten machen können.«

Maria war zu erschöpft, um mit dem Mann ums Geld zu streiten. Müde kletterte sie ins Innere der Kutsche und sah aus dem Fenster, als der Wagen sich in Bewegung setzte. Ihr

Kopf war völlig leer, und sie sehnte sich nach heißem Wasser und duftender Seife, um sich das Blut von den Händen zu waschen. Als die Droschke vor dem Haus ihrer Eltern anhielt, stieg sie aus und zahlte anstandslos die unverschämt hohe Summe. Während sie die Münzen aus ihrem Portemonnaie in die Hand des Kutschers zählte, wurde ihr schmerzhaft bewusst, dass sich solche Abende wiederholen würden. Bald musste sie nicht nur Organe, sondern auch Körperteile und irgendwann einen ganzen Menschen sezieren. Und sie würde das nicht wie die anderen Studenten in der Gruppe erledigen, sondern völlig allein.

Diese Vorstellung raubte Maria ihre letzte Kraft. Tränen liefen über ihre Wangen, und sie wollte nur noch ins Bett. Dem verständnislosen Blick des Kutschers schenkte sie keine Beachtung und ließ ihn ohne ein Wort des Grußes stehen. Rasch lief sie auf die Haustür zu, betrat das Wohnhaus und stieg die Wendeltreppe in den ersten Stock hoch.

Flavia schien bereits auf sie gewartet zu haben, denn kaum dass Maria klopfte, wurde die Tür auch schon geöffnet.

»Sie sind spät«, stellte das Dienstmädchen fest. Auch Flavia wirkte müde. Für gewöhnlich war sie um diese Zeit längst im Bett, denn sie musste am Morgen als Erste aufstehen, den Ofen einheizen und das Frühstück für die Familie herrichten. »Ihre Mutter wartet im Esszimmer auf Sie.«

Maria verspürte keine Lust, sich jetzt noch mit ihrer Mutter zu unterhalten. Aber es gab kein Entkommen. Renilde hatte ihre Tochter gehört und war in den Gang hinausgetreten.

»Komm, bevor das Essen völlig auskühlt«, meinte sie und winkte ihre Tochter ins Esszimmer.

»Ich habe keinen Hunger.«

»Unsinn. Du hast den ganzen Tag noch nichts gegessen. Du brauchst eine ordentliche Mahlzeit.«

»Haben Sie Ihren Mantel in der Kutsche liegen lassen?« Flavia warf einen Blick hinter Maria, als hätte sie dort ihr Kleidungsstück versteckt.

Müde öffnete Maria ihre Ledertasche und holte den zerknüllten Mantel hervor.

»Oh!« Flavia nahm ihn mit gerunzelter Stirn entgegen.

»Es tut mir leid«, entschuldigte sich Maria. »Ich fürchte, du wirst ihn bügeln müssen. Ich brauche ihn morgen wieder.«

Flavia nickte, doch Maria konnte ihr ansehen, dass die Dienstbotin lieber geflucht hätte. Was verständlich war, denn Maria hatte ihr eine weitere halbe Stunde ihres Schlafs geraubt.

Renilde Montessori stand immer noch wartend im Türrahmen des Esszimmers. Trotz der späten Stunde trug sie noch ihr eng geschnürtes dunkles Kleid mit dem feinen Spitzenkragen. Ihr Haar war akkurat mit mehreren Kämmen aus Horn hochgesteckt. Sicher hatte ihr Mann längst seinen Anzug gegen einen bequemeren Hausmantel getauscht und saß jetzt mit einer Zeitung, einer Zigarre und einem Glas Chianti im Salon, um den Tag gemütlich ausklingen zu lassen.

»Nun komm schon, Maria«, forderte Renilde.

Ergeben schleppte sich Maria den Gang entlang.

»Hast du etwa geweint?« Fragend musterte Renilde das Gesicht ihrer Tochter.

»Es geht schon wieder«, behauptete Maria. »Aber bevor

ich irgendetwas esse, muss ich ins Bad. Bitte entschuldige mich.« Auf dem Weg zum Bad konnte sie Renildes sorgenvollen Blick förmlich in ihrem Rücken spüren. Soweit Maria sich erinnern konnte, hatte Renilde sich darum bemüht, ihrer Tochter alle Ängste und Sorgen abzunehmen. Als Maria als einziges Mädchen die technische Schule Regia Scuola Tecnica Michelangelo Buonarroti besucht hatte, war Renilde es gewesen, die ihr allabendlich Mut zugesprochen hatte, wenn es wieder einmal Streit mit einem Jungen gegeben hatte. Und später, als Maria am Regio Istituto Tecnico Leonardo da Vinci Naturwissenschaften studiert hatte, war es wieder Renilde gewesen, die ihr geduldig zugehört und sie ermutigt hatte, weiter zu lernen, auch wenn die Noten hin und wieder nicht so gut gewesen waren. In all den Gesprächen hatte sie nicht nur Interessantes über die Naturwissenschaften erfahren, sondern auch am Leben ihrer Tochter teilgenommen und das Gefühl gehabt, selbst Teil der männerdominierten Welt zu sein.

Für gewöhnlich genoss Maria das Interesse ihrer Mutter und schätzte das Gefühl der Sicherheit, das sie ihr vermittelte. Doch heute wollte sie sich nicht mit Renilde austauschen. Bevor sie über die Erlebnisse im Seziersaal sprechen konnte, musste sie sich selbst darüber im Klaren werden, wie es weitergehen sollte. Würde sie einen weiteren Abend allein in dem Saal überstehen?

Maria betrat das Badezimmer und beugte sich über das Waschbecken. Sie drehte den Messinghebel auf, und sofort plätscherte kaltes Wasser aus dem Hahn. Im Hause Montessori gab es fließendes Heiß- und Kaltwasser – ein Luxus, über den nur wenige Familien in Rom verfügten. Marias Vater verdiente gut als hochrangiger Finanzbeamter, und auch die Mitgift ihrer Mutter war nicht unerheblich gewesen. Maria ließ das Wasser über ihre Hände laufen, bis sie dunkelrot waren und sie die Kälte nicht mehr spürte. Sie griff nach der weißen Seife, schäumte jeden ihrer Finger sorgfältig ein und genoss den sanften Maiglöckchenduft. Immer wieder führte sie die Hände an die Nase, an der etwas Schaum zurückblieb. Dann seifte sie auch die Wangen ein und spritzte sich kaltes Wasser ins Gesicht.

»Maria!« Es klopfte an der Badezimmertür. Durch die Milchglasscheibe war die Silhouette der Mutter zu erkennen. »Komm endlich aus dem Badezimmer. Die Pasta wird kalt.«

»Gleich, Mama!« Maria wusch den Seifenschaum aus dem Gesicht. Endlich war der Verwesungsgestank verschwunden. Mit einem weichen Handtuch trocknete sie sich ab. Dann schob sie die feuchten Locken, die aus ihrer Frisur gerutscht waren, hinter die Ohren, strich die Röcke glatt und warf einen Blick in den ovalen, goldgerahmten Wandspiegel. Die junge Frau, die ihr entgegenschaute, war trotz ihrer Müdigkeit außergewöhnlich attraktiv. Die Lippen waren voll und sinnlich, die Augen groß, dunkel und von dichten, langen Wimpern umgeben. Doch Maria vermisste die Entschlossenheit, die für gewöhnlich aus ihren Augen leuchtete.

Wieder klopfte Renilde ungeduldig an die Tür. Maria öffnete.

»Was machst du so lange im Bad?«

»Mich waschen.«

Renilde verzog missbilligend den Mund. »Komm, lass uns ins Speisezimmer gehen.«

»Ich habe wirklich keinen Hunger.«

»Dann iss wenigstens ein Stück Brot«, forderte Renilde unnachgiebig.

Maria resignierte und folgte ihrer Mutter. Zu ihrer großen Überraschung saß ihr Vater nicht wie erwartet im Salon, sondern hatte am Tisch Platz genommen und las dort in seiner Zeitung. Als Maria den Raum betrat, blickte er kurz hoch. In der Mitte des runden Tisches stand eine Porzellanschüssel mit Deckel. Ein einzelner Platz war gedeckt. Neben einem flachen Teller befanden sich eine sauber gefaltete Stoffserviette, schweres silbernes Besteck und ein fein geschliffenes Wasserglas, in dem sich das Licht der Petroleumdeckenleuchte spiegelte.

»Bist du sicher, dass du nichts essen willst?«

Renilde beugte sich über den Tisch und hob den Deckel der Schüssel an. Augenblicklich breitete sich der würzige Geruch von Salbei, Butter und Knoblauch im Raum aus. Marias Magen knurrte.

»Vielleicht koste ich einen Bissen.«

Renilde nickte zufrieden. Sie holte einen Schöpflöffel und füllte eine ordentliche Portion Pasta auf Marias Teller. Dann nahm sie eine kleine Schüssel mit fein geriebenem Parmesan und stellte sie gemeinsam mit der Pasta vor Maria auf den Tisch.

»Bitte schön.«

Mit dem köstlichen Geruch verschwanden die schrecklichen Bilder aus dem Seziersaal.

»Nun, erzähl schon. Wie war deine erste Stunde am Anatomieinstitut?«

»Gleich, Mama!« Maria hob abwehrend die Hände. Sie atmete den Salbeigeruch ein, und vor ihrem inneren Auge tauchte das Bild des lila blühenden Küchenkrauts auf. Es hatte eine beruhigende Wirkung. Die Anspannung der letzten Stunden fiel von ihr ab wie ein Panzer, der schwer auf ihren Schultern gelastet hatte.

»Lass sie doch erst einmal essen«, brummte Alessandro hinter seiner Zeitung.

Maria wickelte die frische Pasta mit der Gabel auf, schob den Bissen in den Mund und genoss das Aroma, das sich in ihrem Mund ausbreitete. Die Pasta schmeckte vertraut, nach Geborgenheit und Trost.

Ungeduldig beobachtete Renilde ihre Tochter beim Essen. Als der Teller fast leer war, konnte sie sich nicht mehr zurückhalten.

»Was hast du heute gelernt?«

Maria entfaltete die Serviette und tupfte sich die Butter von den Lippen.

»Ich habe gelernt, dass manche Männer einen schier grenzenlosen Einfallsreichtum entwickeln, wenn es darum geht, Frauen das Leben an der Universität schwer zu machen.«

Renilde faltete die Hände auf der Tischplatte. »Kannst du dich bitte etwas klarer ausdrücken?«

Auch Marias Vater lugte neugierig über den Rand seiner Zeitung.

»Der sogenannte Privatunterricht bestand darin, dass man mir erklärte, wie ich ein Skalpell halten soll. Danach musste ich allein und in beinahe völliger Dunkelheit stinkende Organe von toten Menschen zerstückeln – umgeben von ekelhaften Leichenteilen in übel riechender Flüssigkeit.«

Alessandro legte die Zeitung auf den Tisch. »Du musst das

nicht machen, Maria. Du kannst das Studium beenden und ein ganz normales Leben führen.«

»Was ist denn ein normales Leben?« Maria hatte die Stimme erhoben. Ihre Müdigkeit war beinahe vollständig verflogen. »Willst du, dass ich einen Mann heirate und Kinder kriege? Hast du deshalb deine Kontakte zum Bildungsminister und anderen hochrangigen Beamten spielen lassen, damit ich an der Universität zugelassen werde?«

»Du sollst mich nicht daran erinnern.« Sein Blick verfinsterte sich. Nach endlosen Diskussionen mit seiner Frau und seiner Tochter hatte er seinerzeit dem Druck nachgegeben und sich für Marias Eintritt in die Medizinische Fakultät eingesetzt. Dabei wäre es ihm immer lieber gewesen, seine Tochter hätte sich für einen anderen Weg entschieden. Mürrisch stand er auf und ging zu dem kleinen Tischchen unterhalb des Fensters. Er zog die winzige Schublade auf und holte eine hölzerne Zigarrenschachtel heraus.

»Bitte nicht im Speisezimmer«, tadelte Renilde. »Der Geruch hängt tagelang im Raum, und das Essen schmeckt nach deinem Tabak.«

Alessandro verzog den Mund, nahm eine Zigarre aus der Schachtel und steckte sie in die Tasche seines Morgenmantels. »Ich gehe in den Salon.«

Renilde lächelte ihren Mann dankbar an.

»Papa, wenn du rauchst, riechst du dann noch etwas anderes als den Tabak?«, fragte Maria.

»Wie bitte?« Verwundert blieb Alessandro stehen.

»Lässt du mich einmal von deiner Zigarre probieren?«

»Maria, du wirst doch nicht etwa mit dem Rauchen anfangen?« Renilde war empört.

»Ich dachte immer, dich stört der Geruch von Tabak«, sagte Alessandro an Maria gewandt. Im Gegensatz zu seiner Frau fand er die Vorstellung einer rauchenden Tochter nicht schlimm. Es war nicht ungewöhnlich, dass moderne Damen zu Zigaretten griffen. In bestimmten Gesellschaftskreisen gehörten sie sogar zum guten Ton. Je wohlhabender die Damen, umso teurer der Tabak, den sie konsumierten.

»Ich finde den Geruch immer noch unangenehm«, meinte Maria, »aber mit Sicherheit erträglicher als den Gestank im Seziersaal.«

»Ich habe keine Ahnung, wie es dort riecht, aber beim Rauchen kann man für gewöhnlich keine anderen Gerüche mehr wahrnehmen«, erklärte ihr Vater.

Mit einem Schlag war nicht nur Marias Müdigkeit, sondern auch ihre Niedergeschlagenheit verflogen. Sie hatte einen Plan, den sie schon morgen in die Tat umsetzen wollte.

»Schenkst du mir eine deiner Zigarren, Papa?«

Widerwillig kehrte Alessandro Montessori zurück zu dem kleinen Tischchen, in dessen Schublade sich sein Tabakvorrat befand. »Wenn dich jemand fragt, von wem du die Zigarre bekommen hast, will ich nicht, dass mein Name fällt.«

»Versprochen!« Maria sprang auf und ging zu ihrem Vater. Bevor er protestieren konnte, drückte sie ihm einen Kuss auf die Wange. Eine Geste der Zuneigung, die Maria seit zwei Jahren unterlassen hatte, weil sie davon überzeugt gewesen war, dass Alessandro das nicht gewollt hätte.

Auch jetzt bemerkte sie den gerührten Blick ihres Vaters nicht, denn mit den Gedanken war sie bereits im Seziersaal. Die Vorstellung, dass sie auch diese Hürde nehmen würde, beflügelte sie. Höchst zufrieden drückte sie die Zigarre an ihre Nase und atmete den Geruch von blumigem Tabak ein.

»So wird es funktionieren«, sagte sie siegessicher. Dann bedankte sie sich bei ihrer Mutter für das köstliche Abendessen und wandte sich zum Gehen.

»Gute Nacht, Mama! Ich muss ins Bett. Morgen wartet ein anstrengender Tag auf mich.«

Dagegen konnte Renilde nichts einwenden, auch wenn sie zu gerne erfahren hätte, was genau ihre Tochter heute erlebt hatte. Sie würde sich vorerst in Geduld üben müssen.

Rom, Herbst 1895

Signorina Montessori, bitte kommen Sie nach der Vorlesung in mein Büro!« Ohne von seinen Unterlagen aufzublicken, fuhr Professor Bartolotti in seinem Vortrag über Hygiene fort. Die Aufmerksamkeit der Studenten war unterdessen auf Maria gerichtet, die wie immer in der letzten Reihe saß und den Raum erst betreten hatte, als alle anderen bereits Platz genommen hatten. Einige drehten die Köpfe zu ihr und tuschelten hinter vorgehaltener Hand. Testoni und Balfano, die in der Reihe vor Maria saßen, machten sich nicht einmal die Mühe zu flüstern. Sie redeten so laut, dass sie die Worte »elende Streberin« und »ein Mannweib, das ist gegen die Natur« problemlos verstehen konnte.

»Testoni, haben Sie meinem Vortrag etwas Wertvolles hinzuzufügen?«

Das Gesicht des angesprochenen Studenten lief dunkelrot an. Er schüttelte verlegen den Kopf.

»Dann halten Sie bitte die nächsten fünfzig Minuten lang Ihren Mund. Das ist in unser aller Interesse.« Jemand in der ersten Reihe kicherte schadenfroh. Testoni schwang zwar in den Pausen große Reden, doch im Unterricht war er zurückhaltend, was damit zu tun hatte, dass er zu wenig lernte, seine Prüfungen immer erst im zweiten Anlauf bestand und auch dann nur miserable Noten erzielte. Es war zu hoffen, dass er niemals als Arzt arbeiten würde. Wie viele andere junge Männer aus reichen römischen Patrizierfamilien besuchte er die Universität aus reinem Zeitvertreib, bis er Anspruch auf sein Erbe hatte. Es war anzunehmen, dass er über kurz oder lang eine einflussreiche Position in der Politik innehaben würde, genau wie sein Vater, der in der Stadtregierung saß und über die Verwendung der Steuergelder von weitaus weniger Privilegierten entschied.

Maria konnte dem Vortrag nur mit halber Aufmerksamkeit folgen. Sie fragte sich, was Bartolotti von ihr wollte. Würde er ihr weitere Übungen im Anatomiesaal aufbrummen? Das konnte nicht sein. Dank der Zigarren ihres Vaters hatte sie das Semester überstanden. Jede Übung war eine Tortur gewesen, aber sie hatte sich bloß ein einziges Mal übergeben müssen. Nach der letzten Stunde hatte sie sich geschworen, den Saal nie wieder allein zu betreten und jeden Raum sofort zu verlassen, in dem mehr als zwei Leute rauchten.

Während Bartolotti über die Ausbreitung von Seuchen dozierte und erklärte, wie Ärzte sich vor möglicher Ansteckung schützen konnten, malte Maria Spiralen und Kreise auf ihren Notizblock, eine Angewohnheit seit der Grundschulzeit. Sobald sie nervös war oder Probleme mit der Konzentration hatte, wanderte ihr Stift in Dauerschleifen übers Papier. Manchmal entstanden dabei hübsche Muster, dann wieder nur wirre Kritzelei. Als der Professor endlich seine Ausführungen beendete, hatte Maria ein ganzes Blatt mit

Kringeln gefüllt. Rasch klappte sie den Block zusammen und klemmte ihn unter den Arm, bevor sie aufstand und aus dem Vorlesungssaal ging. Sie musste nicht nur als Letzte den Raum betreten, sondern ihn auch als Erste wieder verlassen. Zu Beginn des Studiums hatte sie sich vor diesen Situationen gefürchtet. Die Kollegen hatten absichtlich alle Plätze bis auf einen einzigen direkt vor dem Rednerpult des Professors belegt, weshalb Maria jedes Mal vor den Augen aller den Saal hatte durchqueren müssen. Mittlerweile scheute Maria die Aufmerksamkeit nicht mehr. Meist erhielt sie einen Platz in der letzten Reihe.

Zügig ging sie auf das Büro des Professors zu. Vor der hohen, glänzenden Holztür blieb sie stehen und wartete. Schon nach wenigen Minuten folgte ihr Bartolotti mit langsamen Schritten. Unter seinem Arm hatte er die Mappe eingeklemmt, aus der er eben noch vorgetragen hatte.

»Treten Sie ein, meine Liebe«, sagte er zuvorkommend und öffnete ihr die Tür. Es war nicht das erste Mal, dass Maria im Büro des Professors war. In einem kleinen Vorzimmer hockte Bartolottis Sekretär hinter einem Schreibtisch, auf dem sich das Papier türmte. Der hagere Mann trug Ärmelschoner über dem grauen Hemd. Seine Gesichtsfarbe glich der seiner Kleidung.

»Bringen Sie uns bitte eine Kanne Kaffee«, forderte Bartolotti ihn auf. Sofort sprang der Mitarbeiter auf und lief aus dem Raum, als handelte es sich beim Kaffee um eine überlebenswichtige Notwendigkeit.

Der Professor öffnete eine weitere Tür und hielt auch diese für Maria auf. Nun gelangten sie ins eigentliche Büro. Bartolotti hatte sich den Raum, der einst Repräsentationszwecken gedient hatte, gemütlich eingerichtet. An den Wänden standen hohe Bücherregale, vor einem schmalen Fenster befand sich ein schwerer Schreibtisch aus dunklem Kirschholz, der über unzählige Laden und Fächer verfügte, und schräg daneben gab es ein bequemes Sofa und zwei passende Stühle, die im Stil der italienischen Belle Epoque gehalten waren.

»Nehmen Sie Platz, Signorina Montessori.« Bartolotti wies auf das Sofa. Während Maria sich setzte, zog er einen der Stühle für sich heran und nahm ihr gegenüber Platz. Auf dem kleinen Tischchen lagen Fachzeitschriften, eine Lesebrille und eine Schüssel mit Torrone, dem leckeren weißen Nougat mit Pistazien.

Bartolotti sah Marias begehrlichen Blick und schmunzelte. »Greifen Sie ruhig zu.«

»Vielen Dank, besser nicht.« Maria liebte Süßigkeiten und hätte sich am liebsten gleich drei der zuckrigen Köstlichkeiten in den Mund gestopft, aber sie wusste, dass das herrlich weiche Nougat sich bereits beim Essen auf ihren Hüften festsetzte. Erst letzte Woche hatte sie sich ein neues Korsett gekauft, weil das alte nicht mehr fester zu schnüren war. An der Taille wurde die Schönheit einer Frau gemessen. Auch wenn Maria gerne den Kopf über Frauen schüttelte, die sich ausschließlich über ihr Äußeres definierten, war sie selbst vor Eitelkeit nicht gefeit. Das Leben hatte sie gelehrt, dass viele Dinge einfacher zu erreichen waren, wenn man hübsch aussah.

»Na, dann vielleicht einen Kaffee?«, schlug Bartolotti vor, griff nach einem Stück Nougat und biss genüsslich davon ab. »Ich muss mit Ihnen über eine äußerst wichtige Angelegenheit sprechen. Es geht um …« Er brach ab, als die Tür sich öffnete und sein Sekretär umständlich ein silbernes Tablett auf einer Hand balancierte, während er mit der anderen die Tür hinter sich schloss.

Vorsichtig trug er das Tablett zum Tisch und stellte es ab. Eine Kaffeekanne aus weißem Porzellan und zwei Tassen sowie ein Kännchen Milch und eine Schale Zucker standen darauf. Mit einer unglaublichen Langsamkeit platzierte er alles auf dem Tisch. Ungeduldig beobachtete Maria ihn dabei. Am liebsten hätte sie ihm geholfen und ihm die Tassen aus der Hand gerissen. Als der Sekretär einschenken wollte, konnte sie sich nicht länger zurückhalten.

»Vielen Dank«, sagte sie rasch und ergriff die Kanne. »Ich kann das übernehmen.«

Der Sekretär nickte ergeben und verließ den Raum. Kaum hatte er die Tür hinter sich geschlossen, schenkte Maria Kaffee ein, fragte den Professor, ob er Milch und Zucker wünsche, und rührte beides in seine Tasse.

»Wo war ich stehen geblieben?«, fragte Bartolotti.

»Bei einer wichtigen Angelegenheit, die Sie mit mir besprechen wollen.«

»Ach, ja. Richtig.« Bartolottis Gesicht hellte sich auf. »Es geht um zwei Anstellungen als Assistenzärztin im Ospedale Santo Spirito und am Krankenhaus San Salvatore al Laterano.«

Maria hob die Augenbrauen. Hatte er eben Ärztin gesagt?

»Ich habe Sie für beide Stellen empfohlen.«

Marias Herz machte einen kleinen Sprung. Es war eine große Ehre, bereits als Studentin die Möglichkeit zu bekommen, in einem Krankenhaus zu arbeiten. Nur die wenigsten Studenten erhielten dieses Privileg.

»Das ist sehr großzügig von Ihnen«, sagte sie leise.

»Es war keine Frage der Großzügigkeit, sondern der Objektivität. Sie sind mit Abstand die beste Studentin dieses Jahrgangs. Wer, wenn nicht Sie, soll die Aufgabe übernehmen?«

Maria errötete.

»Sie haben beide Stellen bekommen«, fuhr Bartolotti fort.

Für einen kurzen Moment war Maria sprachlos.

»Es wird kein Problem für Sie sein, da es sich jeweils nur um ein paar Stunden handelt. Aber Sie werden unglaublich viel lernen, Sie werden Geld verdienen und können weiter an Ihrer Reputation als hervorragende Ärztin und Chirurgin arbeiten.«

Bartolotti redete mit einer Selbstverständlichkeit, die Maria schmeichelte.

»Sie können bereits nächste Woche Ihre Stellen antreten«, fuhr er fort. »Man erwartet Sie mit großer Freude und hohen Erwartungen. Es eilt Ihnen ein guter Ruf voraus.«

Maria griff nun doch zu einem der weißen Nougatstücke und steckte es sich in den Mund. Der Geschmack von Vanille und Zucker beruhigte ihre Nerven.

»Was sagen Sie dazu?«

Im Moment konnte sie gar nichts sagen, denn der Nougat klebte zwischen ihren Zähnen. Sie nahm rasch einen Schluck Kaffee und schluckte die Süßigkeit hinunter.

»Ich freue mich ausgesprochen«, erklärte sie. »Vielen herzlichen Dank!«

»Falls Sie sich bewähren, wovon ich ausgehe, bietet man Ihnen im nächsten Semester vielleicht eine weitere Stelle in einer Psychiatrischen Klinik an. Wenn ich mich recht entsinne, wollen Sie Ihre Abschlussarbeit im Bereich der Psychiatrie verfassen. Da käme Ihnen diese Stelle sicher gelegen. Sie könnten die Arbeit mit Ihren praktischen Erfahrungen anreichern.«

Es war erstaunlich, dass Bartolotti sich nicht nur für Maria eingesetzt hatte, sondern sich auch an das geplante Thema ihrer Abschlussarbeit erinnerte. Saß vor ihr der Mann, der sich anfangs mit Händen und Füßen dagegen gewehrt hatte, dass eine junge Frau in seinen Kursen sitzen wollte? Angeblich hatte er seine Bedenken schriftlich beim Bildungsminister vorgebracht, doch seine Einwände waren zum Glück nicht gehört worden. Seitdem hatte sich seine Meinung über Maria grundlegend verändert.

»Ich bin mir sicher, dass Sie unserer Universität Ehre machen werden«, sagte Bartolotti voller Überzeugung. »Wir alle freuen uns auf den Tag, wenn Sie Ihre Abschlussarbeit vor der Prüfungskommission verteidigen.«

Meinte Bartolotti mit »wir alle« seine Kollegen? Seine Worte waren zweifelsohne als Lob gedacht, doch sie erzeugten in Maria vor allem Nervosität und Angst. Jetzt schon wurde über den Tag ihres Abschlusses gesprochen, dabei würden bis dahin noch einige Monate vergehen.

Sie trank ihren Kaffee aus und stellte die Tasse eine Spur zu fest auf den Teller zurück. Das Porzellan gab einen gefährlich klirrenden Ton von sich. Bartolotti schien sich nicht daran zu stoßen. Er stand auf, ging zu seinem Schreibtisch und durchsuchte mehrere Stapel mit Papieren. Unter einem Buch wurde er fündig.

»Ah, da sind sie ja«, sagte er erfreut und gab Maria zwei Briefumschläge. »Das sind Ihre Eintrittskarten in die Berufswelt. Auch wenn Sie noch keine fertige Dottoressa sind, so wage ich heute schon die Prognose, dass Sie unsere akademische Welt um viele neue Ideen bereichern werden.«

Wenig später winkte Maria nach einer Kutsche und fuhr damit zur Piazza di Spagna, wo sie mit ihrer langjährigen Freundin Anna Salieri im berühmten *Caffè Greco* verabredet war. In dem Lokal waren Anfang des Jahrhunderts Dichter und Maler aus ganz Europa zum Gedankenaustausch zusammengekommen. Heute profitierte das Lokal von den Geschichten, die man sich nach wie vor über die Künstler von damals erzählte. Angeblich hatten einige von ihnen das Caffè spätnachts verlassen, um in einem gemieteten Zimmer ein paar Stunden Schlaf zu finden. Danach waren sie wieder zurückgekehrt und hatten hier weitergearbeitet.

Als Maria den schmalen, lang gestreckten Gästeraum betrat, schlug ihr der Duft von gerösteten Bohnen und frisch gebackenen Cornetti entgegen. Sie sah sich kurz um und entdeckte in einer der Nischen an einem kleinen Tisch ihre Freundin Anna. Eigentlich galt es als unschicklich, wenn eine Frau allein ein Café besuchte. Im Sommer gehörten Damen durchaus zum gewohnten Besucherbild der Gastgärten auf den Straßen Roms, wo sie in Begleitung einer Freundin, einer Verwandten oder bloß einer Bediensteten eine Schale Gefrorenes genossen, eine Spezialität aus dem Süden des Landes. Doch sobald die Temperaturen sanken und es zu kalt wurde, um im Freien zu sitzen, blieben Frauen den Kaffeehäusern fern. Anna Salieri bildete eine Ausnahme. Sie scherte sich wenig um Anstandsregeln und war der festen Überzeugung, sie seien nur aufgestellt worden, um gebrochen zu werden. Mit ihrem aufmüpfigen Verhalten hatte sie die Kellner des *Caffè Greco* dazu gezwungen, ihr freundlich zu begegnen. Mittlerweile war sie ein gern gesehener Gast, den man zuvorkommend bediente.

Heute hatte Anna einen Platz vor einem der hohen Fenster gewählt, die auf die Via Condotti hinausgingen, eine belebte römische Einkaufsstraße, in der sich Hutmacher, Schuster, Goldschmiede und Handschuhmacher aneinanderreihten. Maria war mit Annas Wahl sehr zufrieden. Sie liebte es, das bunte Treiben zu beobachten, ohne selbst daran teilnehmen zu müssen. Hübsch gekleidete Damen und vornehme Herren in dunklen Anzügen flanierten über die Straße und warfen begehrliche Blicke in die Schaufenster. Botenjungen rannten an ihnen vorbei, Handwerker und Händler schoben Karren mit Waren durch die Menge, Fuhrwerke ratterten seitlich an den Menschen vorüber. Es gab immer etwas zu entdecken.

Anna schenkte dem Trubel auf der Straße keine Beachtung. Sie blätterte in einem Modejournal und sah erst auf, als Maria direkt neben ihr stand.

»Du hast dich wieder einmal verspätet«, bemerkte sie ungehalten und schlug die Zeitschrift zu.

»Ich wünsche dir auch einen wunderschönen Nachmittag!« Maria war gut gelaunt. Annas Vorwurf konnte ihr nichts anhaben. Sie legte ihren Mantel ab und reichte ihn dem Kellner, der ihn bereitwillig entgegennahm, um ihn zur Garderobe zu tragen. Maria beugte sich zu Anna und küsste sie auf beide Wangen. »Ich musste nach der Vorlesung noch zu einem Gespräch mit Professor Bartolotti.«

»Ist das nicht der Professor, der dich allein in den schrecklichen Seziersaal geschickt hat?«

»Ja, genau.«

Anna gehörte nicht nur zu Marias ältesten Freundinnen, sondern auch zu ihren engsten. Sie hatten sich vor bald zwanzig Jahren bei Marias Großeltern kennengelernt, als Annas Familie neben den Stoppanis gewohnt hatte. Trotz mehrerer Ortswechsel hatten sie einander nie aus den Augen verloren. Selbst in der Zeit, als Anna in London und später in Paris gewesen war, hatten die Mädchen sich Briefe geschrieben. Seit Anna dann vor einigen Jahren nach Rom übergesiedelt war, trafen sich die beiden regelmäßig.

»Zum Glück hatte ich Lesestoff dabei«, sagte Anna und schob das Journal zu Maria. »Jetzt bin ich genauestens darüber informiert, was die elegante Amerikanerin trägt.«

Maria warf einen Blick auf die bunte Zeitschrift. Auf dem Titelblatt stand »Woman's Home Companion«, und es zeigte das Porträt einer jungen Frau mit einem überdimensionalen Hut, der mit einem feinen grünen Schal unter ihrem Kinn festgebunden war. Sie hatte hohe Wangenkochen, riesige blaue Augen und ein schmales Kinn. Bis auf die Nase glich sie Marias Freundin. Annas Nase war klein und rund.

»Ich kann kein Englisch. Was steht in der Zeitschrift?«, fragte Maria.

»Die moderne Hausfrau bekommt Ratschläge, wie sie ihren Haushalt effizient und gründlich führt. Stell dir vor, in Amerika gibt es Staubsauger, mit denen die Frauen die Stuben sauber halten.«

»Ach, du meine Güte! Wozu soll das denn gut sein? Haben sie denn keine Besen in der Neuen Welt?« Maria setzte sich lachend und begann in der Zeitschrift zu blättern. Eine Illustration zeigte eine Frau neben einem würfelförmigen Gerät, aus dem ein Schlauch ragte.

»Ich nehme an, dass der Apparat den Frauen beim Zeitsparen hilft«, sagte Anna. »So sind sie ruckzuck mit dem Saubermachen fertig und können sich erfreulicheren Dingen zuwenden.«

»Mich stört die Hausarbeit nicht«, meinte Maria. »Geschirrspülen oder Abtrocknen hat fast etwas Kontemplatives. Man kann dabei in Ruhe die Gedanken ordnen.«

»Ach, Maria.« Anna machte eine wegwerfende Handbewegung und lachte. »Es gibt tausend andere Tätigkeiten, bei denen man nachdenken kann und sich dabei nicht schmutzig machen muss. Außerdem habt ihr doch ein Dienstmädchen. Macht nicht Flavia die Küchenarbeit?«

Es war tatsächlich schon einige Wochen her, dass Maria das letzte Mal den Abwasch erledigt hatte. Es war ein Wochenende gewesen, an dem Flavia freigehabt hatte, um ihre kranke Mutter in Florenz zu besuchen. Maria schob das Journal zurück zu Anna. Die beiden Freundinnen kamen nicht nur aus unterschiedlichen Gesellschaftsschichten, sondern waren auch in anderer Hinsicht sehr verschieden. Während Marias Vater ein hochrangiger Beamter war, besaß Annas Vater riesige Ländereien in Afrika und war im diplomatischen Dienst tätig. Er stammte aus England, weshalb Anna perfekt Englisch sprach. Außerdem beherrschte sie Französisch und selbstverständlich Italienisch. Einige Jahre hatte sie in Paris gewohnt und dort bei einem Künstler Malunterricht genommen. Wie sie selbst sagte, widmete sie sich ausschließlich den schönen Dingen des Lebens. Maria beneidete die Freundin um ihr Talent für Sprachen und die bildenden Künste. Sie selbst verstand nur ihre Muttersprache und hatte Schwierigkeiten, Fremdwörter richtig auszusprechen. Wenn sie ein

Pferd zeichnen sollte, kam bestenfalls ein seltsamer Hund dabei heraus. Ihre Stärken lagen eindeutig in den Naturwissenschaften. Außerdem hatte sie ein Talent, Menschen von ihren Ideen zu überzeugen.

Der Kellner kehrte zurück und erkundigte sich nach den Wünschen der beiden.

»Ich hätte gerne noch eine Tasse heiße Schokolade«, sagte Anna. Vor ihr standen bereits eine leere Tasse und ein Teller mit Schokoladespuren, die auf eine Portion Profiteroles hindeuteten, Annas Lieblingsdessert.

Maria seufzte. Anna konnte essen, was und so viel sie wollte, ohne zuzunehmen. Sie war so zierlich, dass ein Mann mit großen Händen ihre Taille problemlos hätte umfassen können.

»Ich nehme auch eine Tasse«, sagte Maria. Sie hatte zuvor nur ein Stück des weißen Nougats gegessen.

»Erzähl mir von dem Gespräch mit deinem Professor«, bat Anna ihre Freundin.

»Ich darf ab nächster Woche in zwei verschiedenen Krankenhäusern arbeiten«, berichtete Maria stolz. Sie erzählte Anna von den beiden Angeboten und davon, was für eine Auszeichnung es war, schon als Studentin praktische Erfahrungen als Assistenzärztin sammeln zu dürfen. Zu ihrer Verwunderung teilte Anna ihre Begeisterung nicht. Im Gegenteil, sie wirkte beinahe entsetzt.

»Maria«, sagte sie streng. »Du hast dich die letzten Jahre ausschließlich hinter deinen Büchern verkrochen und weder am gesellschaftlichen noch am künstlerischen Leben Roms teilgenommen. Wenn du jetzt in zwei Spitälern anfängst, wirst du noch weniger Zeit haben, dich zu vergnügen. Du wirst arbeiten und arbeiten und noch mehr arbeiten… und eines Tages wachst du auf und stellst dir die Frage, warum du dir nicht auch ein bisschen Spaß gegönnt hast.«

»Mein Studium macht mir Spaß«, erwiderte Maria. »Was soll ich in einem Kultursalon? Ich wüsste ohnehin nicht, worüber ich mich unterhalten sollte.«

»Und das ist ein Fehler!«, fiel ihr Anna ins Wort. »Du bist eine junge Frau. Dein Leben findet jetzt statt. Du solltest ausgehen und andere junge Menschen kennenlernen. Geh tanzen oder ins Konzert, in eine Ausstellung oder ins Theater. Willst du denn keine interessanten Menschen treffen?«

Maria schwieg, und Anna musterte sie mit zusammengekniffenen Augen: »Oder hast du etwa an der Universität jemanden kennengelernt, mit dem du deine Zeit verbringst, und mir nichts davon verraten?«

»Ich bin froh, wenn ich in meiner Freizeit keinen der Studenten sehen muss«, schnaufte Maria verächtlich. »Die meisten von ihnen machen mir das Leben schwer. Sie verhöhnen mich, weil sie nicht verstehen, dass ich mein Studium ernst nehme und etwas lernen möchte. Sobald ich ihnen den Rücken zudrehe, flüstern sie Beschimpfungen, die beweisen, dass sie vom Neid zerfressen werden.«

Enttäuscht lehnte Anna sich zurück und verschränkte die Arme vor ihrer schmalen Brust. »Ich kann die armen jungen Männer fast verstehen. Du bist eine attraktive Frau und von deiner Studienleistung her besser als sie alle zusammen. Sie müssen sich neben dir wie Verlierer vorkommen. Du jagst ihnen Angst ein.«

»Wenn sie sich ein bisschen mehr anstrengen würden, dann hätten sie genauso gute Noten wie ich. Die meisten von ihnen sind einfach nur faul. Sie glauben, dass es ausreicht, wohlhabend und ein Mann zu sein, um einen Universitätsabschluss zu bekommen.«

»Und ist es so?«, fragte Anna amüsiert.

»Leider trifft es auf einige zu«, sagte Maria finster.

»Du bist streng zu dir selbst und streng zu den anderen.«

»Wenn ich dieses Studium beenden will, dann geht das nur, wenn ich alles gebe. Die Professoren verlangen von mir doppelt so viel. Die Augen der gesamten Fakultät sind auf mich gerichtet, und das alles nur, weil ich eine Frau bin. Manchmal wünschte ich, ich wäre als Mann zur Welt gekommen. Vieles wäre so einfach.«

»Um Himmels willen«, stieß Anna hervor. »Du müsstest Tag für Tag langweilige Anzüge tragen.«

Maria schüttelte fassungslos den Kopf. »Sind schöne Kleider das Einzige, was dir zum Frausein einfällt?«

Nun war es Anna, die beleidigt reagierte. »Hältst du mich für so einfältig?«

»Nein.«

»Der Anzug war ein Scherz, Maria. Natürlich haben Männer es in vielen Bereichen des Lebens einfacher, trotzdem würde ich niemals tauschen wollen. Ich bin froh und stolz darauf, eine Frau zu sein.«

Der Kellner brachte ein Tablett mit einer Kanne und zwei leeren Tassen. Der Geruch von Kakao stieg Maria verführerisch in die Nase, während er ihnen einschenkte.

»Du solltest mich morgen zum Abendessen bei Rina Faccio begleiten. Sie hat vor Kurzem eine feministische Zeitschrift gegründet. Ich bin mir sicher, dass du sie mögen wirst. Sie ist klug und witzig. Außerdem werden andere interessante Persönlichkeiten anwesend sein, zum Beispiel die schwedische Schriftstellerin Ellen Key und die Schauspielerin Giacinta Pezzana.«

»Handelt es sich um eine reine Frauenrunde?« Maria führte den Löffel zum Mund und kostete von ihrer heißen Schokolade. Sie schmeckte so himmlisch, wie sie duftete.

»Aber nein, wo denkst du hin. Natürlich sind auch Männer da«, erklärte Anna. »Aber die sind nicht annähernd so interessant wie die Frauen.«

Maria warf der Freundin einen amüsierten Blick zu. »Ich weiß nicht«, sagte sie leise. »Eigentlich sollte ich morgen Abend für meine nächste Prüfung lernen.«

»Das kannst du danach immer noch tun«, meinte Anna streng. »Ich bestehe darauf, dass du mich begleitest und einen Abend lang mal nicht über Krankheiten, Medikamente und leblose Körperteile sprichst.«

Die Erwähnung der Leichenteile weckte unliebsame Erinnerungen in Maria. Sie verzog angewidert den Mund und gab sich geschlagen.

»Einverstanden. Ich werde mitkommen.«

»Wunderbar!« Zufrieden klatschte Anna in die Hände. »Ich hole dich morgen gegen sieben mit einer Droschke ab.«

»Was soll ich anziehen?«

»Eines deiner schönsten Kleider«, entgegnete Anna augenzwinkernd. »Schließlich bist du eine Frau.« Dann wurde sie wieder ernst. »Du bist bald eine der ersten Dottoressas Italiens. Ganz Europa wird über dich reden. Da will ich mit meiner berühmten Freundin angeben.«

Ihre ehrliche Begeisterung schmeichelte Maria. Sie würde ihre Freundin in den Kultursalon begleiten und danach lernen. Ein paar Stunden Unterhaltung würden gewiss nicht schaden. Vielleicht war die Motivation danach doppelt so groß.

Irrenanstalt Ostia
bei Rom, 1895

Endlich hatten die Schreie nachgelassen, doch auch die Stille hatte etwas Beklemmendes. Luigi war wieder im großen Saal, wo die anderen Kinder der Anstalt untergebracht waren. Sie alle hockten auf ihren Betten. Einige saßen freiwillig darauf, andere waren in Gitterbetten untergebracht, aus denen sie ohne fremde Hilfe nicht herauskonnten. Niemand wagte auch nur den geringsten Mucks von sich zu geben. Wie ein Schreckgespenst hallten die Geräusche der letzten Stunden in ihren Ohren nach. Es waren Schreie der Angst und des Leids gewesen. Ein Jammern, Flehen und Weinen. Ein Betteln um Gnade. Die Antwort waren immer neue Schläge gewesen.

Diese Schläge waren nicht mit der flachen Hand oder der Peitsche ausgeführt worden, sondern mit Kabeln und Drähten, die mit einem Stuhl verbunden waren. Die Wärter und die Ärzte nannten die Behandlung »Elektroschocktherapie«. Luigi hatte einen kurzen Blick in den Therapieraum werfen können, als man ihn aus der Einzelzelle in den großen Schlafsaal zurückgebracht hatte. Die Tür hatte offen gestanden, und was Luigi sah, hatte ihm Angst eingejagt. Ein hölzerner Stuhl, auf dem man Menschen mit Lederriemen festbinden konnte. Daneben eine moderne Apparatur, von der Luigi nicht wusste, wofür sie bestimmt war. In diese Kammer brachte man die besonders unruhigen Patienten, die sich selbst blutig kratzten oder mit dem Kopf gegen die Wand schlugen. Die schrien und unaufhörlich im Kreis liefen, die sich von den Wärtern nicht berühren lassen wollten und sich gegen ihre Übergriffe wehrten.

Gestern Abend hatte die dicke Wärterin, die ihnen zweimal am Tag Essen brachte, zu Luigi gesagt: »Wenn du dich weiter wie ein Wilder benimmst, wirst du auch bald dort drüben landen. Auf dem Stuhl wird dein Hirn wieder in Ordnung gebracht.« Sie hatte mit der Hand zur Tür gezeigt und die Kammer auf der anderen Seite des Gangs gemeint. Luigi war sofort still gewesen. Er war eines der namenlosen Kinder, bei denen niemand wusste, wer die Eltern waren. Sogar hier, am Ende der Welt, war er weniger wert als die anderen. Er hatte sich ruhig auf sein Bett gesetzt und seither nicht mehr gerührt. Auch heute würde er nicht protestieren, wenn sie ihn holten und mit kaltem Wasser abspritzten. Es war Samstag, »Badetag«, damit alle Kinder am Tag des Herrn sauber waren. Luigi würde sich splitterfasernackt ausziehen und sowohl die Scham als auch den eiskalten Wasserstrahl lautlos ertragen. Danach würde er sich wieder auf sein Bett setzen und auf das Glockenläuten der Basilika warten. Mit etwas Glück würde der Maikäfer zurückkehren, der vorhin die Wand entlanggekrabbelt war. Der braun gestreifte Panzer und die charakteristischen Fühler hatten eine kurze, vage Erinnerung an einen sonnigen, unbeschwerten Nachmittag zurückgebracht. Aber sie waren sofort wieder verschwunden.

Luigis Gehirn konnte nicht mehr in Ordnung gebracht werden. Die ständige Angst, in der er lebte, hatte es längst zerstört. Bald würde er alle Erinnerungen verloren haben. Er würde nicht mehr imstande sein zu denken, und er würde keine Angst mehr haben. Wahrscheinlich fühlte sich so der Tod an. Es war verrückt, aber die Vorstellung hatte beinahe etwas Tröstliches.

Rom, 1895

Pünktlich um sieben Uhr abends stand die Droschke vor dem Haus der Familie Montessori. Anna öffnete die Wagentür und winkte ihre Freundin fröhlich ins Innere. Beinahe wäre Maria nicht rechtzeitig fertig geworden. Zu lange hatte sie über ihren Aufzeichnungen aus dem Krankenhaus gesessen. Seit sie ihre Stelle als Assistenzärztin angetreten hatte, war sie darum bemüht, alles, was ihr erwähnenswert erschien, schriftlich festzuhalten. Gestern hatte sie gelernt, drei verschiedene Hautausschläge bei Kindern auseinanderzuhalten und entsprechend zu behandeln. Es bestand ein großer Unterschied, ob ein Kind unter kratzenden Pusteln litt, weil es nicht ausreichend gewaschen wurde, weil es eine Kinderkrankheit hatte oder weil es bestimmte Speisen nicht vertrug. Die meisten Hautirritationen ließen sich mit mangelnder Hygiene erklären. Es war erschreckend, wie wenig Wert manche Eltern auf Sauberkeit legten. Erst als ihre Mutter an die Zimmertür geklopft und sie an ihr Treffen mit Anna erinnert hatte, war Maria aufgesprungen und hatte nach einem passenden Kleid und ihrer Brosche mit dem blauen Lapislazuli gesucht.

»Du brauchst keine Brosche«, hatte Renilde gemahnt. »Das einzige Schmuckstück, das einer ehrbaren jungen Frau geziemt, ist das Kreuz Christi. Am besten, du trägst es an einer goldenen Kette um deinen Hals.« Also hatte Maria auf die Brosche verzichtet und war in das smaragdgrüne Kleid mit dem schwarzen Spitzenbesatz an den Ärmeln geschlüpft. Anstandslos hatte sie die goldene Kette um den Hals gelegt. Die filigrane, mit geschliffenen Glassteinen besetzte Haarspange in Schmetterlingsform hatte sie sich trotz der Kritik ihrer Mutter ins Haar gesteckt.

Zu Marias Freude bemerkte Anna die Spange sofort. »Was für ein hübsches Schmuckstück«, sagte sie. »Du solltest sie öfter tragen, sie steht dir hervorragend.«

»Danke!«

Kaum hatte Maria neben Anna Platz genommen, rollte die Droschke los. Anna ergriff Marias Hände. »Ich freue mich so, dass du mitkommst«, sagte sie strahlend. »Wie lange ist es her, dass wir gemeinsam einen Abend verbracht haben?«

Maria dachte angestrengt nach. »Ich fürchte, sehr lange. Besonders freue ich mich aufs Essen«, gestand sie, als ihr Magen laut knurrte.

»Oh, das tut mir leid«, meinte Anna. »Ich hatte mich geirrt, als ich sagte, dass wir zum Abendessen gehen. Es wird ein Musikabend mit Kammermusik.«

Diesmal knurrte Marias Magen so laut, dass Anna es hören konnte.

»Aber es werden mit Sicherheit Antipasti und Getränke gereicht«, tröstete sie ihre Freundin, doch Maria bezweifelte, dass sie davon satt werden würde.

Die Droschke fuhr zuerst am Tiber entlang und bog dann

Richtung Villa Borghese ab. Das Haus von Rina Faccio lag hinter der ausgedehnten Gartenanlage. Der Kutscher lenkte die Droschke in einen quadratischen Innenhof und hielt schließlich an. Während Anna bezahlte, sah Maria sich um. In der Mitte des Hofs befand sich ein Ziehbrunnen, und mehrere Orangenbäume sorgten im Sommer für Schatten. Anna ging voraus zur schmalen Holztreppe, die ins Obergeschoss des Gebäudes führte. Aus dem gekippten Fenster einer Wohnung drang der Geruch von gebratenem Fleisch, und Maria lief schon das Wasser im Mund zusammen. Doch leider ging Anna an der Wohnung vorbei und hielt zielstrebig auf das andere Ende des Gangs zu. Noch bevor sie anklopfen konnte, wurde die Tür schwungvoll geöffnet. Ein junger Mann stand vor ihnen und hieß sie willkommen. Er war großgewachsen und breitschultrig, trug einen eleganten Schnauzbart und Kleidung, die teuer aussah. Sein Sakko hatte er abgelegt, was zeigte, wie informell die Veranstaltung war und wie modern die Besucher. Über einem weißen Hemd, dessen Ärmel er lässig hochgekrempelt hatte, trug er bloß die schwarze Anzugweste.

»Guten Abend«, sagte er charmant. Seine dunkelbraunen Augen musterten zuerst Anna, dann Maria eindringlich.

»Giuseppe, wo hast du den Flaschenöffner hingelegt?«

Der junge Mann drehte sich zu der weiblichen Stimme um, die aus dem Inneren der Wohnung kam. »Ich suche ihn gleich«, rief er.

Dann wandte er sich wieder zu Anna und Maria. »Bitte treten Sie ein.« Er öffnete die Tür weit und machte einen Schritt zur Seite. In dem Moment trat ein Dienstmädchen zu ihnen.

»Oh, Sie haben schon geöffnet«, bemerkte sie verlegen.

»Ich stand direkt neben der Tür«, entschuldigte sich der junge Mann.

»Giuseppe!« Die Stimme aus dem Zimmer wurde fordernder.

»Bitte entschuldigen Sie mich!« Der junge Mann verneigte sich. »Ich hoffe, dass wir uns später unterhalten und kennenlernen werden.« Dann lief er den Gang entlang und verschwand im letzten Raum.

Maria sah ihm irritiert nach. Sie war Abendgesellschaften wie diese nicht gewohnt. War sie zu elegant gekleidet? Unsicher schaute sie an sich herab.

»Darf ich Ihnen den Mantel abnehmen?« Das Dienstmädchen hielt ihr wartend den Arm entgegen. Anna hatte Ihre Überbekleidung bereits abgelegt und der jungen Frau gereicht. Neugierig spähte Maria zu ihrer Freundin. Sie trug ein umwerfendes Abendkleid aus mehreren Lagen heller Spitze, dagegen sah Marias Kleid schlicht aus. Erleichtert zog sie ihren Mantel aus und überreichte ihn dem Dienstmädchen.

»Die Herrschaften sind im Salon. Wollen Sie, dass ich Sie begleite?«

»Nicht notwendig«, sagte Anna. »Wir kennen den Weg.« Sie ergriff Marias Hand und zog sie den schmalen dunklen Gang entlang. Zu beiden Seiten hingen Porträts von Personen, die Maria nicht kannte. Aber es gab auch Landschaftsgemälde, die im modernen Stil gemalt waren. Maria meinte, Ähnlichkeiten mit den französischen Impressionisten feststellen zu können. Vielleicht stammte diese Strandansicht von Claude Monet? Beim nächsten Gemälde senkte

Maria beschämt den Blick. Es zeigte eine wunderschöne Frau in einem freizügigen Kleid. Sie lag lasziv auf einem Kanapee und hatte frappierende Ähnlichkeit mit einer bekannten Schauspielerin, deren Name Maria leider nicht einfallen wollte. Es war ein Gemälde für ein Schlafzimmer, eventuell für einen Salon, aber ganz sicher nicht für einen Gang, durch den alle Besucher liefen. Bei welchen Menschen war Maria hier gelandet?

Anna schien ihre Gedanken zu erraten. Sie blieb stehen und flüsterte Maria ins Ohr: »Schau nicht so ängstlich. Das ist die Duse.«

»Eleonora Duse?«, fragte Maria ergriffen. Als kleines Mädchen hatte sie die Schauspielerin verehrt, die schon im zarten Alter von vier Jahren auf der Bühne gestanden und die Kinderrolle der Cosette in Victor Hugos »Les Misérables« gespielt hatte. Viele Jahre lang war Maria davon überzeugt gewesen, dass sie Schauspielerin werden wollte. Jetzt war sie froh, dass es bloß ein Kindheitstraum geblieben war.

»Komm, Maria.« Anna zog sie weiter. »Du bist eine moderne Frau. In vielerlei Hinsicht bist du fortschrittlicher als alle, die hier anwesend sind und große Reden über die Frauenrechte schwingen. Präsentiere dich nicht konservativer, als du tatsächlich bist.«

Aus dem Raum am Ende des Gangs drangen Stimmen und ausgelassenes Lachen. Als Anna und Maria ihn betraten, schien zuerst niemand von ihnen Notiz zu nehmen. Eine dicke Wolke Tabakrauch hing über der Gesellschaft. Der Geruch war Maria vertraut. Er weckte unliebsame Erinnerungen an den Anatomiesaal, und am liebsten hätte sie auf der Stelle kehrtgemacht. An die zwanzig Menschen drängten sich in dem elegant eingerichteten Salon. Sie saßen auf gepolsterten Stühlen und Sofas oder standen in kleinen Gruppen zusammen. Viele hielten Schaumweingläser in den Händen und unterhielten sich. Auf einem lang gestreckten Tisch unter einer Fensterfront, die zur Villa Borghese hinausging, standen riesige Silbertabletts mit unterschiedlichen Köstlichkeiten. Maria wollte schnurstracks dorthin, aber eine auffällig gekleidete Dame mit einem Federschmuck auf dem Kopf trat auf sie und ihre Freundin zu.

»Anna, my dear!«, sagte sie mit überschwänglicher Freude. »How nice to meet you. Wie schön, dass du deine Freundin mitgebracht hast. Ich nehme an, das ist die Dottoressa?«

Die Dame wandte sich Maria zu und reichte ihr die Hand. »Mein Name ist Vivian Sforzi. Ich freue mich, Ihre Bekanntschaft zu machen.«

»Ich freue mich auch. Ich bin Maria Montessori.« Maria ergriff die Hand, die ungewöhnlich fest zudrückte.

»Ich weiß, meine Liebe. Anna hat uns schon so viel von Ihnen erzählt. Wir alle brennen darauf, Sie kennenzulernen.« Während Signora Sforzi Anna zublinzelte, warf Maria ihrer Freundin einen vorwurfsvollen Blick zu. Welche Geschichten mochte Anna über sie verbreitet haben?

»Ich hoffe, sie hat nur Erfreuliches berichtet«, sagte sie vorsichtig.

Vivian Sforzi lachte. »Aber natürlich!« Freundschaftlich, als würde sie Maria seit Jahren kennen und wäre ihr nicht eben erst begegnet, legte sie ihre Hand auf ihren Unterarm. Sie senkte ihre Stimme: »Oder haben Sie dunkle Geheimnisse, von denen niemand erfahren darf? Ich wäre die Erste, die sie hören möchte.«

»Nein, natürlich nicht«, entgegnete Maria entsetzt.

»Schade«, seufzte Sforzi. »Aber was nicht ist, kann ja noch werden.« Sie drehte Maria den Rücken zu und kehrte zu der kleinen Gruppe zurück, bei der sie zuvor gestanden hatte.

Irritiert blieb Maria zurück.

»Komm mit, dort hinten steht Rina Faccio. Ich muss sie dir vorstellen«, erklärte Anna und zog ihre Freundin zum Sofa, wo eine junge Frau in männlich anmutender Kleidung saß. Sie hatte einen dunklen Rock und eine helle, hochgeschlossene Bluse an. Um ihren Hals hatte sie eine breite Krawatte gebunden. Maria kannte solche Kleider aus den Zeitungen. Die englischen Frauenrechtskämpferinnen, die Suffragetten genannt wurden, sahen ähnlich aus. Bei dieser Frau stand die Bekleidung jedoch in krassem Gegensatz zu ihrer femininen Erscheinung. Sie hatte auffallend sinnliche Augen, volle Lippen und einen zarten, fast ätherisch wirkenden Körper. Maria musste an die Elfengeschichten denken, die sie als Kind gelesen hatte. Als die junge Frau Anna erblickte, stand sie auf. Jetzt erst bemerkte Maria, dass sie eine Zigarette in der Hand hielt. »Wie schön, dass du kommen konntest, Anna«, sagte Rina Faccio. »Und das muss die junge Ärztin sein.« Auch sie wusste also über Marias Ausbildung Bescheid.

»Ich muss meine Doktorarbeit erst schreiben und vor der Prüfungskommission verteidigen«, erklärte Maria. Es war ihr unangenehm, dass alle sie ansprachen, als wäre sie bereits eine fertig ausgebildete Medizinerin.

»Seien Sie nicht so bescheiden«, meinte Rina Faccio. »Es ist einer der größten Fehler, den wir Frauen ständig begehen. Wir machen uns unbedeutender, als wir sind. Einem

Mann würde es niemals einfallen, seine Leistungen klein zu reden. Im Gegenteil, meist sind es bloß Winzigkeiten, die sie vollbringen, und dennoch gelingt es ihnen, sie auf Elefantengröße aufzublasen.«

»Ich schmälere meine Leistungen keinesfalls«, verteidigte sich Maria. »Ich halte mich bloß an die Wahrheit.«

»Wenn ich Annas Worten Glauben schenken darf, dann ist die sehr bemerkenswert. Es ist Ihnen gelungen, sich als Frau in einer Männerwelt durchzusetzen. Sie werden als eine der ersten Ärztinnen Italiens in die Geschichte eingehen. Ich gratuliere Ihnen.«

Maria wurde verlegen. Aus dem Mund dieser Frau klang das, was sie tat, geradezu heroisch.

»Das ist kein Grund zu erröten«, sprach Rina Faccio weiter. »Wir sind alle sehr stolz auf Sie.«

Maria fragte sich, ob Signorina Faccio mit »wir alle« die Menschen meinte, die sich in diesem Salon aufhielten. Wussten noch mehr über ihr Studium Bescheid? Sie drehte sich Hilfe suchend nach Anna um, aber die Freundin war eben von einem jungen attraktiven Mann angesprochen worden und ging mit ihm Richtung Büfett.

»Hat Anna Ihnen verraten, dass ich eben eine feministische Zeitschrift gegründet habe?«, fuhr Rina Faccio fort.

»Ja«, gestand Maria.

»Es ist höchste Zeit, dass man in Italien auf das Thema Frauenrechte aufmerksam wird. Jedes Mal, wenn ich von einer Reise aus England oder Frankreich zurückkehre, habe ich den Eindruck, im schwärzesten und dunkelsten Mittelalter zu landen.«

Die Worte waren theatralisch und übertrieben gewählt,

aber Maria wusste, dass Rina Faccio in der Sache recht hatte. Dabei war Rom noch der fortschrittlichste Ort des Landes. Im Süden gab es Gegenden, wo man davon überzeugt war, dass Frauen einzig und allein geboren wurden, um den Männern zu dienen. Sie fristeten ein sklavenähnliches Dasein, rechtlos und unterjocht.

»Kommen Sie, meine Liebe, und setzen Sie sich«, bat Rina Faccio.

Nur widerwillig nahm Maria neben ihr auf dem Sofa Platz. Neidvoll blinzelte sie zu Anna, die sich bereits eine Bruschetta in den Mund schob.

»Geben Sie mir bitte Bescheid, wenn Sie Ihre Abschlussvorlesung vor der Prüfungskommission halten. Sie ist doch öffentlich, oder?«

»Ja, natürlich.« Wie alle Abschlussvorlesungen würde auch ihre für die Öffentlichkeit zugänglich sein. Daran hatte Maria auch noch nie gezweifelt, ganz im Gegenteil. Sie war von großem öffentlichem Interesse, und sicher freuten sich schon einige Männer darauf, jeden ihrer Sätze in winzig kleine Teile zu zerlegen und zu kritisieren.

»Wunderbar. Ich habe einen Freund bei der *Gazzetta*, den werde ich bitten, einen Artikel über Sie zu schreiben. Ich bin mir sicher, dass Sie für viele Frauen Italiens ein leuchtendes Beispiel sein werden.« Sie nahm einen Zug von ihrer Zigarette, drehte sich von Maria weg und blies den Rauch wieder aus. »Außerdem würde ich gerne ein Interview mit Ihnen machen und in meiner Zeitschrift abdrucken.«

»Das ehrt mich«, sagte Maria geschmeichelt.

»Sie machen den Anfang, und es werden tausende Frauen

folgen. Irgendwann werden in den Krankenhäusern Roms ebenso viele Frauen wie Männer arbeiten.«

Maria erschien diese Prophezeiung reichlich übertrieben, aber sie fand den Optimismus erfrischend. Das war etwas ganz anderes als die Reaktionen, mit denen sie an der Universität konfrontiert wurde.

»Hören Sie bloß nicht zu«, sagte eine tiefe Stimme neben Maria. »Sie sind viel zu hübsch, als dass Sie sich von Signorina Faccios krankhaften Ideen anstecken lassen sollten.«

Maria musste nach oben schauen, da der Mann, der eben gesprochen hatte, einen Kopf größer war als sie selbst. Sie schätzte ihn auf Mitte dreißig. Die Selbstgefälligkeit, die er ausstrahlte, war überwältigend.

»Signor Roncalli, auch wenn Sie sich mit Händen und Füßen gegen Frauenrechte wehren – wir werden dafür kämpfen, koste es, was es wolle. Frauen steht das Wahlrecht ebenso zu wie Männern«, bemerkte Rina Faccio, die sich von seiner Größe nicht beeindrucken ließ.

Der Mann lachte, und die Enden seines Schnurrbartes vibrierten. »Wollen Sie mir etwa einreden, dass Frauen bei der Wahl ihre Stimme abgeben sollen, die am Ende noch dasselbe Gewicht hat wie die eines Mannes?«

»Ja, natürlich«, erwiderte Signorina Faccio. In ihren Worten lang eine Selbstverständlichkeit, die beeindruckend war. Woher bezog diese elfenhafte junge Frau ihre Kraft und ihr Selbstbewusstsein?

Ein junger, dürrer Mann, der nicht älter als zwanzig sein mochte, wurde von Roncallis Lachen angelockt. Auch er wollte seine Meinung kundtun. »Es ist wissenschaftlich erwiesen, dass Frauen über weniger Intelligenz verfügen als Männer«, sagte er wichtig. »Wenn ihre Stimme genauso viel wert wäre wie die von uns Männern, würden wir Gefahr laufen, dass die Republik dem Irrsinn verfällt. Frauen sind nicht in der Lage, vernünftige Entscheidungen zu treffen.«

»Ich kann Ihnen versichern, dass Frauen zu denselben intellektuellen Leistungen fähig sind wie Männer«, protestierte Rina Faccio. »Die junge Frau neben mir ist der beste Beweis. Sie studiert mit großem Erfolg Medizin und wurde mit dem begehrten Rolli-Stipendium ausgezeichnet.«

Für einen Moment waren beide Männer still. Doch der Friede wehrte nicht lange.

»Ein Studium beweist noch gar nichts«, schnaufte Roncalli empört. »Heutzutage kann sich jeder dahergelaufene Strolch als Student bezeichnen. Frauen können weder logisch denken, noch sind sie in der Lage, auf wissenschaftlicher Grundlage zu argumentieren. Sie sind gefühlsbetont und verträumt.«

Maria räusperte sich. »Ich habe im letzten Semester viele Stunden im Seziersaal verbracht«, sagte sie leise. »Ich habe Leichen von Frauen und von Männern gesehen.«

Ein Raunen ging durch den Raum. Immer mehr interessierte Zuhörer traten zu ihnen.

»Meist sind die Knochen der Männer schwerer«, fuhr Maria unbeirrt fort. »Dasselbe gilt für die Muskelmasse. Ich habe die Leber von Trinkern gesehen und die Herzen von Menschen, die plötzlich nicht mehr schlugen, ich habe gelernt, wie unser Blutkreislauf funktioniert, und ich habe die Gehirne von Toten untersucht.« Sie machte eine dramatische Pause und beobachtete, wie sich die Gesichter ihrer Zuhörer angeekelt verzogen. »Ich kann Ihnen versichern, dass sich die Gehirnmasse von Männern und Frauen in nichts unterscheidet. Weder vom Gewicht noch von der Größe her.«

»Worauf wollen Sie hinaus?«, blaffte der junge Mann.

»Wenn sich die Gehirnmasse nicht unterscheidet, bedeutet dies, dass Männer wie Frauen zu den gleichen geistigen Leistungen fähig sind. Männer sind nicht intelligenter als Frauen.«

Rina Faccio lachte triumphierend auf. »Mein lieber Signor Roncalli, Sie müssen zugeben, dass Sie diesem Argument nichts entgegenhalten können.«

»Das ist der größte Unfug, den ich je gehört habe«, bemerkte Roncalli, doch er sprach so leise, dass ihn nur die Menschen in seiner direkten Umgebung verstehen konnten. Maria blickte auf. Ihre kleine Diskussion hatte weitere Zuhörer angelockt, darunter auch den gut aussehenden Mann, der ihr und Anna zuvor die Tür geöffnet hatte. Sie konnte den Ausdruck in seinen dunklen Augen nicht deuten. Lag darin Interesse, Neugier oder gar Bewunderung?

Maria hatte keine Zeit, es herauszufinden, denn gerade kam das Dienstmädchen in den Raum und schlug einen Gong. Die Gespräche verstummten nach und nach. Die Aufmerksamkeit aller war auf die Bedienstete gerichtet, die nun ihre Stimme erhob.

»Die Herrschaften vom Kammerorchester sind da. Sie warten im Nebenzimmer«, verkündete sie.

Sofort erhoben sich einige der Gäste und folgten dem Dienstmädchen. Auch Rina Faccio stand auf. Maria wartete, bis fast alle Besucher den Raum verlassen hatten, dann schlich sie sich schnell zum Büfett, wo ein Großteil der Köstlichkeiten bereits verspeist war. Maria schnappte sich eine kleine Brotstange und zwei Oliven. Rasch stopfte sie alles in den Mund. Dann erst folgte sie den anderen. Nun war sie zuversichtlich, dass ihr Magen sich nicht während des Konzerts laut zu Wort melden würde.

Es war weit nach Mitternacht, als Anna und Maria die Veranstaltung verließen und gemeinsam mit einer Droschke nach Hause fuhren.

»Kommst du zur nächsten Veranstaltung wieder mit?«, fragte Anna zum Abschied. Sie hatte einige Gläser Prosecco getrunken, und ihre Wangen glühten förmlich.

»Ich werde darüber nachdenken.« Gegen ihre Erwartungen hatte Maria den Abend genossen. Nach der Gesangsdarbietung hatte sie sich mit einer Reihe wirklich interessanter Menschen ausgetauscht. Insgeheim hatte sie immer darauf gehofft, irgendwann mit dem attraktiven, jungen Mann zusammenzustoßen, der so interessiert ihrer Diskussion mit Roncalli gelauscht hatte. Aber dazu war es leider nicht gekommen. Zweimal hatte sie ihn aus den Augenwinkeln ausgemacht und damit gerechnet, dass er sie gleich ansprechen würde, aber jedes Mal war ihm jemand zuvorgekommen und hatte sie in Beschlag genommen. Maria fühlte sich geschmeichelt, dass so viele Gäste an ihrer Person Interesse gezeigt hatten. Offenkundig war sie in den intellektuellen Kreisen Roms prominenter, als sie es geahnt hatte.

»Das ist zumindest kein Nein«, stellte Anna zufrieden fest. »Ich lege es mal als ein Vielleicht oder sogar als Ja aus!« Lachend warf sie Maria eine Kusshand zu. Dann schloss sie die Wagentür, und die Kutsche setzte sich wieder in Bewegung.

Im Schein einer Gaslaterne kramte Maria in ihrer Handtasche nach dem Haustorschlüssel. Es dauerte schier eine Ewigkeit, bis sie ihn endlich gefunden hatte. Mit müden Fingern sperrte sie auf, lief das dunkle Treppenhaus in den ersten Stock hinauf und machte sich am Schloss der Wohnungstür zu schaffen. Sie bemühte sich, möglichst leise zu sein, damit sie niemanden aufweckte. Auf Zehenspitzen schlich sie in den dunklen Vorraum, hängte ihren Mantel auf den Garderobenhaken und ging vorsichtig weiter. Als sie sich die Wand entlang tastete und gerade die Schlafzimmertür ihrer Eltern passierte, wurde diese geöffnet. Maria erschrak so heftig, dass sie laut aufschrie, einen Schritt zur Seite machte und gegen eine Kommode stieß. Um ein Haar hätte sie die große chinesische Blumenvase zu Boden geworfen. Im letzten Moment hielt sie das Geschenk ihrer Großtante fest und verhinderte so ein Malheur.

»Um Himmels willen, Maria«, schimpfte Renilde. »Hast du auf die Uhr geschaut? Weißt du, wie spät es ist? Wo hast du dich so lange herumgetrieben?«

Maria rückte die Vase wieder zurecht und zupfte das weiße Spitzendeckchen darunter glatt. Dann lehnte sie sich gegen die Wand und legte die Hand auf das schnell klopfende Herz. »Mama, ich bin eine erwachsene Frau.«

»Ich korrigiere: Du bist eine unverheiratete erwachsene Frau, die einen guten Ruf zu verlieren hat«, schnaufte Renilde empört. Sie hatte sich nicht die Mühe gemacht, einen Morgenmantel überzuziehen, sondern stand in ihrem weißen, hochgeschlossenen Nachthemd auf dem Flur. Einige ihrer grauen Locken schauten unter der spitzengesäumten Schlafhaube hervor. In ihrer Rechten hielt sie eine flackernde Petroleumlampe.

»Mama, du brauchst dir um meinen Ruf keine Sorgen zu machen«, versuchte Maria sie zu beruhigen. »Der ist einwandfrei. Wenn die Menschen über mich reden, dann nur über meinen Erfolg als angehende Medizinerin.«

»So soll es auch bleiben«, entgegnete Renilde streng. »Es wäre ein Jammer, wenn du deine Karriere aufs Spiel setzt wegen ein bisschen Amüsement. All die langen Jahre der Mühsal für einen netten Abend.«

»Das tue ich nicht«, beteuerte Maria.

»Wie willst du morgen ausgeschlafen aussehen, wenn du dir die ganze Nacht um die Ohren schlägst? Die Leute werden sich das Maul über die junge Dottoressa zerreißen, die ihren guten Ruf verliert, bevor sie noch in den Kreis der Akademiker aufgestiegen ist.«

»Ach, Mama. Ich werde so frisch und munter aussehen wie immer. Mach dir keine Gedanken.« Marias Herz hatte sich wieder beruhigt. Sie stieß sich von der Wand ab.

»Ich mache mir doch bloß Sorgen um dich«, erklärte Renilde in deutlich milderem Tonfall. »Ich bekomme Tag für Tag mit, was du alles auf dich nimmst, um dir deinen Traum zu erfüllen. Denk nur an all die Jahre der harten Arbeit, die hinter dir liegen. Es würde mir das Herz brechen, wenn du so kurz vor dem Ziel scheitern würdest.«

Maria war sich dessen bewusst, dass ein Teil ihres Erfolgs ihrer Mutter zuzuschreiben war. Sanft berührte sie Renildes Oberarm, worauf sich deren Gesicht entspannte.

»Deine Sorge ist unbegründet, das verspreche ich dir, aber jetzt muss ich schlafen gehen. Sonst komme ich morgen wirklich nicht aus dem Bett.« Maria küsste ihre Mutter auf die Stirn, dann wandte sie sich ab. »Gute Nacht!«

»Maria!«

»Ja?«

»Ich habe Angst, dass du dein Ziel aus den Augen verlierst.«

»Davor hast du wirklich Angst?«

Renilde schluckte so laut, dass Maria das Geräusch in der nächtlichen Stille hören konnte.

»Ja, und davor, dass ich dich verlieren könnte. Wir standen einander immer so nah.«

Maria sah in das faltige Gesicht ihrer Mutter. Möglicherweise lag es an der kleinen Petroleumlampe, dass es ihr mit einem Mal älter und verletzlicher erschien. »Für keines von beidem besteht irgendein Grund«, versicherte sie. »Gute Nacht, Mama!«

Im Untersuchungsraum des Ospedale Santo Spirito roch es nach Karbolsäure und Chlorkalk. Maria arbeitete seit den frühen Morgenstunden. Dr. Bianchi, dem sie assistierte, war seit über einer Stunde in der Mittagspause, daher war Maria auf sich allein gestellt. Eine Mutter mit ihrem achtjährigen Sohn hatte den Raum betreten. Der Junge war für sein Alter ungewöhnlich klein und so dürr, dass man unter dem dünnen, verschlissenen Hemd seine Rippen zählen konnte.

»Er hustet seit Tagen«, erklärte die Mutter besorgt. Sie sprach einen gedehnten Dialekt, den Maria kaum verstand. Laut Anamnesebogen war sie noch keine dreißig Jahre alt, doch sie sah aus, als hätte sie die Vierzig längst überschritten. Tiefe Falten durchzogen ihr hohlwangiges Gesicht, dunkle Ringe lagen unter ihren müden Augen. Ihre schmalen Hände waren gerötet, und über ihre Schläfe zog sich eine dunkelrote Narbe, die frisch aussah. Maria schätzte, dass die Frau, die als Beruf Wäscherin angegeben hatte, mindestens zehn Kilogramm zu wenig wog, um dem Durchschnittsgewicht gesunder Römerinnen zu entsprechen. Ihre Haut war auf den Fingerkuppen und Knöcheln wund und blutig. Das waren die typischen Verletzungen einer Wäscherin. Die Frauen standen bei jeder Temperatur im Freien und bearbeiteten die Stoffe mit beißender Seifenlauge.

Nervös schaute die Mutter sich in dem kahlen Raum um. Sie erinnerte Maria an ein gehetztes Tier. »Müssen wir noch lang auf den Herrn Doktor warten?«, fragte sie leise. Unruhig trat sie von einem Bein aufs andere. Ihr Sohn stellte sich hinter sie und versuchte sich zu verstecken.

»Ich nehme an, dass Dr. Bianchi in zwei Stunden wiederkommen wird«, sagte Maria. Gestern war er drei Stunden weg gewesen. Wahrscheinlich hatte er nach dem Essen, das er zu Hause eingenommen hatte, noch ein kleines Verdauungsschläfchen gehalten. Aber das verschwieg Maria. Die arme Frau sah auch so schon angespannt genug aus.

»Ach du meine Güte«, sagte sie niedergeschlagen, und Tränen traten in ihre Augen. »So lange kann ich nicht warten. Wenn ich in einer Stunde nicht wieder bei der Arbeit bin, dann bin ich meine Anstellung los. Man wird mich auf die Straße setzen. Mindestens zehn andere Frauen warten bereits auf die Stelle.«

Der Junge drückte sich so nah an seine Mutter, dass er beinahe unsichtbar war. Doch sein harter, trockener Husten verriet ihn. Der Junge bellte wie ein Hund. Bald darauf begann seine Mutter heftig zu husten. Schließlich spuckte sie eine schleimige Flüssigkeit in ein schmutziges Taschentuch, das sie aus ihrer Rocktasche zog.

»Nehmen Sie doch Platz«, schlug Maria vor und zeigte auf zwei Stühle, die an der Wand standen. Dahinter hing eine farbige Darstellung des menschlichen Skeletts. »Wenn Sie wollen, kann ich Sie untersuchen. Dann müssen Sie nicht auf Dr. Bianchi warten.«

Ungläubig riss die Wäscherin ihre Augen auf. »Aber Sie sind doch eine ...«

»Ja, ich bin eine Frau. Aber ich schreibe gerade an meiner Doktorarbeit und werde im März meinen Abschluss machen. Haben Sie genug Vertrauen in mich, oder wollen Sie lieber warten?«

Der Junge war hinter dem Rücken seiner Mutter hervorgetreten und musterte Maria mit unverhohlener Neugier.

»Du brauchst keine Angst zu haben«, sagte sie freundlich. »Ich werde deine Lungen mit diesem Gerät abhören.« Maria nahm ihr Stethoskop ab, das sie um ihren Hals hängen hatte, und hielt es dem Jungen entgegen. »Wie heißt du?«

»Vittorio.«

»Ich bin Maria.«

Der Junge löste sich nun vollständig aus dem Schatten seiner Mutter und trat auf Maria zu. Sein Gesicht war gerötet. Vielleicht hatte er Fieber.

Maria wandte sich erneut fragend an die Mutter. »Darf ich?«

Die Frau nickte.

Bereitwillig schob der Junge sein fadenscheiniges Hemd hoch und ließ sich von Maria abhören. Konzentriert hielt sie das Stethoskop an ihre Ohren und fokussierte sich auf die Geräusche, die aus dem Brustkorb des Jungen zu ihr drangen. Es war ein lautes Rasseln, aber nichts schien auf eine

Lungenentzündung oder gar eine Tuberkulose hinzudeuten. Beide Lungenflügel schienen frei von Wasser zu sein. Während Maria ihre Untersuchungen durchführte, hustete die Mutter des Jungen erneut.

Maria hob den Kopf und sah zu ihr. »Soll ich Sie auch abhören?«

Mit Entsetzen in den Augen schüttelte die Frau den Kopf. »Das ist nicht nötig«, sagte sie ängstlich.

»Als angehende Ärztin sehe ich das anders.«

»Es geht mir gut«, behauptete die Frau. Dann hustete sie erneut, und diesmal so heftig, dass sie ihren ganzen Oberkörper krümmen musste. Maria stand auf und trat zu ihr.

»Ihr Sohn hat eine angehende Bronchitis. Das ist unangenehm, aber wenn er sich warm hält, viel trinkt, Hustensirup nimmt und ausreichend schläft, wird er rasch wieder gesund werden. Ich mache mir vor allem Sorgen um Sie. Ist der Junge Ihr einziges Kind?«

Niedergeschlagen schüttelte die Wäscherin den Kopf. »Ich hab noch sechs andere.«

Maria wog ihre Worte genau ab und entschied sich dann für eine dramatische Formulierung. »Was soll aus den Kindern werden, wenn ihre Mutter sie verlässt, weil sie stirbt?«

Die Erwähnung des Todes erzielte die gewünschte Wirkung. Die Frau zuckte zusammen.

»Darf ich Sie jetzt untersuchen?«

Eine Weile schwieg die Frau und presste die schmalen Lippen fest aufeinander. Dann hustete sie erneut. Als sie wieder Luft bekam, gab sie nach. »Meinetwegen.«

Sie stellte sich vor Maria, als erwartete sie, dass ihre Lungen durch die Kleidung hindurch abgehört werden könnten.

»Sie müssen sich schon ausziehen.« Maria zeigte zum Paravent, der sich in der Ecke neben dem Fenster befand.

Die Frau schluckte verlegen. Schützend verschränkte sie die Arme vor der Brust.

»Wenn Sie nicht wollen, dass Ihr Sohn Sie nackt sieht, kann ich Sie hinter dem Sichtschutz abhören.«

»Das ist es nicht…« Das Gesicht der Frau lief dunkelrot an. Schweißperlen bildeten sich auf ihrer Stirn. Dann drehte sich die Frau mit einem Ruck um, stapfte zum Paravent, verschwand dahinter und kam wenig später mit entblößtem Oberkörper zurück.

Als Maria ihren Rücken erblickte, verstand sie, warum die Frau sich gescheut hatte, sich auszuziehen. »Um Himmels willen«, flüsterte sie leise. »Wer hat Ihnen das angetan?«

Brust und Rücken der Frau waren mit Schnitt-, Brand- und Quetschwunden übersät. Einige davon waren schon älter und verheilt, andere waren frisch, sie nässten und bluteten. Etliche waren entzündet und eiterten.

»Mein Mann verträgt den Wein nicht.« Die Worte sollten wohl eine Erklärung sein, doch für Maria klangen sie wie ein Hilferuf.

»Er schlägt und misshandelt Sie auf brutalste Weise«, sagte sie fassungslos. »Wenn er einem Mann so zusetzen würde, säße er schon lange im Gefängnis.« Maria drehte sich zu dem Jungen, der sich wieder auf den Stuhl gesetzt hatte und jetzt die Darstellung des Skelettes hinter sich betrachtete. Er sah aus, als müsste er sich vor dem Anblick seiner Mutter und somit vor der Erinnerung an die schrecklichen Momente der Gewalt schützen.

»Schlägt er auch Ihre Kinder?«, wollte Maria wissen.

»Wenn er es versucht, stelle ich mich dazwischen«, erklärte die Frau und senkte den Kopf. »Meist gelingt es mir, aber nicht immer.«

Maria spürte eine schier grenzenlose Wut in sich aufsteigen. Wie konnte es sein, dass man nichts gegen diese Art der Gewalt unternehmen konnte? Die Frau war ihrem schlagenden Ehemann völlig schutzlos ausgeliefert. Das Einzige, was sie tun konnte, war, ihre sieben Kinder zu nehmen und davonzulaufen, aber eine Flucht bedeutete, dass sie alle auf der Straße landen und im schlimmsten Fall verhungern würden. Der Lohn einer Wäscherin reichte nicht, um so viele hungrige Mäuler zu stopfen.

»Hören Sie mich jetzt ab?« Die Frau stand immer noch entblößt vor Maria und zitterte vor Kälte. Dr. Bianchi hatte heute Morgen vergessen, den Kachelofen vom Krankenhausdiener anfeuern zu lassen.

»Ja, natürlich.« Sofort machte sich Maria an die Untersuchung. Zum Glück schien auch die Frau an keiner schwerwiegenden Krankheit zu leiden. Aber die stundenlange Arbeit mit kaltem Wasser könnte ihren Zustand dramatisch verschlechtern.

»Sie und Ihr Sohn müssen sich für ein paar Tage ins Bett legen«, sagte sie ernst. Die Frau lachte bitter und schüttelte den Kopf. Sie wollte sich wieder anziehen.

»Warten Sie bitte. Ich möchte noch ein paar Ihrer Wunden versorgen. Wenn sie sich entzünden, kann das schlimme Folgen haben.«

Maria trat zum Arzneischrank und holte ein Fläschchen mit Jodtinktur und frisches Verbandsmaterial heraus. Dr. Bianchi, der ein Spezialist auf dem Gebiet der Hygiene war, schwor auf die Verwendung dieser Tinktur bei nässenden Wunden. Erst letzte Woche hatte er Maria einen Vortrag über die Wirkung gehalten. Maria konnte nichts falsch machen, wenn sie die Flüssigkeit verwendete. Sie durfte bloß nicht mit dem Verbandsmaterial sparen, damit das Kleid der Frau nicht für immer dunkle Flecken haben würde. Sicherlich war es das einzige Kleidungsstück der Wäscherin.

Während Maria die Wunden versorgte, fragte sie: »Gibt es irgendjemanden, der Sie und Ihre Kinder während der nächsten Tage versorgen kann? Ihre Mutter vielleicht, eine Nachbarin oder eine Schwägerin? Ganz egal.«

»Es gibt niemanden. Dort, wo ich lebe, muss jeder selbst schauen, wo er bleibt.«

»Wo wohnen Sie denn?«

»San Lorenzo.«

Dieses Viertel gehörte zu den ärmsten der Stadt. Maria war noch nie dort gewesen, aber sie hatte schreckliche Geschichten über Straßenkriminalität und baufällige Häuser gehört, in denen Familien zu zehnt in Einzimmerwohnungen hausten.

Obwohl Maria sich bemühte, möglichst sanft vorzugehen, zuckte die Frau unter ihren Berührungen zusammen. Wieder schüttelte ein Hustenanfall den mageren Körper.

»Sie müssen auf mich hören«, erklärte Maria streng. »Legen Sie sich für ein paar Tage ins Bett. Trinken Sie ausreichend heißen Tee, und schlafen Sie sich gesund. Danach haben Sie wieder neue Kraft und können sich um Ihre Kinder kümmern.« In Gedanken fügte sie hinzu: Und vielleicht schaffen Sie es, sich von Ihrem Mann zu trennen. Laut sagte sie: »Sonst brechen Sie zusammen, und damit ist niemandem geholfen.«

»Was sollen meine Kinder essen, wenn ich nicht arbeiten gehe und Geld heimbringe? Wer kocht das Essen für sie? Ich kann mich nicht einfach hinlegen. Wie stellen Sie sich das vor, Signorina Dottoressa? Mein Mann versäuft seinen Lohn. Alles, was wir von ihm bekommen, sind Schläge. Ich arbeite in der Wäscherei, dafür kriege ich ein paar Lire, und die gebe ich beim Gemüsehändler für Kohl, Linsen und Öl aus.«

»Wenn Sie in Ihrem Zustand arbeiten gehen, dann werden Sie diesen Monat nicht überleben. Wollen Sie, dass Ihre Kinder Halbwaisen werden?«

Die Frau verstummte betroffen. Wieder traten Tränen in ihre Augen.

»Sie können sich wieder anziehen.« Maria ging zum Schreibtisch und nahm Notizblock und Stift zur Hand.

»Sie verraten mir jetzt Ihren Namen und Ihre genaue Adresse. Dann gehen Sie nach Hause und legen sich hin. Ich verspreche Ihnen, dass ich mich darum kümmere, dass Sie in den nächsten drei Tagen mit frisch gekochtem Essen versorgt werden. So lange sollte es dauern, bis Sie wieder halbwegs arbeitsfähig sind.«

Die Augen der Frau weiteten sich verständnislos.

»Denken Sie, dass Ihr Arbeitgeber so lange auf Sie warten wird?«

Sie reagierte nicht.

»Drei Tage?«, wiederholte Maria.

Nun nickte die Frau langsam.

»Gut, dann versprechen Sie mir jetzt, dass Sie meine Empfehlungen befolgen. Außerdem besorgen Sie sich Hustensirup in der Apotheke. Es reicht ein billiger aus Zucker, Honig und Thymian. Nehmen Sie regelmäßig einen Esslöffel voll.

Ihrem Sohn geben Sie die Hälfte der Dosis. Legen Sie sich beide ins Bett, und geben Sie drei Tage lang Ruhe.«

Wieder nickte die Frau.

Maria schrieb die Zusammensetzung eines Hustensirups auf einen Zettel und reichte ihn der Frau.

»Ihre Adresse?«

»Die Straße, in der wir wohnen, hat keinen Namen.«

»Wie bitte?«

»Sie liegt an der Grenze zum Viertel Esquilino in der Nähe vom Bahnhof Termini.«

»Wie kann ich dann das Haus finden, in dem Sie wohnen?«

»Sie waren wirklich noch nie in San Lorenzo«, sagte die Frau bitter. »Wir wohnen in keinen Häusern, es sind bloß Baracken, und die meisten davon sind ohne Genehmigung der Stadt errichtet worden.«

»Können Sie mir trotzdem eine Beschreibung Ihres Wohnorts geben?«

»Es ist das schiefe grüne Haus neben dem Gemüseladen von Federico«, antwortete der Junge an Stelle seiner Mutter.

»Sehr gut.« Maria lächelte. »Damit kann ich etwas anfangen. Und wie ist dein Familienname, kleiner Mann?«

»Ich heiße Vittorio Rana.«

»Wunderbar, Familie Rana im Haus neben dem Gemüsegeschäft von Federico, das sollte sich finden lassen.« Maria notierte sich die Informationen.

Signora Rana hatte sich wieder vollständig angezogen.

»Sie gehen jetzt schnurstracks nach Hause«, ermahnte Maria sie.

»Zuerst muss ich aber in die Kirche Santa Bibiana.«

Maria wollte protestieren, aber die Frau hielt ihr abwehrend die Hand entgegen. »Signorina Dottoressa, Sie können mich nicht davon abhalten, der heiligen Muttergottes und allen Engeln dafür zu danken, dass sie Dr. Bianchi so lange zum Essen geschickt haben. Würde der Doktor nicht immer noch bei seinen Dolci sitzen, hätten wir Sie niemals kennengelernt. Sie sind uns direkt vom lieben Gott gesandt worden.« Damit verabschiedete sich Signora Rana, nahm ihren Sohn an die Hand und verließ den Untersuchungsraum.

»Maria, hast du völlig den Verstand verloren?« Renilde legte entsetzt den schweren Silberlöffel neben ihren Teller und stieß damit vor Aufregung gegen den filigranen Porzellanteller, der gefährlich klirrte.

»Ich habe der Frau versprochen, dass ich ihr drei Tage lang eine warme Mahlzeit schicke, und was wäre passender, als wenn ich sie ihr selbst vorbeibringe? Bei dieser Gelegenheit kann ich nach ihrer Gesundheit schauen und auch ihren Sohn untersuchen. Ich mache mir Sorgen um die zwei.«

Maria hatte nicht mit der heftigen Reaktion ihrer Mutter gerechnet. Renilde war eine gläubige Katholikin, die Nächstenliebe predigte und nicht nur am Sonntag, sondern auch während der Woche zum Abendgebet in die Kirche ging. Sie spendete regelmäßig Almosen und verurteilte Menschen, die sich nicht an die Gebote des Herrn hielten. Wie war es möglich, dass sie Marias Vorhaben nicht guthieß? Flavia konnte doch einfach ein paar Tage lang ein wenig mehr kochen. Niemand erwartete, dass Maria teure Speisen nach San Lorenzo brachte. Eine gesunde Mahlzeit mit viel Gemüse reichte völlig aus.

»Es müssen die neuen Bekannten sein, die du in diesem Kultursalon kennengelernt hast. Sie haben dir diese verrückten Ideen in den Kopf gesetzt«, jammerte Renilde.

»Meine Entscheidung hat einzig und allein mit mir zu tun«, verteidigte sich Maria. »Ich habe das Leid dieser Frau gesehen und will ihr helfen. Das ist alles.«

»Du opferst deine kostbare Zeit, dein Geld und deinen guten Ruf. Wenn sich herumspricht, dass du in den Armenvierteln der Stadt Lebensmittel verteilst, werden uns die Massen die Tür einrennen. Sie werden hier Schlange stehen, und kein gut situierter Patient wird jemals deine Praxis besuchen.«

Maria hatte vor, gleich nach ihrem Abschluss neben ihren Tätigkeiten in den Krankenhäusern auch eine eigene kleine Praxis zu eröffnen. Ihr Vater half ihr bereits dabei, einen passenden Ort zu finden, denn leider war die Wohnung der Montessoris zu klein.

Renilde malte weitere Horrorszenarien aus. »Wenn die Prüfungskommission an der Universität von deinen wohltätigen Aktivitäten erfährt, wird deine Arbeit vielleicht abgelehnt, und der Arzttitel wird dir nicht verliehen.«

Nun legte auch Maria den Löffel zur Seite. Der Appetit war ihr vollends vergangen. Verärgert verschränkte sie die Arme vor der Brust und lehnte sich zurück.

Zu ihrer Überraschung mischte sich ihr Vater beschwichtigend in das Streitgespräch ein. »Ich denke, der wahre Grund für die Aufregung deiner Mutter liegt in der Sorge, dass dir etwas zustoßen könnte, wenn du dich in die Armenviertel der Stadt begibst«, sagte er. »Es treibt sich dort eine Menge Gesindel herum. Diebe, Strolche, Bettler, Trinker, der Abschaum unserer Gesellschaft. Du wärst nicht die erste Frau, die an so einem Ort überfallen wird.«

»Meine Patientin arbeitet als Wäscherin. Sie hat sieben Kinder zu ernähren. Wie soll sie das machen, wenn sie mit Fieber im Bett liegt?«

»Was ist mit dem Vater der Kinder?«, wollte Renilde wissen.

»Der vertrinkt seinen Lohn und schlägt seine Familie.«

»Und in so ein Haus willst du gehen?«, fragte ihre Mutter entsetzt nach. »Was, wenn der Mann gegen dich die Hand erhebt? Ich appelliere an deinen Verstand, Maria. Nimm Abstand von diesem Vorhaben!«

Statt einer Antwort presste Maria die Lippen fest aufeinander.

»Ich werde Ärztin, weil ich Menschen helfen möchte, und nicht, weil ich eine hübsche Praxis im Zentrum von Rom einrichten will«, sagte sie schließlich. »Es reicht nicht, wenn ich der armen Frau ein paar Medikamente verschreibe. Zum Gesundwerden braucht sie eine ordentliche Mahlzeit, ein warmes Bett und Ruhe, um sich zu erholen. Sie muss wissen, dass ihre Kinder ausreichend versorgt sind, nur so wird sie im Bett bleiben und schlafen.«

»Das mag ja stimmen, aber das sind Dinge, die du nicht beeinflussen kannst.« Renilde klang wieder etwas ruhiger. »Du kannst nicht die ganze Welt retten. Eine angehende Ärztin reicht nicht aus, um das Leben der Menschen in San Lorenzo zu verändern.«

»Vorerst geht es um eine einzige Familie«, sagte Maria trotzig. »Und der werde ich warmes Essen bringen, so wie ich es versprochen habe. Ich werde mein Wort halten.« Die großen, hungrigen Augen des kleinen Vittorio tauchten vor Maria auf. Sie würde es sich niemals verzeihen, wenn sie ihn enttäuschte.

»Du könntest doch einen Boten schicken«, schlug Alessandro vor. »An jeder Ecke der Stadt stehen Burschen und warten auf einen Auftrag. Ein kräftiger Junge soll die Mahlzeiten nach San Lorenzo bringen. Unser Zeitungsjunge zum Beispiel oder der kleine Giacomo, der fürs Ministerium Briefe in der ganzen Stadt verteilt.«

»Das ist ein gut gemeinter Vorschlag, Papa«, sagte Maria. »Aber kein Botenjunge wird in der Lage sein, Signora Rana und ihren Sohn zu untersuchen.«

Je mehr Argumente ihre Eltern vorbrachten, umso entschlossener wurde Maria. Natürlich konnte sie ihre Sorge verstehen, aber sie würde die Fahrt ins Armenviertel nicht allein antreten. Jemand musste sie begleiten, und sie wusste auch schon ganz genau, wer. Ihre Freundin Anna hatte noch nie vor einem kleinen Abenteuer zurückgeschreckt.

In der Kutsche roch es nach Knoblauch, Tomaten und Basilikum. Flavia hatte einen riesigen Topf Polenta zubereitet, den Maria auf ihrem Schoß hielt, sorgsam darauf bedacht, dass er nicht kippte, was gar nicht so einfach war, denn die Kutsche holperte über eine unbefestigte Straße voller Schlaglöcher. Neben Maria stand ein Korb mit frischem Brot.

»Ich war noch nie in San Lorenzo«, gab Anna zu. »Aber ich habe eine Menge Schauergeschichten gehört. Ich bin gespannt, was uns dort erwartet.«

Maria hatte ihr ältestes Kleid aus dem Schrank geholt und einen schäbigen Mantel darüber gezogen, den sie seit Jahren nicht mehr getragen hatte. Ihre sonst so schicke Freundin trug ein seltsam anmutendes üppiges Rüschenkleid, das vielleicht zu Beginn des letzten Jahrhunderts in England modern gewesen war. Es war ihr um einiges zu groß, möglicherweise stammte es von ihrer Mutter. Um die Schultern hatte sie einen Schal aus Wolle geschlungen.

Anna saß ganz nah beim Fenster und sah fassungslos auf die vorbeiziehenden Baracken. Auch Maria war entsetzt über den Anblick, der sich ihr bot. Es war eine Sache, vom Elend der Menschen zu hören, und eine ganz andere, es hautnah zu erleben. Eine Schar von Kindern, die unbeaufsichtigt auf der staubigen Straße mit Abfall spielten, jagten der Kutsche hinterher. Auch die schimpfenden Zurufe des Kutschers konnten sie nicht davon abhalten. Erst als der Mann das Pferd zu mehr Tempo anspornte und mit seiner Peitsche knallte, blieben die Kinder lachend zurück. Keines von ihnen trug Schuhe. Dabei war es bereits Mitte November, und die Temperaturen waren gesunken. Einmal hatte es letzte Woche sogar Nachtfrost gegeben.

Die Kutsche ratterte durch enge Straßen aus festgetretener Erde, die bei Regen unbefahrbar waren. Einige der Häuser verdienten diese Bezeichnung nicht. Sie sahen aus, als hätte jemand ein paar Steine und Bretter in einen riesigen Hut gestopft, alles kräftig geschüttelt und dann wahllos auf die Straße geworfen. Etliche Fenster hatten keine Glasscheiben, andere waren mit Brettern notdürftig zugenagelt. Der Geruch von fauligem Gemüse, Abwasser und Fäkalien hing in der Luft. Zwischen den Häuserfronten hatte man Wäscheleinen gespannt, auf denen schäbige Lumpen in verschiedenen Grauschattierungen zum Trocknen hingen. Vor einem

Stand, an dem verbeulte Kochtöpfe, rostiges Besteck und verbogene Nudelsiebe zum Verkauf angeboten wurden, hielt die Kutsche an.

»Weiter fahr ich nicht«, rief der Fahrer ins Wageninnere. »Die Straße ist so schlecht, da würd ich mir meine Kutsche ruinieren.«

Maria lugte aus dem Fenster. Der Weg vor ihnen war durchzogen von tiefen Schlaglöchern. Sie konnte die Entscheidung des Mannes verstehen.

»Wissen Sie, wo sich der Gemüseladen eines gewissen Federico befindet?«

»Der ist gleich hier um die Ecke. Sie stehen beinahe direkt davor.« Der Mann wies in eine schmale Seitengasse, die so eng war, dass ein großer Mann mit ausgebreiteten Armen von einer Häuserfront zur anderen greifen konnte.

»Vielen Dank«, sagte Maria. »Würden Sie hier auf uns warten? Wir sind in einer halben Stunde wieder da.«

»Von mir aus«, knurrte der Kutscher. Maria und Anna kletterten aus dem Wagen. Sie trugen den schweren Topf gemeinsam.

»Ach du meine Güte, hier sieht es ja aus wie auf einer Müllhalde«, sagte Maria.

»Wir sind auf einer Müllhalde«, korrigierte Anna. Naserümpfend hob sie ihre Röcke an, damit der Stoff nicht allzu schmutzig wurde.

Vor einem der dunklen Hauseingänge hockte eine Bettlerin, deren Alter Maria nicht bestimmen konnte. Das Leben hatte sie gezeichnet, und neben ihr kauerte ein Mädchen, das nicht älter als drei sein mochte. Es beschäftigte sich intensiv mit einem roten Stück Papier. Immer wieder drehte das

Kind den Fetzen im Kreis, formte es zu einer Schlange, löste sie wieder auf und drapierte ihn dann zu einer Pyramide. Das Mädchen war so sehr in sein Tun vertieft, dass es weder die traurige Mutter neben sich noch den Straßenköter wahrnahm, der an ihnen vorbeilief. Auch Maria und Anna schenkte sie keine Beachtung. Wie eine Wissenschaftlerin, die gerade dabei war, eine neue Entdeckung zu machen, widmete sie sich ihrem Stück Papier. Fasziniert beobachtete Maria das Kind.

»Schau, wo du hintrittst«, meinte Anna ungehalten, »sonst verschütten wir noch die Polenta, und der ganze Aufwand war umsonst.«

Maria sah wieder auf die Straße, doch ihre Gedanken waren nach wie vor bei dem Mädchen. Vergeblich hatte sie in dem Kindergesicht nach Traurigkeit gesucht. Dabei war es kein teures Spielzeug gewesen, mit dem sich das Mädchen beschäftigt hatte, sondern nur ein wertloser Fetzen Papier. Dennoch war das Kind so vertieft in sein Tun, dass es alles um sich herum vergaß. Genau wie Maria, wenn sie sich einer kniffeligen Aufgabe widmete und dabei nicht ans Essen dachte.

»Das muss der Gemüsehändler sein«, sagte Anna schließlich. Sie standen vor einem winzigen Laden, vor dessen Tür sich Holzkisten stapelten, die mit Zwiebeln gefüllt waren. Daneben lagen in einem Korb Kohlköpfe.

»Ob es hier auch etwas anderes als Zwiebeln und Kohl gibt?«

Maria wusste, dass ihre Freundin beides nicht ausstehen konnte.

»In der Kiste dort hinten sind Bohnen.«

»Ach du meine Güte«, meinte Anna. »Bei der Auswahl fällt einem die Entscheidung schwer. Zum Glück führt mein Gemüsehändler am Campo dei Fiori andere Ware. Ich glaube, ich würde verhungern, müsste ich hier einkaufen.«

Auch Maria war dankbar, dass sie nicht hier ihr Gemüse beziehen musste. Der säuerliche Geruch, der von den Kisten aufstieg, verhieß nichts Gutes. Ein kleiner, dicker Mann stand mit verschränkten Armen neben den Zwiebeln und musterte die beiden Frauen mit unverhohlener Neugier.

»Können Sie uns sagen, ob die Familie Rana hier wohnt?«, fragte Maria.

»Die waren im ersten Stock«, sagte der Mann und wies mit dem Daumen auf ein Gebäude, das so desolat aussah, dass Maria befürchtete, es könnte einstürzen, sobald sie es betraten.

»Was soll das heißen, sie waren dort?«

»Die Rana ist vorgestern nicht mehr von der Arbeit heimgekommen. Ist in der Wäscherei zusammengebrochen – und vorbei war es.«

Vor Schreck ließ Maria den Topf sinken. Zum Glück reagierte Anna blitzschnell und ging ebenfalls in die Knie, sonst wäre die kostbare Polenta auf dem staubigen Boden gelandet.

»Liegt sie in einem Krankenhaus?« Marias Stimme klang krächzend.

»Nein, in der Aufbahrungshalle von Santa Bibiana. Morgen kriegt sie ein Armengrab.« Der Gemüsehändler sprach mit einer erschreckenden Emotionslosigkeit.

»Was ist mit den sieben Kindern? Wo sind die?«

Desinteressiert zuckte der Mann mit den Schultern.

»Keine Ahnung, woher soll ich das wissen? Ich habe nur gesehen, wie der Rana alle seine Kinder zusammengepackt, sie auf einen Karren gehoben hat und mit ihnen davongefahren ist. Wahrscheinlich bringt er alle irgendwo aufs Land. Die müssen als Erntearbeiter helfen. Der alte Rana hat ja selbst kein Geld. Der kann die sieben nicht durchfüttern.«

»Aber er kann seine Kinder doch nicht einfach verkaufen«, mischte sich nun Anna ein.

Der Mann verzog seinen Mund zu einer hässlichen Grimasse. »Signorina, ich weiß nicht, auf welchem Stern sie leben, aber ich kann Ihnen versichern, dass es hier in St. Lorenzo ganz normal ist, dass man seine Kinder weggibt. Besser, die Kleinen arbeiten auf dem Feld, da kriegen sie wenigstens etwas zum Essen und müssen nicht verhungern. Der Rana hat das einzig Richtige gemacht.«

»Wird Herr Rana zum Begräbnis seiner Frau zurückkehren?«

»Das glaub ich nicht.« Der Gemüsehändler schüttelte den Kopf. »In die Wohnung sind heute Morgen schon neue Mieter eingezogen. Das geht schnell hier im Viertel. Kaum ist eines der Löcher leer, nistet sich auch schon das nächste Ungeziefer ein.«

Es dauerte einen Moment, bis Maria begriff, dass der Gemüsehändler von Menschen sprach. Sie fühlte sich benommen. War es ihre Schuld, dass die Frau gestorben war? Vielleicht hätte sie sie nicht nach Hause gehen lassen dürfen. Aber wäre Signora Rana im Krankenhaus geblieben? Maria presste die Augen zusammen und öffnete sie wieder. Sie hoffte, dass sie gerade aus einem schlechten Traum erwachte. Doch sie schlief nicht. Alles hier war völlig real. Wie konnte es sein, dass in ein und derselben Stadt Menschen ihre Kinder verkauften, während am anderen Ende Roms gut situierte Bürger, zu denen sie sich selbst zählte, im Überfluss lebten?

»Was machen wir jetzt mit der Polenta?« Anna riss Maria aus ihren Gedanken.

»Den Topf können Sie gerne bei mir lassen!«, meinte der Gemüsehändler und grinste begehrlich.

»Wir bringen die Polenta in die Kirche«, bestimmte Maria. »Sicherlich hat der Herr Pfarrer Verwendung dafür.«

»Den Pfaffen wollen Sie füttern? Das ist doch die reinste Verschwendung.«

Maria beachtete den Gemüsehändler nicht weiter, sondern machte auf dem Absatz kehrt. Mit einem knappen Gruß ließen sie und Anna den Mann zurück.

Der Pfarrer von Santa Bibiana konnte sein Glück kaum fassen. Mit vielen Dankesworten nahm er die Polenta entgegen und leerte sie in einen Topf, der zur Armenspeisung diente. Er versprach, die großzügigen Spenderinnen in seiner Abendpredigt zu erwähnen, aber Maria lehnte ab, denn sie wollte nicht namentlich genannt werden. Stattdessen bat sie den Pfarrer, eine Messe für die verstorbene Signora Rana zu lesen. Aus ihrem Portemonnaie holte sie einen Geldschein hervor und reichte ihn dem Geistlichen.

»Die Frau hat es in ihrem Leben nicht leicht gehabt. Können Sie auch ihre Kinder in Ihr Gebet einschließen?«

»Natürlich, Signorina, das werde ich tun«, versicherte der Pfarrer.

Noch bevor Maria und Anna die Kirche wieder verließen, hatten sich vier hungrige Frauen mit ihren Kindern eingefunden, um etwas von der Polenta abzubekommen. Nachrichten über verschenkte Mahlzeiten verbreiteten sich in diesem Viertel der Stadt so rasch wie die Kunde von günstigen Sommerhüten in dem Teil Roms, wo Maria lebte.

Als sie wieder zu der Kutsche gelangten, konnte Anna es kaum erwarten hineinzuklettern. Auch Maria war froh, die Tristesse hinter sich zu lassen, aber sie wusste, dass sie eines Tages wiederkehren würde. Die Missstände schrien zum Himmel. Dieses Viertel brauchte Ärzte, die die Menschen behandelten, Architekten, die neue Häuser bauten, und Lehrerinnen, die die Kinder von den Straßen holten und ihnen eine neue Perspektive eröffneten. Es gab viel zu tun, und Maria war entschlossen, sich für diese Menschen einzusetzen. Sie empfand es geradezu als ihre Pflicht, die sozialen Ungerechtigkeiten zu bekämpfen.

Rom, Ende Februar 1896

Maria blickte an der schmucklosen Fassade der Psychiatrischen Klinik hoch. Das Gebäude machte einen wenig einladenden Eindruck. Gitterstäbe vor den Fenstern im Untergeschoss erinnerten sie für einen kurzen Moment an ein Gefängnis, doch dann fiel ihr ein, dass diese Sicherheitsmaßnahmen auch bei anderen Einrichtungen angebracht wurden, denn sie hielten unliebsame Einbrecher fern. Gestern hatte Professor Bartolotti ihr mitgeteilt, dass sie die Zusage für eine weitere Assistenzstelle bekommen hatte. Sie durfte ein paar Stunden an der Psychiatrischen Klinik arbeiten, was ihr die Möglichkeit gab, das Thema ihrer Abschlussarbeit nicht nur theoretisch, sondern auch praktisch zu erforschen. Maria wollte über Wahnvorstellungen schreiben und mehr über die Bilder erfahren, die bei den Patienten hervorgerufen wurden. Bartolotti war davon begeistert und freute sich auf ihre Arbeit. Heute, nur einen Tag nach dem Gespräch mit dem Professor, würde sie ihre neue Stelle antreten.

Der Kutscher der Droschke, mit der sie hierhergefahren war, hatte eine unverschämt hohe Summe verlangt, weil sie eine junge Frau war, die es sich erlaubte, allein durch die Stadt zu fahren. Maria hatte dem Mann kein Trinkgeld gegeben.

Beherzt stieg sie die Stufen zum Eingang hoch, öffnete die schmale, hohe Tür und betrat die Klinik. Es war unerwartet still im Inneren. Was hatte Maria erwartet? Laute Schreie der Wahnsinnigen, die hier untergebracht waren? Vorsichtig schaute sie sich um. Im kahlen Eingangsbereich befand sich eine schlichte Treppe, die in ein Zwischengeschoss führte. Erst dort befand sich der Schalter des Pförtners. Maria lief die Stufen hoch und blieb vor einem freundlich lächelnden Mann stehen.

»Sie müssen Signorina Montessori sein«, sagte er.

»Ja, ganz richtig.« Maria konnte ihre Überraschung nicht verbergen. Sie wurde bereits erwartet.

»Professor Sciamanna hat Ihr Kommen angekündigt. Sie müssen noch ein Stockwerk höher gehen und dort den Gang entlang bis zum Ende.« Der Mann lächelte immer noch. »Soll ich Sie begleiten?«

»Nein, nein!« Maria winkte dankend ab und eilte weiter. Sie fühlte sich geschmeichelt, dass sogar der Portier über ihren Besuch Bescheid wusste. Ihre raschen Schritte hallten von den kahlen Wänden wider. Der Boden war mit schwarzweiß gemusterten Fliesen ausgelegt: Ineinander verschlungene Weinreben wanden sich in schier endlosen Schleifen bis zum Ende des Gangs. Noch bevor sie dort ankam, wurde die Tür schwungvoll geöffnet, und ein älterer Herr mit Backenbart und dunklem Frack schaute suchend über den Rand seiner Brille in ihre Richtung. Als er Maria erblickte, hellte sich sein Gesicht auf, und er breitete die Arme aus, als wäre sie eine alte Bekannte, dabei war Maria dem Leiter der Klinik noch nie zuvor begegnet.

»Signorina Montessori!«, rief er ihr entgegen. »Wie schön, dass Sie zu uns gefunden haben. Kommen Sie, kommen Sie!« Fröhlich winkte er sie zu sich. Maria musste an den Märchenerzähler denken, der jedes Jahr im Sommer nach Chiaravalle gekommen war, wo er vor dem Palazzo Comunale gesessen und seine Geschichten zum Besten gegeben hatte. Leider war Marias Mutter von dem Mann nicht sonderlich angetan gewesen, und so hatte Maria seinen Erzählungen nur zuhören können, wenn sie mit ihrer Großmutter unterwegs zum Markt gewesen war. Sie war von den Geschichten fasziniert gewesen und erinnerte sich noch immer mit Freude an die fabelhaften Tierwesen, an die Zwerge, Elfen und schönen Prinzessinnen, von denen sie sich als kleines Mädchen gewünscht hatte, selbst eine zu sein.

»Immer herein in die gute Stube!« Professor Sciamanna schob Maria in sein Büro. Im Gegensatz zum spärlich möblierten Gang war dieser Raum voll von Regalen, Bildern und Skulpturen. Es sah aus wie in einem Lager für Theaterrequisiten. Maria fühlte sich förmlich erschlagen und wusste nicht, wo sie zuerst hinsehen sollte. An der Wand hing zwischen der Darstellung antiker Gottheiten und einem goldenen Elefanten, der indisch anmutete, der ausgestopfte Kopf eines toten Tigers. Mit Büchern und Schriftrollen vollgeräumte Regale verstellten die hintere Wand. Der Boden des Büros war mit einem bunten Perserteppich ausgelegt, und vor dem Fenster hing ein schwerer weinroter Vorhang, der mit goldenen Quasten zusammengebunden war.

»Ich sehe, Sie sind erstaunt über meine kleine Sammlung«,

bemerkte Sciamanna lächelnd. »Ich bin in den letzten Jahren sehr viel gereist und habe mir erlaubt, von jeder meiner Reisen ein paar winzige Souvenirs mitzunehmen.«

Maria verkniff sich die Bemerkung, dass ein Tigerkopf wohl kaum als winzig zu bezeichnen war. Ihr Blick glitt weiter zum Schreibtisch, wo in einer chinesischen Vase nicht mehr ganz taufrische Rosen standen. Am Tisch saß ein Mann, der nun aufstand und auf Maria zukam. Für einen kurzen Moment war sie so erstaunt, dass sie beinahe das Atmen vergessen hätte. Vor ihr stand der gut aussehende Mann, der ihr und Anna beim Kammermusikabend in der Wohnung von Rina Faccio die Tür geöffnet hatte. Zur Begrüßung ergriff er ihre Hand und führte sie zum Mund. Seine Lippen streiften ihren Handrücken, und sein modischer Schnauzbart kitzelte ihre Haut. Sie errötete.

»Ich freue mich aufrichtig, Sie wiederzusehen«, erklärte er lächelnd.

»Sie kennen sich?« Sciamanna war sichtlich überrascht.

»Wir sind uns bei einer größeren Abendgesellschaft begegnet, einander aber noch nicht vorgestellt worden«, beeilte sich Maria zu sagen.

»Dann werde ich das nachholen«, erklärte Professor Sciamanna. »Das hier ist Signorina Maria Montessori, eine hochgeschätzte Studentin der Universität La Sapienza, die eine große Karriere vor sich hat und gerade über das Thema Verfolgungswahn forscht. Und dies ist Dr. Giuseppe Montesano, der seit letztem Sommer bei uns ist und derzeit eine Studie zur Erforschung des vom Wahnsinn befallenen kindlichen Geistes durchführt.«

»Sehr erfreut«, sagte Maria ungewöhnlich leise. Der junge

Mann löste eine Unsicherheit in ihr aus, die ihr bisher fremd war.

»Die Freude ist ganz auf meiner Seite.« Montesano hatte eine dunkle, samtige Stimme, die sich anhörte, als würde er damit sanft über die seltsamen Gegenstände in diesem Raum streichen.

»Wollen wir uns setzen, oder sollen wir Sie gleich durch die Klinik führen?« Sciamanna sah Maria fragend an.

»Ich würde mir gern die Räumlichkeiten anschauen«, entgegnete sie. Nach dem Rundgang hatte sie hoffentlich ihre normale Gesichtsfarbe zurückerlangt und konnte wieder klar denken. Sie wollte bei Sciamanna und Montesano den Eindruck einer selbstbewussten Frau hinterlassen und nicht den eines verunsicherten Kindes, das bei jeder Kleinigkeit verlegen errötete.

»Eine gute Entscheidung. Lassen Sie uns mit der Besichtigung beginnen.« Sciamanna erhob sich, ging aber nicht zur Tür, sondern zu einer Nische im hinteren Bereich des Raums, wo ein Kleiderständer aus Metall stand, der die Form einer kleinen Giraffe hatte. Auf goldlackierten Haken hingen mehrere weiße Arztkittel, von denen sich Professor Sciamanna einen nahm und etwas umständlich hineinschlüpfte. Er schien an Schulterschmerzen zu leiden, denn es fiel ihm schwer, seinen Arm in den rechten Ärmel zu bekommen. Montesano trat ihm hilfreich zur Seite.

»Sie sollten auch einen Mantel überziehen«, riet Sciamanna mit einem Blick auf Marias dunkelblaues Kleid. Es hatte einen hellen Spitzenbesatz an den Ärmeln und zählte zu ihren besten Kleidungsstücken. »Im Regelfall sind unsere Patienten harmlos. Die wirklich gefährlichen sitzen in Einzelzellen oder sind in Gitterbetten untergebracht. Trotzdem kann man nie wissen, was den Wahnsinnigen einfällt. Letzte Woche hat mich einer von ihnen angespuckt und einen meiner besten Anzüge ruiniert.« Maria nahm den Mantel dankbar entgegen und ließ sich von Sciamanna hineinhelfen. Redete der Professor von Patienten oder von Gefängnisinsassen? Die Worte Zelle und Gitterbett irritierten sie. Auch Montesano streifte einen weißen Kittel über seinen Anzug.

»Nun, dann wollen wir!« Sciamanna hielt Maria die Tür auf, und sie trat wieder auf den Gang. Der Leiter der Anstalt ging voraus. »Unsere Patienten sind alle im hinteren Teil des Gebäudes untergebracht. Hier liegen bloß die Büros und die Verwaltung.«

»Was befindet sich denn im Untergeschoss?«, wollte Maria wissen. Sie erinnerte sich noch gut an die Gitterstäbe vor den Fenstern.

»Dort sind einige der Behandlungsräume.«

»Welche Art von Therapien werden durchgeführt?«

»Das Übliche: Stromschläge, Kalt- und Heißwassertherapie, Reize durch starke Lichtquellen und besonders laute Geräusche. Wir haben Gurte zum Anschnallen der Patienten und mehrere Jacken, in die man sie festzurren kann.«

Maria schluckte. Was der Doktor aufzählte, klang nach Folter und nicht nach Therapie.

»Sind diese Anwendungen denn hilfreich?«, fragte sie vorsichtig.

Sciamanna blieb stehen und drehte sich zu ihr. »Ja, natürlich«, sagte er voller Überzeugung. »Sonst würden wir sie doch nicht durchführen.«

Maria sah aus den Augenwinkeln, wie Montesano die

Antwort des Professors anzuzweifeln schien, ihm aber nicht widersprach.

»Warum finden die Anwendungen nicht im Hauptteil der Klinik statt?«, erkundigte sich Maria.

»Einige der Patienten geben während der Behandlung unliebsame Geräusche von sich, auch wenn wir ihnen Holzstücke zwischen die Zähne schieben, damit sie sich nicht die Zunge abbeißen. Diese Laute verunsichern andere Insassen.«

Ein eisiger Schauer lief Maria über den Rücken. Sie versuchte sich vorzustellen, wie schmerzhaft eine Anwendung sein musste, wenn es notwendig war, auf ein Stück Holz zu beißen.

»Wir gehen zuerst in den Trakt, wo die Patienten mit den Wahnvorstellungen sitzen«, fuhr Sciamanna fort. »Bitte erschrecken Sie nicht, Signorina. Einige von ihnen neigen dazu, laut zu fluchen. Sie schreien und kreischen, sobald man sich ihnen nähert. Aber die meisten von ihnen sind völlig harmlos.«

Maria nickte tapfer und versuchte sich die Angst nicht anmerken zu lassen, die sie langsam beschlich. Ich habe allein in einem dunklen Anatomiesaal Leichen seziert, sagte sie sich in Gedanken. Ein paar Wahnsinnige können mich nicht erschüttern.

Über breite Stufen gelangten sie zu einem weiteren Korridor, der zuerst zu einer Tür mit Metallgitter und weiter in einen begrünten Innenhof führte. Über Schotterwege gingen sie weiter zu einem dreistöckigen Nebengebäude, dessen Fenster allesamt vergittert waren. Einige Fensterläden standen offen, und ein schrilles Kreischen drang in den Hof. Marias Hände wurden feucht.

»Das ist eine Patientin, die vor einer Woche eingeliefert worden ist«, erklärte Sciamanna. »Sie stammt aus der Lombardei und glaubt, sie sei die Kaiserin von Österreich. Immer wenn sich ihr jemand nähert, schreit sie schrill und fürchtet, attackiert zu werden. Sie verlangt ständig nach einer Zofe, die sie frisieren soll.«

»Hat sie denn Ähnlichkeiten mit Kaiserin Elisabeth?«, wollte Maria wissen.

»Leider nein«, erwiderte Sciamanna belustigt. »Sie sieht eher aus wie die englische Königin, und ihr Haar gleicht dem eines Straßenköters.«

»Oh!« Maria senkte den Blick. Queen Victoria war in ihrer Jugend sicher eine attraktive Frau gewesen, doch die Bilder, die man heute von ihr in den Zeitungen sah, zeigten eine trauernde alte Frau mit einem ernsten Gesicht und deutlichem Übergewicht.

»Die Patientin verfügt über außergewöhnlich viel Kraft. Sie neigt zu Aggression, weshalb wir sie gesondert unterbringen mussten. Die Wärter schieben ihr das Essen durch eine Türklappe in die Zelle.«

»Bekommt sie Medikamente?«

»Einmal am Tag bringen wir sie zur Elektrotherapie. Danach ist sie etwas ruhiger.«

Maria antwortete nicht. Sie konnte sich vorstellen, dass die Patientin nach der Prozedur der Stromschläge zu erschöpft war, um sich noch gegen irgendetwas oder jemanden zu wehren. Montesano machte einen Schritt auf die Eingangstür zu und öffnete sie. Zuerst betrat Sciamanna das Gebäude, danach Maria. Als sie an Montesano vorbeiging, nahm sie einen leichten Hauch Moschus und Kampfer wahr – eine

Mischung, die ihr gefiel. Doch sobald sie im Inneren des Gebäudes war, verflüchtigte sich der Duft des Parfums, und ihr schlug der Gestank von Urin und Erbrochenem entgegen. Schützend hielt sie sich die Hand vor die Nase.

»Sie werden sich daran gewöhnen«, meinte der Anstaltsleiter. »Mittlerweile rieche ich es kaum noch.«

»Werden die Zimmer der Patienten denn nicht gesäubert?«, erkundigte sich Maria.

Sciamanna lächelte nachsichtig. »Signorina, sie werden regelmäßig mit dem Wasserschlauch ausgespritzt, aber viele unserer Patienten haben es verlernt, eine Toilette zu benutzen.«

»Oder sie wurden nie daran gewöhnt«, ergänzte Montesano. Er stand nun ungehörig dicht neben Maria, als gälte es, sie gegen Angreifer zu beschützen. Maria fand diese Nähe keineswegs unangenehm. Am liebsten hätte sie sich noch dichter zu ihm gestellt, um dem entsetzlichen Gestank zu entkommen. Vom oberen Stockwerk drangen nun unmenschliche Geräusche zu ihnen. Ein Patient schlug mit einem Gegenstand gegen Gitterstäbe, an anderer weinte, sie hörte Gewimmer und Geschrei. Der Lärm hallte von den kahlen Wänden wider. Maria folgte Sciamanna und Montesano durch einen dunklen Gang. Rechts und links führten vergitterte Türen zu Räumen, in denen Stahlrohrbetten standen. Darin lagen oder saßen Patienten. Einige sangen oder lallten, andere schaukelten monoton hin und her, wieder andere liefen im Kreis herum. Es war ein trostloser, verstörender Anblick. Maria war davon überzeugt, dass es in einem Gefängnis nicht deprimierender aussehen konnte.

»Sind die Türen zugesperrt?«, fragte sie.

»Ja, natürlich. Würden wir sie offen lassen, würden die Wahnsinnigen davonlaufen«, erklärte Sciamanna. »Übrigens sind Männer und Frauen getrennt untergebracht, und wir sind bemüht, die Zellen mit nicht mehr als sechs Patienten zu belegen«, erklärte Sciamanna. »Leider sind wir im Moment so überfüllt, dass sich in einer engen Zelle acht Patienten befinden. Sie werden uns aus dem ganzen Land zugewiesen. Menschen, die nicht reden können, die durch spastische Lähmungen den ganzen Tag im Bett verbringen müssen. Einige von ihnen haben durchaus Potenzial.« Sciamanna blieb vor einer Zelle stehen und zeigte auf ein Bett, das unter einem Fenster mit Metallstäben stand. »Das dort ist Pietro. Er kann seinen Namen und einfache Sätze sagen.«

Auf dem Bett saß ein kleiner, gedrungener Mann, der die zwanzig kaum überschritten hatte. Sein Hals war kurz, seine Augen standen weit auseinander, und als er den Doktor erblickte, hellte sich sein Gesicht auf. Er grinste. Dabei fiel Maria seine Zunge auf, die aussah, als wäre sie zu breit. Sie hing ihm ein Stückchen aus dem Mund. »Ciao!« Er winkte dem Arzt fröhlich zu, rappelte sich auf und trippelte mit kleinen, kurzen Schritten zur Tür.

»Darf ich auf den Hof?«, fragte der Mann. Ein stechender Gestank nach Urin ging von ihm aus. Die Art, wie er sprach, hatte etwas Kindliches.

»Ciao, Pietro!«, sagte Sciamanna freundlich. »Ich bin mir sicher, dass Carlo euch bald holen wird. Ihr dürft für ein paar Stunden auf den Hof. Heute scheint die Sonne.«

Das Lächeln wurde noch breiter. Pietros Blick fiel auf Maria. Ungeniert musterte er sie vom Scheitel bis zur Sohle. »Ciao!« Er streckte seine Hand durch die Gitterstäbe. Seine

Finger waren klein und eine Spur zu kurz geraten. Maria ergriff seine Hand und drückte sie. Er erwiderte den Druck. »Mein Name ist Maria«, sagte sie. »Ich werde in Zukunft öfter herkommen.«

»Signorina Montessori ist eine angehende Ärztin«, erklärte Sciamanna.

»Ich will, dass sie mich untersucht«, verkündete Pietro.

Montesano lachte. »Signorina Montessori schreibt eine Arbeit über Menschen, die Stimmen hören. Zum Glück gehörst du nicht zu den armen Irren.«

»Ich kann Stimmen hören«, meinte Pietro. »Wenn ich will, dann kann ich sie hören.«

Die Hartnäckigkeit, mit der er versuchte, die beiden Männer davon zu überzeugen, dass Maria ihn in Zukunft untersuchen sollte, rührte sie.

»Ich verspreche, dass ich vorbeischaue, wenn ich wieder hier bin«, versicherte sie. Damit war Pietro vorerst einverstanden. Er kehrte zurück zu seinem Bett und nahm wieder darauf Platz.

»Warum sind Menschen wie Pietro hinter Gittern?«, fragte sie. »Von ihm geht doch keine Bedrohung aus, oder etwa doch?«

»Nein, Pietro stellt für niemanden eine Gefahr dar«, gab Sciamanna zu. »Aber die Klinik ist so organisiert, dass alle Patienten in absperrbaren Räumen untergebracht sind. Es wäre einfach zu kompliziert, wenn wir ständig nach irgendjemandem suchen müssten. Patienten wie Pietro fallen immer wieder die unsinnigsten Dinge ein. Erst letzten Monat wollte er unbedingt auf den Markt gehen, um frische Erdbeeren zu kaufen. Wir mussten ihm stundenlang erklären, dass es im

Moment nirgendwo Erdbeeren gibt. Es ist eine Frucht, die im Frühling auf den Feldern wächst. Aber um das zu begreifen, reicht seine Intelligenz nicht aus.«

Maria wollte erwidern, dass vermutlich jeder Mensch innerhalb dieser Mauern nach kurzer Zeit vergessen würde, welche Jahreszeit gerade herrschte. Doch sie behielt ihre Bemerkung für sich, schließlich wollte sie die Assistenzstelle unbedingt antreten und sie nicht verlieren, noch bevor sie irgendwelche Erkenntnisse für ihre Abschlussarbeit gewonnen hatte. Sciamanna ging weiter und hielt nun vor einer hohen Holztür an.

»Diesen Raum gibt es erst seit kurzer Zeit«, sagte er wichtig. »Ich habe mich persönlich dafür eingesetzt und muss zugeben, dass ich stolz darauf bin. Nirgendwo in Italien werden Sie eine derart moderne Einrichtung finden.«

Neugierig trat Maria näher.

»Hinter dieser Tür haben wir ausschließlich Kinder untergebracht«, erklärte Sciamanna. »Anders als in den übrigen Irrenhäusern des Landes werden sie gesondert von den Erwachsenen betreut. Es entspricht den letzten wissenschaftlichen Erkenntnissen, dass sich die Bedürfnisse schwachsinniger Kinder von denen Volljähriger unterscheiden, selbst dann, wenn dieselbe Diagnose vorliegt.«

Er streckte sich und schob einen Riegel zur Seite, der sich am oberen Ende der Tür befand. »Diese Vorrichtung ist ausreichend«, ergänzte er. »Die kleinen Patienten schaffen es nicht, dorthin zu gelangen.« Schwungvoll öffnete er die Tür. Maria erwartete ausgelassene Stimmen oder herumtollende Kinder, aber es schlug ihr eine gespenstische Stille entgegen. Vorsichtig betrat sie den Saal. Ähnlich wie in den Zellen, die sie bereits gesehen hatte, befanden sich auch hier schlichte Stahlrohrbetten, die aufgereiht an beiden Wänden des Saals standen. Es waren zwölf, also doppelt so viele wie bei den erwachsenen Patienten. Auf jedem Bett lag eine graue Decke, auf der ein Kind hockte. Das jüngste schien nicht älter als zwei Jahre zu sein, das älteste mochte zwölf sein. Es waren Mädchen und Jungen mit eingefallenen Wangen und traurigen Augen, die ins Leere blickten. Einige waren missgebildet, andere wippten sabbernd mit dem Oberkörper vor und zurück.

In der Mitte des Saals saß eine korpulente Frau auf einem Lehnstuhl aus Holz. Sie trug ein dunkles Kleid und strickte. Offenbar war sie die Erzieherin. Ihre Gesichtsfarbe war ebenso grau wie die der Kinder. Mürrisch hob sie den Blick von ihrer Handarbeit, als die ungebetenen Gäste eintraten, und murmelte einen Gruß, blieb aber sitzen.

»Was ist mit diesen armen Kindern?«, flüsterte Maria fassungslos. »Warum spielen sie nicht?«

»Sie sind schwachsinnig«, sagte Sciamanna. Er schien Marias Frage nicht zu verstehen.

Nun erhob sich die Erzieherin schwerfällig von ihrem Sessel und schlurfte zum Klinikleiter.

»Guten Tag, Serafina! Darf ich Ihnen Signorina Montessori vorstellen? Gemeinsam mit Dr. Montesano wird sie regelmäßig nach unseren kleinen Patienten schauen.«

Maria streckte der Frau die Hand entgegen. Die schien kurz zu überlegen, ob sie sie ergreifen wollte. Als sie es schließlich tat, bemerkte Maria, dass Serafina nicht unhöflich war, sondern bloß langsam.

»Was machen die Kinder den ganzen Tag über?«, erkundigte sich Maria.

Serafina zuckte die Schultern. »Nichts.«

»Sie hocken den ganzen Tag auf ihren Betten?«

»Nur wenn das Dienstmädchen den Korb mit dem Brot bringt, dann werden sie zu kleinen Tieren und stürzen sich darauf«, sagte Serafina. »Dabei müssten sie doch längst wissen, dass niemand hier Hunger leiden muss.«

Maria trat zu einem der Betten, auf dem ein Mädchen mit unordentlich geflochtenen Zöpfen und einer geflickten grauen Schürze saß. Als Maria näher trat, drehte sich die Kleine zu ihr, sah aber durch Maria hindurch. Ihre Hände waren mit Stoffbinden fest eingewickelt.

»Das ist Clarissa. Sie spricht nicht und kaut ihre Finger blutig, wenn wir sie nicht verbinden«, erklärte Sciamanna. »Ihre Mutter hat sie vor den Türen des Klosters Santa Maria dei Sette Dolori abgegeben. Die Nonnen haben sie dann zu uns gebracht.«

»Kannst du mich hören, Clarissa?« Maria beugte sich näher zu dem etwa sechsjährigen Mädchen, doch es regierte nicht.

In diesem Moment öffnete sich erneut die Tür, und ein Dienstmädchen schob scheppernd einen Servierwagen in den Saal. Augenblicklich schnellte Clarissas Kopf hoch, und sie starrte auf den Wagen. Auch in die anderen Kinder kam Leben. Der Älteste sprang von seinem Bett auf und hüpfte auf den Wagen zu. Schnell schnappte er nach einem Stück Brot, das in einem Korb lag, und lief damit wieder zurück zu seinem Bett. Die anderen Kinder folgten ihm.

»Sehen Sie? Das meinte ich!« Vorwurfsvoll stemmte Serafina die Hände in ihre breiten Hüften. »Werdet ihr wohl alle wieder ins Bett gehen?«, rief sie und erhob dabei die Stimme. Sie sprach nun schneller.

Mit leidender Miene drehte die Erzieherin sich zu Maria. »Aber das Schlimmste kommt noch«, sagte sie. »Sobald die Kinder das Brot haben, richten sie eine wahre Sauerei damit an. Ich muss es ihnen jedes Mal wieder wegnehmen. Sie zerbröseln es zu tausend kleinen Krümeln und schieben sie im Bett hin und her.«

Maria beobachtete die Kinder. Der Junge, der als Erster aufgesprungen war, kniete nun auf seinem Bett und teilte das Brot in gleich große Stücke, die er fein säuberlich vor sich aufreihte. Er wirkte dabei höchst konzentriert und achtete darauf, dass die Teile sich weder in der Größe noch in der Form unterschieden. Das Bild vom Kind der Bettlerin, das mit dem roten Papierfetzen gespielt hatte, kam Maria wieder in den Sinn.

»Nehmen Sie den Kindern das Brot wieder weg«, forderte Sciamanna streng. »Die Bettlaken werden ja ganz schmutzig. Gegessen wird in Zukunft nur noch zu den Mahlzeiten. Es gibt kein Brot mehr zwischendurch.«

Maria beobachtete den kleinen Jungen neben Clarissa. Er bohrte mit seinem Zeigefinger ein Loch in das Brot, nahm den Finger wieder heraus und schaute durch das Loch hindurch. Als er Maria entdeckte, lächelte sie ihm zu, und für einen winzigen Moment stahl sich auch auf das Gesicht des Jungen ein scheues Lächeln.

»Vielleicht haben die Kinder gar keinen Hunger«, sagte Maria vorsichtig.

»Was meinen Sie?«

»Wäre es nicht möglich, dass die Kinder sich nach Spielsachen sehnen?«

»Signorina Montessori.« Sciamanna setzte nun den nachsichtigen Blick eines gutmütigen Onkels auf. »Diesen Kindern mangelt es an Verstand. Was sollen sie mit Spielzeug anfangen?«

Maria nahm ihren ganzen Mut zusammen. Schließlich war sie eine Studentin, der es nicht zustand, den Leiter der Psychiatrischen Klinik zu belehren.

»Gesunde Kinder brauchen Spielsachen, um sich gut zu entwickeln. Sie schärfen im Spiel ihren Verstand.«

»Worauf wollen Sie hinaus?«

»Wäre es nicht logisch, dass Kinder, deren Verstand nicht so gut entwickelt ist, diese Hilfsmittel in doppelter Weise benötigen?«

Nun betrachtete Sciamanna sie mit Misstrauen. Offenbar hatte sie ihre Worte nicht bedächtig genug gewählt.

»Ich habe kürzlich Schriften von Édouard Séguin gelesen«, warf Dr. Montesano ein. »Er hat Studien in einer Pariser Irrenanstalt durchgeführt und eine der ersten Schulen für Schwachsinnige gegründet.«

»Meinen Sie den Schüler von Jean Itard, der nach Amerika auswanderte?«

»Ich weiß nicht, ob er ein Schüler von ihm war«, gab Montesano zu. »Aber seine Arbeit ist zweifelsohne von ihm geprägt.«

»Hm.« Sciamanna verschränkte die Arme vor der Brust. »Kann es sein, dass Sie gerade Partei für Signorina Montessori ergreifen?«

»Ich denke, dass wir ihre Bemerkung ernst nehmen sollten. Sie selbst haben sich dafür eingesetzt, dass die Kinder nicht mehr unter Erwachsenen leben müssen. Wäre es nicht klug, einen weiteren Schritt zu gehen?«

»Wir sollen den Schwachsinnigen Spielzeug geben?« Sciamanna runzelte die Stirn.

Montesano zuckte mit den Schultern, dabei sah er zu Maria, die seinen Blick jedoch nicht deuten konnte. Sie war es nicht gewohnt, dass Männer ihre Anliegen als angehende Ärztin unterstützten. Normalerweise sahen sie in ihr eine Konkurrentin, die es zu bekämpfen galt, ganz egal, wie klug ihre Beiträge waren.

»Meinetwegen«, sagte Sciamanna schließlich. »Ich habe Signorina Montessori an diese Klinik geholt, weil sie einen wachen Verstand hat.« Er drehte sich zu Maria. »Enttäuschen Sie mich nicht, Signorina.«

»Ich werde mir große Mühe geben.«

Dann wandte der Klinikleiter sich wieder an Serafina. »Nehmen Sie den Kindern das Brot weg.« An Maria gerichtet sagte er: »Und Sie sorgen dafür, dass diese Kinder Spielsachen bekommen.« Deutlich leiser fügte er hinzu: »Womit auch immer sich diese Idioten beschäftigen können.«

»Sind Sie sicher, Signorina, dass Sie diese beiden Werke entleihen wollen?« Der Bibliothekar musterte Maria über ein metallenes Brillengestell hinweg, das auf seiner spitzen Nase klemmte. Die Ärmelschoner über seinem Anzug waren nicht mehr ganz sauber.

»Ja, natürlich.« Maria bemühte sich, dem Mann ihre Ungeduld nicht zu zeigen. Aber warum konnte er ihr nicht einfach die gewünschten Bücher aushändigen? Glaubte er etwa, sie könne nicht lesen?

»Mit Verlaub, Signorina, beide Schriften stammen zwar von Ärzten, beschäftigen sich aber mit der Pädagogik.«

»Dieser Umstand ist mir durchaus bewusst«, entgegnete Maria. Sie wippte nun mit ihrem Fuß und erzeugte mit dem Absatz ein ungehaltenes Klappern. Augenblicklich ertönte ein empörtes Räuspern aus dem Inneren des Lesesaals. Die Doppelflügeltüren standen weit offen. Maria zwang sich, ruhig zu stehen. Sie beugte sich nun weit über den Tresen, der sie und den Bibliothekar voneinander trennte, und senkte die Stimme.

»Ich brauche diese beiden Schriften, sie behandeln den Unterricht schwachsinniger Kinder.«

»Aber Sie sind doch Studentin an der Medizinischen Fakultät«, beharrte der Bibliothekar.

Was ging diesen Mann an, welche Bücher sie entlieh? Und wenn es romantische Liebesromane wären, dann war es seine Aufgabe, sie ihr einfach auszuhändigen. Er sollte sie weder beraten noch belehren, sondern im Karteikasten nach den Titeln suchen und sie anschließend aus dem Archiv holen.

»Können Sie mir die Bücher besorgen?«

Der Mann kratzte sich an der hohen Stirn. »Ich denke schon«, sagte er. »Aber es wird etwas dauern. Nehmen Sie doch in der Zwischenzeit Platz.«

Na endlich, dachte Maria. Laut sagte sie: »Haben Sie vielen Dank.« Sie ging zu einem der kleinen, runden Tische im Warteraum, die sie an ein Café erinnerten, und nahm neben einem Zeitungsständer Platz. Einige aktuelle Tageszeitungen lagen noch auf dem Tisch. Maria griff nach der obersten und blätterte sie halbherzig durch. Auf der zweiten Seite fand sie einen Artikel über die bevorstehende Eröffnung der Metro in Budapest. Nach London bekam nun auch die ungarische

Hauptstadt eine Bahn, die unterirdisch verkehrte und die Menschen bequem von einem Ort in der Stadt zum anderen brachte. Maria fragte sich, ob diese Art des Transports in Rom jemals möglich sein würde. Sobald ein neues Haus errichtet wurde, fand man bei den Grabungen Überreste von antiken Tempeln, mittelalterlichen Gebäuden und Kirchen. Einen Tunnel zu buddeln erschien ihr völlig aussichtslos. Maria blätterte weiter und stieß auf einen winzigen Bericht über eine öffentliche Filmaufführung der Brüder Lumière in Wien. Sie seufzte. Wie sehr wünschte sie sich, all diese spannenden Städte kennenzulernen: Berlin, Budapest, London, Paris. Die Namen klangen wie Musik in ihren Ohren. Verheißungsvolle Orte, an denen der Fortschritt nicht haltmachte. Städte, in denen Frauen aktiv für ihre Rechte kämpften und Wissenschaftler Fördergelder erhielten, um ihre Theorien weiterzuentwickeln. Während in London die Frauen für das allgemeine Wahlrecht auf die Straße gingen, das in Neuseeland am anderen Ende der Welt bereits eingeführt worden war, zweifelte in Rom ein einfacher Bibliothekar die Bücherwahl einer angehenden Medizinerin an.

In diesem Moment betraten Testoni und Balfano den Raum. Während Marco Balfono seinen Hochmut in den letzten Monaten abgelegt hatte, war Testoni noch gehässiger geworden. Er schien den Gedanken nicht ertragen zu können, dass eine Frau die Jahrgangsbeste war.

»Ah, die Vorzugsstudentin und der besondere Liebling des Professors«, sagte er leise, aber laut genug, dass sowohl Maria als auch der Bibliothekar ihn hören konnten. »Wir können uns alle denken, warum ein alter Mann wie Bartolotti einer attraktiven jungen Frau bessere Noten gibt als ihren männlichen Kollegen.« Genüsslich pfiff er durch die Zähne und warf Maria einen anzüglichen Blick zu.

Sein Freund stieß ihn mit dem Ellbogen in die Seite. »Lass gut sein, Andrea.«

»Was denn? Hast du in letzter Zeit von einer ähnlich skandalösen Geschichte gehört? Eine Frau, der noch während des Studiums drei verschiedene Assistenzstellen angeboten werden? Da fragt man sich doch, welche besonderen Dienste sie anzubieten hat!«

»Es reicht, Andrea!«, mahnte Balfano. »Wir wissen beide, dass die Montessori fleißiger ist als wir alle zusammen.«

»Pah«, schnaufte Testoni verächtlich und ging zum Tresen des Bibliothekars, der gerade zwei dicke Bücher aus dem Archiv geholt hatte und deren Titel nun fein säuberlich in akkuraten Buchstaben auf eine Karteikarte übertrug.

Émile von Rousseau lag ganz obenauf.

»Sind das etwa die Bücher, die unsere Kollegin für die Präsentation ihrer Abschlussarbeit benötigt?« Testoni lachte. »Den Schundroman eines Franzosen?« Er wollte das Buch in die Hand nehmen, doch der Bibliothekar zog den Band zu sich zurück. Das Brillengestell rutschte dabei auf seine Nasenspitze.

»Warten Sie gefälligst, bis Sie an der Reihe sind«, knurrte er unfreundlich.

Testoni drehte sich um und machte einen Schritt auf Maria zu, die die Zeitung nun wieder zusammengefaltet hatte. »Sie halten sich wohl für besonders schlau«, sagte er leise. »Aber ich habe Sie durchschaut, Montessori. Sie sind bloß eine kleine Wichtigtuerin, die glaubt, wenn sie Männern schöne Augen macht, gehen alle Türen auf. Aber ich werde dafür sorgen, dass die wichtigsten für Sie verschlossen bleiben. Jeder in dieser Stadt soll erfahren, was der wahre Grund für Ihren Erfolg ist. Mein Vater sitzt in der Stadtregierung.«

»Ach ja?«, sagte Maria. Sie erhob sich und streckte die Schultern durch, um größer zu erscheinen, als sie tatsächlich war. »Sie wollen also öffentlich kundtun, dass ich härter für meine Noten arbeiten musste als Sie und Ihre Freunde? Dass ich nachts allein meine Übungen im Anatomiesaal absolviert habe und im Gegensatz zu Ihnen auf drei verschiedenen Assistenzstellen praktische Erfahrungen sammle, während Sie sich in den Nachtlokalen der Stadt vergnügen? Nur zu, ich kann es kaum erwarten.« Zu ihrer großen Überraschung fühlte sie sich ganz ruhig. Bei jeder anderen Gelegenheit hätte sie ihren Ärger hinuntergeschluckt, hätte sich umgedreht und wäre gegangen. Aber heute gelang es ihr nicht, zu schweigen. Der Mann vor ihr war eine armselige Witzfigur, und sie hatte den Mut, es ihm zu sagen.

»Alles, was ich empfinde, wenn ich Sie ansehe, Testoni, ist Mitleid.«

Das runde Gesicht des Studenten lief dunkelrot an. Er holte Luft und wollte gerade zu einer Erwiderung ansetzen, doch der Bibliothekar legte streng den Finger an den Mund. »Hier herrscht Ruhe«, mahnte er und winkte Maria zu sich. »Die gewünschten Bücher, Signorina. Ich hoffe, Sie haben jetzt, was Sie benötigen.«

»Oh, mit Sicherheit. Vielen Dank!« Rasch nahm Maria die Bücher entgegen, drückte sie fest gegen ihre Brust und drängte sich an Testoni vorbei zum Ausgang. Sie konnte seinen feindseligen Blick förmlich im Rücken spüren. Aber zum ersten Mal, seit sie hier studierte, prallte sein Hass völlig an ihr ab. Eines Tages würde auch er akzeptieren müssen, dass die Änderungen der Gesellschaft nicht aufzuhalten waren. Sollte ihm das nicht gelingen, würde ihn irgendwann der Fortschritt überrollen. Diese Vorstellung gefiel Maria. Zufrieden verließ sie die Bibliothek. Sie konnte es kaum erwarten, die Schriften, die sie eben ausgeliehen hatte, zu studieren.

Rom, März 1896

Maria war wieder einmal spät dran. In knapp einer Stunde sollte sie in der Klinik sein, aber davor musste sie noch einige Gegenstände zusammensuchen. Schnell legte sie ein Lesezeichen in das Buch, das aufgeschlagen vor ihr auf dem Schreibtisch lag. *Traitement moral, hygiène et éducation des idiots et des autres enfants arriérés.* Der Band von Édouard Séguin über die »moralische Behandlung, Hygiene und Erziehung von Idioten und anderen zurückgebliebenen Kindern« faszinierte Maria enorm.

Der Autor vertrat die Auffassung, dass sich die Erziehung in einer Abfolge von Entwicklungsstufen vollzog, beginnend mit der körperlichen Bewegung bis hin zur Förderung des Intellekts. Er entwickelte eine Reihe von Übungen zur Schulung der Motorik und verwendete einfache Turngeräte wie Leitern und Schaukeln, aber auch Geräte, die man im Alltag benutzte, wie Spaten, Schubkarren und Hammer, um die sinnliche Wahrnehmung und motorischen Fähigkeiten der Kinder anzuregen. Darüber hinaus baute er Bretter mit unterschiedlichen Löchern, in die Nägel gesteckt werden konnten, und geometrische Figuren, die in entsprechende Aussparungen gelegt werden sollten. Für den Tastsinn ersann er Bretter mit unterschiedlichen Oberflächen, die von den Kindern gefühlt und benannt werden mussten.

Leider hatte Maria heute keine Zeit mehr, einen der Gegenstände zu basteln, aber sie würde Material mitnehmen, das die Kinder anfassen konnten. Unterschiedliche Stoffe und Oberflächen, vielleicht ein Knäuel Wolle, ein Stück Schleifpapier, eine Feder, einen glatten Taschenspiegel. Sie ging zu ihrer Schublade, in der sie Krimskrams sammelte, zog sie auf und durchwühlte den Inhalt. Eigentlich waren es lauter Dinge, die sie längst hätte wegwerfen oder dort einordnen sollen, wo sie hingehörten: eine Hutfeder, die sie als Kind gefunden hatte, ein Knopf, der von einer Strickjacke abgegangen war, ein Fingerhut, der eigentlich in das Nähkästchen gehörte, ein winziger Bleistift, der nur noch wenige Zentimeter maß. Während sie kramte, bemerkte sie ihre Mutter nicht, die im Türrahmen stand und sie bei ihrem Tun beobachtete.

»Was suchst du, Maria?«

»Das weiß ich nicht so genau«, gab Maria zu.

»Vor dem Haus steht deine Droschke, du solltest dich fertig machen.«

»Ja, ich weiß.« Maria wühlte weiter. Sie fand eine Glasmurmel, einen alten Haarkamm, dem ein Zinken fehlte, eine spitze Hutnadel und eine Muschel. Schnell ließ sie alles in einem kleinen Stoffbeutel verschwinden.

»Meinst du wirklich, dass jetzt der Zeitpunkt zum Aussortieren alter Gegenstände ist?« Renilde wirkte besorgt.

»Mama, ich brauche einen sauberen Putzlumpen, eine leere Zwirnspule, ein kleines Wollknäuel und eine Drahtbürste.«

Renilde klappte ihren Mund auf und vergaß, ihn wieder zuzumachen.

»Bitte, schnell, Mama, ich muss die Dinge mitnehmen. Was ich damit vorhabe, erkläre ich dir beim Abendessen.«

Widerstandslos, wenn auch verwirrt, ging Renilde in die Küche und suchte nach den gewünschten Gegenständen.

»Wenn du eine alte Gabel hast, nehme ich sie auch mit und ein paar große, glatte Bohnen und kleine Linsen und …«

»Maria«, unterbrach Renilde ihre Tochter. »Ich kann dir doch nicht meinen gesamten Küchenvorrat mitgeben.«

»Du kriegst alles wieder, versprochen!«

»Ein Nudelsieb?«

»Das wäre großartig!«

Als Maria wenig später in der Droschke saß, lag ein prallgefüllter Sack aus grobem Stoff neben ihr auf der Bank. Maria konnte es kaum erwarten, den Inhalt im Schlafsaal der Kinder auszuleeren. Es kribbelte in ihrem Magen, und sie fühlte sich wie in ihrer Kindheit, als sie voller Vorfreude darauf wartete, die Geburtstagsgeschenke zu öffnen und den großen Marzipankuchen anzuschneiden. Maria hoffte inständig, dass ihr Kollege Montesano wieder in der Klinik war. Gemeinsam mit ihm würde ihr das Vorhaben noch mehr Freude bereiten.

Sie wurde nicht enttäuscht. Giuseppe Montesano erwartete sie bereits beim Portier. Sein charmantes Lächeln ließ Marias Knie weich werden. Eine seiner dunklen Locken rutschte ihm in die Stirn.

»Ich bin Ihr Empfangskomitee«, meinte er grinsend. »Sind Sie bereit für einen Besuch bei den Kindern?«

»O ja, das bin ich.« Maria hob den schweren Sack an, den sie mit sich trug.

»Sind Sie heute etwa San Nicola? Soviel ich weiß, kommt der erst im Dezember wieder.«

»Wohl eher Befana«, entgegnete Maria lachend.

»Ich finde nicht, dass Sie Ähnlichkeit mit einer Hexe haben.« Montesanos intensiver Blick zauberte schon wieder rote Farbe auf Marias Wangen. Das wurde allmählich zur lästigen Gewohnheit, sobald sie ihm begegnete. Für einen Moment hielt sie seinem Blick stand und verlor sich im samtigen Dunkelbraun seiner Augen.

»Kommen Sie«, forderte Montesano sie auf und nahm ihr den Sack ab, dessen Inhalt verheißungsvoll klimperte. »Na, ich bin gespannt, was sich darin befindet.«

»Lassen Sie sich überraschen.«

Diesmal gingen sie nicht ins Büro des Klinikleiters, stattdessen führte Montesano Maria in eine Garderobe, wo sie einen eigenen Schrank bekam. Sie legte ihren Wintermantel ab und streifte den weißen Arztkittel über, der dort für sie bereithing. Dann folgte sie Montesano über den Hof zum Nebengebäude und an den vergitterten Zellen vorbei zum Schlafsaal der Kinder. Beim Betreten des Raums herrschte dieselbe gespenstische Stille wie beim letzten Mal. Auch jetzt saß Serafina in der Mitte des Saals auf einem Stuhl und strickte. Das Klappern der Nadeln war das einzige Geräusch, das zu hören war. Die Kinder saßen schweigend auf ihren Betten.

»*Buongiorno!*« Marias Stimme durchbrach die Stille. Sie nahm Montesano den Sack ab und ging mit energischen Schritten ans Ende des Saals. Dort leerte sie den gesamten Inhalt aus. Scheppernd und klappernd purzelten die Gegenstände auf den Fliesenboden.

Ein Wollknäuel rollte zu einem der Betten. Maria lief ihm nach und holte es zurück.

»Kinder, schaut, was ich euch mitgebracht habe«, sagte Maria. »Kommt und helft mir, die Dinge zu untersuchen.«

Einladend breitete sie die Arme aus, aber die Kinder reagierten nicht. Nur Clarissa, das Mädchen mit den Zöpfen, sah zu ihr hoch.

»Komm«, sagte Maria und winkte sie zu sich. »Du auch.« Sie zeigte auf einen Jungen, der im Bett neben Clarissa saß.

Unschlüssig, ob es wirklich erlaubt war, zu der fremden Frau zu gehen, suchten die Kinder die Zustimmung von Serafina. Aber die Erzieherin wirkte völlig überfordert. Fassungslos starrte sie auf die seltsame Mischung von Gegenständen am Boden.

Maria ging zu dem Jungen neben Clarissa. Er war etwa acht Jahre alt, hatte riesige dunkelblaue Augen und kurz geschorenes Haar. Maria streckte ihm die Hand entgegen.

»Wie heißt du?«

»Das ist Marcello«, antwortete Serafina an seiner statt.

»Marcello, komm!«

Ängstlich starrte der Junge Marias Hand an. Nach einer gefühlten Ewigkeit ergriff er sie und kletterte überraschend geschickt vom Bett. Er ging mit Maria zu den mitgebrachten Gegenständen und blieb gemeinsam mit ihr stehen. Maria raffte ihre Röcke und setzte sich direkt auf den Boden. Wahllos ergriff sie die Drahtbürste und reichte sie dem Jungen.

»Kennst du das?«, fragte sie.

Der Junge schüttelte den Kopf.

»Es ist eine Bürste, mit der man Schuhe und andere Gegenstände reinigen kann. Die Borsten sind aus Draht und fühlen sich hart und kratzig an. Fühl mal.« Sie strich mit der offenen Handfläche über die scharfen Borsten. Dann hielt sie dem Jungen die Bürste entgegen. Zögerlich tippte er mit dem Zeigefinger auf die Stacheln, zuckte aber sofort wieder zurück. Seine Augen wurden noch größer. Er hielt die Luft an, dann wiederholte er den Vorgang. Diesmal legte er den Finger länger auf die Borsten, lachte fröhlich auf und machte einen kleinen Sprung.

»Siehst du, die Borsten sind hart.«

Inzwischen war auch Clarissa aus ihrem Bett geklettert und kam zu Maria. Sie bückte sich nach dem Wollknäuel und hob es auf. Mit beiden Händen betastete sie das weiche Material und drückte es behutsam gegen ihre Wange.

Maria jubelte innerlich. »Das ist Wolle«, erklärte sie. »Sie ist weich und flauschig. Deshalb ist es angenehm, sie zu berühren.«

Marcello drehte sich zu Clarissa und hielt ihr die Bürste entgegen, um sie gegen das Wollknäuel einzutauschen. Bereitwillig reichte ihm das Mädchen die Wolle, und auch Marcello rieb sich das Knäuel über die Wange.

»Das sind nur zwei Gegenstände«, sagte Maria. »Ich habe aber viel mehr mitgebracht. Findet ihr noch andere weiche Dinge?«

Clarissa hockte sich zu ihr auf den Boden. Kaum hatte das Mädchen Platz genommen, kamen weitere Kinder hinzu, bis sich alle bei Maria versammelt hatten. Nur Bernardo, ein Junge mit einer spastischen Lähmung in allen Extremitäten, lag hilflos in seinem Bett. Dr. Montesano hob ihn hoch und trug ihn zu den anderen Kindern. Dann setzte er Bernardo mit dem Rücken zur Wand und stützte ihn seitlich mit einem

Kissen ab, damit er nicht umfiel und zusehen konnte, was die anderen taten.

Die Kinder wollten sehen, was in dem Sack gewesen war. Sie tasteten spitze, kalte, glatte, raue, harte und weiche Gegenstände ab. Eines der Kinder blinzelte durch die Löcher des Nudelsiebs und presste die Zunge dagegen. Geduldig erklärte Maria, wie die Dinge hießen und wozu sie dienten. Sie forderte die Kinder auf, alles genau anzufassen, und ermutigte sie, die Löffel zu drehen, Kugeln hin und her zu rollen und Wolle abzuwickeln. Schließlich nahm sie das Wollknäuel und brachte es zu Bernardo. Sachte strich sie damit über seinen Unterarm. Der Junge, dessen Gesicht zu einer starren Fratze entstellt war, gluckste vor Vergnügen. Ein Glücksgefühl durchströmte Maria. Sie hatte gehofft, dass die Kinder Interesse zeigen würden, aber die begeisterten Reaktionen überwältigten sie geradezu. Sie war so fasziniert vom Interesse der Kinder, dass sie gar nicht bemerkte, wie sie selbst beobachtet wurde.

Montesano lehnte mit verschränkten Armen an der Wand und bestaunte seine neue Kollegin. Serafina konnte nicht fassen, was vor sich ging. Die Kinder, die sonst teilnahmslos auf den Betten hockten und leise lallend Löcher in die Decke starrten, untersuchten mit akribischer Genauigkeit jeden einzelnen Gegenstand. Sie stritten nicht, sondern reagierten auf Marias Worte. Wenn zwei Kinder an einem Ding zerrten, reichte ein Blick, und eines der Kinder gab nach.

»Es ist genug für alle da«, erklärte Maria ruhig, aber bestimmt. »Ich gehe erst wieder, wenn jeder von euch alle Dinge genau angesehen hat.«

Aus Minuten wurden Stunden, und die Kinder wollten

gar nicht mehr aufhören, die Dinge zu erforschen. Selbst als die Tür sich öffnete und die Dienstmagd den Servierwagen hereinschob, reagierten die Kinder nicht.

»Professor Sciamanna hat gesagt, dass die Kinder Brot nur noch zu den Mahlzeiten bekommen«, erklärte Serafina und winkte die Magd wieder hinaus. Aber Maria hielt sie zurück.

»Nein, bitte. Lassen Sie den Korb da«, bat sie. »Ich werde es dem Doktor erklären.«

»Aber er hat gesagt …«, widersprach Serafina.

»Sie haben gehört, was die Dottoressa gesagt hat«, mischte sich Montesano ein, nahm der Dienstmagd den Korb ab und trug ihn zu Maria.

»Danke«, sagte sie, stellte den Korb neben sich auf den Boden, holte den leeren Sack und öffnete ihn.

»Wir geben jetzt alle Gegenstände wieder in den Sack«, forderte sie die Kinder auf. Sie selbst nahm eine Gabel und ließ sie im Sack verschwinden. Clarissa drückte das Wollknäuel gegen ihre Wange und presste die Lippen fest aufeinander.

»Morgen spielen wir erneut damit«, versprach Maria. »Jetzt haben wir uns alle ein Stück Brot verdient.«

Marcello ergriff das Nudelsieb und warf es in den Sack. Nach und nach hoben die Kinder alle Gegenstände auf und gaben sie Maria zurück. Zuletzt ließ Clarissa die Wolle in den Sack gleiten.

»Danke, Clarissa!«

Maria schob den Sack zur Seite und griff nach dem Korb. Dann ging sie von einem Kind zum anderen, und jedes nahm sich ganz gesittet ein Stück Brot heraus.

»Das ist hart«, sagte Marcello und biss herzhaft hinein.

Maria lachte. Der Junge hatte seine Lektion gelernt.

»Du hast recht, Marcello. Das Brot ist hart. Es sollte aber weich sein. Ich werde mit Professor Sciamanna reden. Morgen bekommt ihr frisches Brot.«

Dr. Montesano ließ es sich nicht nehmen, Maria zurück zur Garderobe und danach zum Ausgang der Klinik zu begleiten.

»Ich würde Sie gerne nach Hause bringen«, sagte er. »Aber mein Dienst endet erst in drei Stunden.«

»Das ist kein Problem«, entgegnete Maria. »Ich bin es gewohnt, allein mit der Droschke durch die Stadt zu fahren.«

»Daran zweifle ich nicht. Aber ich hätte mich gerne noch weiter mit Ihnen über den Nachmittag unterhalten und darüber, wie großartig die Kinder auf Ihr ungewöhnliches Angebot reagiert haben.«

»Ich habe bloß das getan, was Séguin in seinen Büchern beschreibt. Er ist davon überzeugt, dass zuerst die Sinne geschärft werden müssen und danach weitere Lernschritte möglich werden.«

»Glauben Sie denn, dass die schwachsinnigen Kinder zu Lernerfolgen fähig sind?«

»Ich bin fest davon überzeugt.« Wie konnte Dr. Montesano nach diesem Nachmittag noch daran zweifeln?

Nachdenklich rieb er sich das Kinn. »Gegenstände anzufassen und zu benennen ist eine Sache, aber Lesen und Schreiben lernen eine ganz andere.«

»Da gebe ich Ihnen recht«, meinte Maria. »Aber wir haben ja nur den allerersten Schritt gemacht. Es werden weitere folgen, Sie werden sehen.«

Montesano lächelte, und Maria hatte das Gefühl, als träfe

er sie damit mitten ins Herz. Es klopfte jedenfalls beunruhigend schnell.

»Ich lasse mich gerne von Ihnen überraschen, Signorina Montessori.« Mit beiden Händen ergriff er ihre Rechte. Seine Finger fühlten sich fest und geschmeidig zugleich an. Galant führte er ihren Handrücken zum Mund und hauchte erneut einen Kuss darauf.

»Darf ich Sie in den nächsten Tagen zu einem Spaziergang und anschließend in ein Café einladen?«, fragte er.

»Das wäre sehr schön, aber ich schreibe gerade meine Abschlussarbeit. In wenigen Wochen muss ich sie vor der versammelten Ärzteschaft präsentieren.«

»Ich bin mir sicher, dass Sie dieses Kunststück mit Bravour meistern werden.« Montesanos Zuversicht klang ehrlich.

»Das hoffe ich auch«, sagte Maria. »Ich bin die einzige Frau der Fakultät. Die Augen aller werden auf mich gerichtet sein, und ich kann Ihnen versichern, dass man mir Fragen stellen wird, die man einem Mann niemals zumuten würde. Viele Männer warten nur darauf, mich scheitern zu sehen.«

Montesano ließ ihre Ängste unkommentiert. Stattdessen fragte er: »Bedeutet das, dass Sie mir einen Korb geben?«

»Nein«, erwiderte Maria schnell. »Es heißt bloß, dass Sie sich gedulden müssen. Sobald ich meinen Abschluss hinter mir habe, gehe ich in jedes Café der Stadt mit Ihnen.«

»Ich nehme das als Versprechen und werde Sie am Tag Ihrer Prüfung daran erinnern.«

»Ich freue mich darauf«, sagte Maria.

Rom, Anfang April 1896

Du siehst verändert aus, Maria«, sagte Anna. »Deine Augen glänzen ja förmlich.«

Wieder einmal saßen die beiden Freundinnen im *Caffè Greco*. Die Temperaturen waren tagsüber schon angenehm warm, doch sobald die Sonne hinter dem Petersdom verschwand, konnte man ohne wärmende Decke nicht mehr im Freien sitzen. Vor einer Stunde waren sie daher ins Innere des Cafés gewechselt. Anna musterte Maria eingehend und bemerkte dabei gar nicht, dass das Semifreddo im Schälchen vor ihr längst geschmolzen war. Maria hielt sich der Jahreszeit entsprechend an ein Stück Colomba, den traditionellen Osterkuchen in Form einer Taube.

»Lass mich raten.« Anna biss sich auf die rot geschminkte Unterlippe. »Du hast deine Abschlussarbeit fertig geschrieben?«

»Stimmt, ich bin beinahe damit fertig.« Maria hatte in den letzten Wochen intensiv daran gearbeitet.

»Das ist es aber nicht«, entgegnete Anna und überlegte weiter. »Du hast den Kindern in der Klinik beigebracht, wie man bis zehn rechnet, und sie können alle lesen und schreiben?«

Maria schüttelte lachend den Kopf. »Sie haben Freude an den Dingen, die ich ihnen bringe, und ein paar von ihnen können Gruppen bilden. Zum Beispiel ordnen sie harte Gegenstände zusammen und sortieren die weichen aus, oder umgekehrt«, sagte sie.

Anna schien dieser Erfolg nicht sonderlich zu begeistern.

»Aber ich bin mir sicher, dass einige von ihnen irgendwann dazu in der Lage sein werden, ein Buch zu lesen«, fügte Maria hinzu.

»Nein, das ist es auch nicht.« Unzufrieden schüttelte Anna den Kopf. »Es muss einen anderen Grund für dein Strahlen und dein verändertes Äußeres geben. Du hast neue Haarkämme gekauft und trägst deine Locken jetzt zu einer modischen Hochsteckfrisur, die dir übrigens hervorragend steht.«

»Dein Semifreddo schmilzt.« Maria wies auf das Schälchen, in dem ein Blatt Pfefferminze in einer weißen Flüssigkeit schwamm.

Anna schob es angewidert zur Seite. »Es war ohnehin ein Fehler«, meinte sie. »Es ist noch nicht warm genug für Eis. Ich werde mir eine heiße Schokolade bestellen.«

»Eine gute Entscheidung«, meinte Maria.

Mit einem Mal hellte sich Annas Gesicht auf. »Ich weiß es!«, rief sie und schlug sich mit der flachen Hand gegen die Stirn. »Wie habe ich bloß so dumm sein können.«

»Was weißt du?« Maria stach ein Stück vom flaumigen Hefekuchen ab.

»Du bist verliebt.«

Augenblicklich schoss Maria die Röte in die Wangen.

»Pst«, sagte sie und schaute sich verstohlen um. »Nicht so laut.«

»Aha!«, meinte Anna triumphierend. »Ich habe recht. Es ist ein Mann, der deine Augen zum Leuchten bringt. Das ist sicher auch der Grund für das neue Kleid. Es sieht im Übrigen hinreißend aus. Du musst mir unbedingt verraten, wo du es gekauft hast. Aber zuvor will ich alles über deinen Verehrer wissen.«

»Da gibt es gar nichts zu berichten«, zischte Maria leise. Sie sah sich immer noch verlegen um und entspannte sich erst wieder, als sie bemerkte, dass niemand von den lauten Worten der Freundin Notiz genommen hatte.

Anna hingegen rieb sich freudig die schmalen Hände. »Endlich hat es dich erwischt. Ich dachte schon, du wirst nie einen Mann interessant finden und auf ewig in deine Bücher verliebt sein.« Vertraulich lehnte sie sich über den Tisch. Jetzt erst bemerkte Maria, dass nicht nur Annas Lippen, sondern auch ihre Augenlider geschminkt waren. Sie trugen denselben Türkiston wie ihr Kleid, das nach dem Stil französischer Mode am Saum und an den Ärmeln mit kleinen Federn und Perlen bestickt war.

»Ich bin nicht verliebt«, korrigierte Maria.

»Aber du bist an einem Mann interessiert.«

»Auch das nicht.«

»Ach, Maria, ich habe dir auch immer alles erzählt. Als Federico Conti mir den Hof gemacht hat, ich mich aber nach seinem Bruder Lorenzo verzehrt habe, und zwar so lange, bis der sich auf und davon gemacht hat und nach Paris gegangen ist, um mir nicht mehr zu begegnen.«

Maria musste zugeben, dass Anna ihre amourösen Abenteuer immer bereitwillig mit ihr geteilt hatte, auch wenn sie manche Dinge im Nachhinein aus einem anderen Blickwinkel sah. In Wahrheit war es Anna gewesen, die vor Lorenzo geflüchtet war, was Maria aber unkommentiert ließ. Bisher hatte sie keine Geheimnisse vor der Freundin gehabt, es hatte aber auch nichts gegeben, was sie ihr hätte verschweigen wollen.

Was Dr. Giuseppe Montesano betraf, so war er einfach ein gut aussehender Arbeitskollege, mit dem sie gerne ihre Zeit verbrachte. Sie freute sich stets darauf, mit ihm in der Klinik ein paar Stunden zusammenzuarbeiten, denn sie verfolgten dasselbe Ziel. Montesano war ebenso wie sie von der Idee beseelt, dass die in der Klinik untergebrachten Kinder mit der richtigen Förderung deutlich bessere kognitive Leistungen erbringen könnten, als man bisher von ihnen erwartet hatte.

»Also, heraus damit«, forderte Anna. »Wie heißt er, was macht er beruflich, aus welcher Familie stammt er, wie alt ist er, wie sieht er aus …?«

Maria unterbrach den Redeschwall der Freundin. »Halt!«

»Ich muss doch wissen, ob der Mann es wert ist, dass du dir Gedanken über ihn machst.«

»Das weiß ich doch selbst noch nicht«, gab Maria zu.

»Aber der Mann wird doch einen Namen haben.«

Verlegen betrachtete Maria ihren Kuchen. Noch nie hatte sie so lange an einem einzigen Stück gegessen.

»Dr. Giuseppe Montesano«, sagte sie leise.

Anna schlug mit der flachen Hand so laut auf den kleinen Marmortisch, dass das Schälchen mit dem geschmolzenen Semifreddo klirrte.

»Kennst du ihn?«, wollte Maria wissen.

»Aber natürlich!«, rief Anna begeistert. »Das ist doch der

gut aussehende Arzt, der uns beim Kammermusikabend die Tür geöffnet hat.« Sie schnalzte anerkennend mit der Zunge. »Der Mann ist tatsächlich ein Leckerbissen.«

Maria schnappte empört nach Luft. »Anna, du redest von einem Mann!«

Die Freundin machte eine lässige Handbewegung. »Ich weiß. Und es handelt sich bei ihm um ein besonders hübsches Exemplar. Das ist nicht selbstverständlich. Wie viele Männer sind hässlich, fett oder so eingebildet, dass man meinen könnte, sie badeten jeden Tag in ihrem Stolz. Montesano ist hübsch anzusehen, ohne dass man als Frau das Gefühl hat, er will die ganze Zeit angebetet werden.«

Nun musste Maria lächeln. Die Beschreibung des Doktors, der ihr Herz schneller schlagen ließ, war mehr als zutreffend.

»Du hast eine gute Wahl getroffen«, fuhr Anna fort. »Hat er dir denn schon Komplimente gemacht?«

»Nein, aber er will mich zu einem Spaziergang ausführen, sobald ich meinen Abschluss gemacht habe.«

»War das dein Vorschlag oder seiner?«

»Ich habe gesagt, dass ich vor meiner Abschlussprüfung keine Zeit haben werde, weil ich Tag und Nacht lernen muss. Treffen wie unseres heute sind im Moment die Ausnahme. Eigentlich sollte ich mich auch jetzt auf die Verteidigung meiner Arbeit vorbereiten, statt in einem Café Osterkuchen zu essen.«

Anna verdrehte die Augen. Falls sie sich geschmeichelt fühlte, dass Maria ihre kostbare Freizeit mit ihr verbrachte, so zeigte sie das zumindest nicht. »Du solltest endlich anfangen, ein bisschen mehr Spaß im Leben zu haben.«

»Aber den habe ich«, versicherte Maria und erzählte Anna

von ihren Stunden in der Psychiatrischen Klinik. Erst letzte Woche hatte sie mit den Kindern einen kleinen Ausflug in den angrenzenden Park gemacht und hatte sie das Gras unter den Füßen und die Erde zwischen den Fingern fühlen lassen.

»Ja, ja, ja«, fuhr Anna dazwischen. »Das habe ich alles schon gehört. Was ich erfahren will, ist, ob Dr. Montesano bei dem Ausflug dabei war und ob er dir ein paar Frühlingsblumen gepflückt und überreicht hat.«

Nun wirkte Maria genervt. »Ja, er war dabei, aber er hat mir keine Blumen gepflückt…« Bei der Erinnerung an den sonnigen Frühlingstag lächelte sie.

»Was hat er denn stattdessen gemacht?«

»Er hat ein paar frische Kräuter gesammelt, sie zu einem kleinen Strauß zusammengesteckt und mir übereicht.«

»Kräuter?«

»Wir haben den Kindern gezeigt, wie Sauerampfer, wilder Thymian und Bohnenkraut riechen und schmecken.«

»Oh, wie romantisch«, seufzte Anna. Dann winkte sie den Kellner herbei und bestellte sich eine Tasse heiße Schokolade.

»Aber das war die einzige private Geste, ich schwöre!« Maria hob feierlich die Hand. »Im Grunde weiß ich gar nichts über ihn. Er könnte verheiratet sein, und ich würde es nicht ahnen.«

»Er ist Junggeselle«, sagte Anna bestimmt.

»Woher weißt du das?«

Amüsiert legte Anna ihren Kopf schräg. »Du vergisst, dass ich Kunst studiert habe und nicht Medizin wie du. Ich interessiere mich vor allem für kulturelle und gesellschaftliche Ereignisse in der Stadt. Wenn es etwas gibt, worüber ich Bescheid weiß, dann sind es die wohlhabenden Familien Roms.«

»Stammt Montesano denn aus einer wohlhabenden Familie?« Maria fragte, weil sie mehr über ihren Kollegen erfahren wollte, nicht weil es ihr wichtig war, ob Montesano über ein nennenswertes Vermögen verfügte.

»Also, lass mich überlegen.« Anna faltete die Hände und stützte ihr Kinn darauf ab. »Soviel ich weiß, stammt Giuseppe Montesano aus dem Süden, aus Potenza. Sein Vater ist Jurist, ein Bruder ist Mathematiker, und die anderen drei sind Rechtsanwälte oder ebenfalls Ärzte, glaube ich. Seine Mutter ist wie alle anderen Frauen ihres Alters Hausfrau und Mutter.«

Maria hing an Annas Lippen.

»Ich nehme an, dass Giuseppe in seiner Familie mit den Idealen des Risorgimento in Berührung gekommen ist«, fuhr Anna fort. »Wenn er die Werte seiner Eltern übernommen hat, glaubt er an die Zukunft eines modernen Italiens und hofft, dass Kunst und Wissenschaft eines Tages dazu beitragen werden, dass die Nation nicht zum Schlusslicht des Kontinents wird. Wie wir beide wissen, ist der Weg zum gesellschaftlichen und wirtschaftlichen Fortschritt des Landes allerdings noch sehr weit.«

»So wie du das sagst, klingt es, als würdest du weder an unseren Staat noch an seine Ideale glauben«, sagte Maria missfällig.

»Ich glaube an den Fortschritt in Europa«, entgegnete Anna. »Aber als Tochter einer Römerin und eines Engländers, die zwei Jahre in Paris gelebt hat, darf ich doch Zweifel daran äußern, dass dieser wild zusammengewürfelte Staat in

Zukunft eine wichtige Rolle auf dem Parkett der internationalen Politik spielen wird. Da es im Süden des Landes Regionen gibt, wo ganze Dörfer voller Analphabeten sind und das Faustrecht über die staatliche Justiz gestellt wird, werden noch Jahre vergehen, ehe Italien sich mit Ländern wie England oder Frankreich messen kann.«

»Lass uns nicht über Politik sprechen«, bat Maria. Sie mochte und schätzte ihre Freundin, aber in manchen Dingen vertraten sie nun einmal sehr unterschiedliche Meinungen.

»Das hatte ich auch gar nicht vor«, meinte Anna fröhlich. »Alles, was ich sagen wollte, ist, dass Giuseppe Montesano nicht nur beruflich mit dir im Einklang schwingt, sondern auch was seine politische Gesinnung und seinen familiären Hintergrund betrifft. Er ist der absolut perfekte Mann, um sich zu verlieben. Schnapp ihn dir!«

»Ach, Anna!« Ungeduldig winkte Maria ab. »Ich bin weit davon entfernt, mich zu verlieben. Dazu habe ich gar keine Zeit. Ein Mann ist im Moment das Allerletzte, was ich brauchen kann.«

»Und wieder endet unser Gespräch bei deinem ungesunden Ehrgeiz. Wobei ich glaube, dass dein Kollege Montesano dir auch hier das Wasser reichen kann. Soweit ich gehört habe, giert er darauf, die Karriereleiter hochzuklettern. Er hat sich schon als Siebzehnjähriger an der Universität immatrikuliert und das Studium in kürzest möglicher Zeit absolviert, ein richtiger Vorzeigestudent.«

»Aha«, bemerkte Maria und hoffte, dass Anna ihre Begeisterung nicht bemerkte.

»Die einzige Gefahr, die ich sehe, ist die Tatsache, dass er sich durch dich bedroht fühlen könnte.«

»Was, wieso? Wovon redest du?« Annas Gedankensprünge waren heute wirklich anstrengend.

»Ehrgeizige Männer halten nur selten die Vorstellung aus, dass Frauen, die sie verehren, noch erfolgreicher werden könnten als sie selbst. Spätestens dann, wenn mehr Menschen deinen Namen kennen als seinen, wird es Probleme geben.«

Maria lachte. »Ach, Anna, das liegt doch alles in ferner Zukunft. Jetzt muss ich erst mal mein Studium abschließen, und dann werde ich mich um die Kinder in der Klinik kümmern. Vielleicht kann ich einigen von ihnen Lesen und Schreiben beibringen. Denn von einem bin ich überzeugt: Dummheit wird in diesen Institutionen erst erzeugt.«

Anna löste ihre gefalteten Hände und deutete mit dem Zeigefinger in Marias Richtung. »Was für gefährliche und aufrührerische Worte! Denkt Dr. Montesano genauso?«

»Ich glaube, dass ich ihn gerade davon überzeuge.«

»Dann pass auf, dass deine Ideen nicht am Schluss einen anderen Namen tragen, nämlich den des Doktors.«

»Wir arbeiten und forschen gemeinsam.«

Anna schwieg. Nach einer Weile fuhr sie fort: »Was hältst du davon, wenn wir Rina Faccio daran erinnern, ihren Freund bei der *Gazzetta* zu kontaktieren? Sie hat doch beim Kammermusikabend versprochen, dass sie ihn um einen Artikel über deine Abschlussrede bitten wird. Ein Beitrag in einer der auflagenstärksten Zeitungen des Landes wäre fein.«

»Wie bitte?« Maria blieb ein Bissen Osterkuchen im Hals stecken, dabei war das Gebäck leicht und saftig. Sie musste husten. »Wozu soll das gut sein?«

»Ein bisschen mehr Aufmerksamkeit kann nicht schaden.

Rina hat außerdem versprochen, dass sie ein Interview mit dir in ihrer Frauenzeitschrift veröffentlichen will. Wenn du eine Botschaft hast und sie in die Welt hinaustragen willst, ist es sinnvoll, wenn die Menschen dich schon kennen.«

»Ich habe aber keine Botschaft«, entgegnete Maria.

Anna schüttelte amüsiert den Kopf. »Jetzt vielleicht noch nicht«, sagte sie. »Aber sobald du mehr Zeit für deine Forschungen hast, wirst du eine Botschaft haben. Ich kenne dich, Maria. Du wirst das Leben dieser armen Kinder verändern.«

Maria seufzte schwer. »Anna, du bist die beste Freundin, die man sich nur denken kann. Aber manchmal fürchte ich, dass das Licht, in dem du mich siehst, zu strahlend ist. Ich hoffe, ich werde deine Erwartungen nicht enttäuschen.«

»Oh, das wirst du nicht.« Anna drehte sich suchend nach dem Kellner um. »Ich glaube, der gute Mann hat meine heiße Schokolade vergessen. Willst du auch eine?«

»Ja, gerne. Wenn du mir die Hälfte meiner Colomba abnimmst.«

»Immer gerne«, sagte Anna und teilte mit Marias Gabel ein großes Stück Kuchen ab.

Irrenanstalt Ostia bei Rom, Mai 1896

Erschöpft lag Luigi in einem Bett, das rundherum mit Gittern versehen war. Es war ein Gefängnis im Gefängnis. Neben ihm schrie ein Mann. Er lief im Kreis und riss sich die Haare büschelweise aus. Überall im Zimmer klebte sein Blut. Luigi nahm es kaum wahr. Er war betäubt, fühlte gar nichts mehr.

Gestern hatten die Ärzte ihn in die Folterkammer geschleppt und an dem Stuhl festgebunden.

»Damit die Sturheit aus deinem Kopf entweicht«, hatte einer gesagt. Luigi hatte ihn zuvor angespuckt, aus Angst vor dem, was der Doktor mit ihm anstellen würde. Die Schläge waren entsetzlich gewesen und hatten ihm die größten Schmerzen seines Lebens bereitet. Damit er nicht schreien konnte, hatte einer der Wärter ihm ein Stück Holz in den Mund geschoben, auf das er so fest gebissen hatte, dass ein Stück seines rechten Vorderzahns abgebrochen war. Es war für immer weg. Dabei hatten früher die Leute immer seine wunderschönen weißen Zähne gelobt. Wo waren diese Menschen jetzt? Hatte er sie sich bloß ausgedacht, weil er sich so sehr wünschte, von hier wegzukommen?

Luigi konnte sich nicht erinnern. Selbst die Bilder, die bis vor Kurzem aufgetaucht waren, sobald die Glocken der Basilika ertönten, kamen nicht mehr. Sie waren ebenso tot, wie er selbst sich fühlte. Wieder schrie der Mann neben ihm. Nun rannte er mit dem Kopf gegen die Wand. Es polterte laut. Im selben Moment wurde die Zellentür aufgerissen. Zwei Wärter stürmten herein und fassten den Mann an beiden Armen.

»Hör auf damit!«, schrie der eine und schlug dem Armen auf den Hinterkopf. Der andere drehte sich zum Gang und brüllte: »Bringt uns eine Jacke! Einer von den Irren randaliert schon wieder.«

Luigi wusste, was »die Jacke« war. Sie hatten sie ihm schon so oft angezogen. Jedes Mal, wenn er versuchte, sich gegen die Schläge zu wehren. Die Jacke war harmlos im Vergleich zu dem Folterstuhl. Allein beim Gedanken daran zitterte Luigi am ganzen Leib. Er wollte nie wieder dort festgebunden werden. Aber was konnte er tun, um es zu verhindern? Den geschmacklosen Brei essen, auch wenn er davon Magenkrämpfe bekam und den schleimigen Matsch am liebsten wieder herauswürgen wollte? Sich widerstandslos ausziehen, wenn »Badetag« war, und sich ohne Jammern mit eiskaltem Wasser abspritzen lassen? Stundenlang still auf einem Bett sitzen, auch wenn eine fette Spinne über die Decke krabbelte? Sich nicht nach dem Fenster drehen, selbst wenn von draußen Stimmen und Geräusche hereindrangen, die nach Leben klangen? Luigi wollte alles tun, wirklich alles, um nie wieder die Folterkammer betreten zu müssen.

Inzwischen hatte der Mann aufgehört zu randalieren und jammerte nun leise vor sich hin. Die Wärter hatten ihn wie ein Paket zusammengeschnürt. Er sah nicht mehr aus wie ein

Mensch, sondern wie ein lebloser Gegenstand. Blut tropfte aus seiner Nase und färbte die graue Jacke dunkelrot. Auch Luigi rollte sich zusammen, umklammerte seine eigenen Knie und schloss die Augen.

Etwas neben ihm surrte. Träge öffnete er sein rechtes Auge. Da war er wieder, der Maikäfer, den er vor einigen Tagen schon gesehen hatte. Er krabbelte langsam über die Wand, breitete die Flügel aus und flog zur Decke. Luigi sah dem Käfer nach. Eine leise, zarte Melodie erklang in seinem Kopf, sie hatte etwas mit seinem Leben vor der Gefangenschaft zu tun. Wie lange würde es wohl dauern, bis auch dieses Gefühl einer glücklicheren Vergangenheit verschwunden sein würde? Bis er nicht mehr sprechen konnte und auch die Aufforderungen der Wärter nicht mehr verstand? Luigi spürte, dass es nur noch ein winzig kleiner Schritt in die endlose Finsternis war, in der es nichts gab, keine Freude, aber auch keinen Hunger und vor allem keinen Schmerz.

Rom, Anfang Juli 1896

»Alessandro, so mach dich doch endlich fertig. Die Kutsche kommt in einer halben Stunde!« Renilde ging zum dritten Mal zum goldgerahmten Spiegel und überprüfte ihre Frisur. Jedes Haar saß perfekt, daran hatte sich in den letzten zehn Minuten nichts geändert.

Alessandro Montessori saß immer noch im Hausmantel beim Esstisch. Maria hatte nicht angenommen, dass er sich umziehen würde, um an der öffentlichen Verteidigung ihrer Abschlussarbeit teilzunehmen. Ihr Vater hatte nie ein Geheimnis daraus gemacht, dass er mit ihrer Berufswahl nicht einverstanden war. Warum sollte das heute, am Tag ihrer letzten Prüfung, anders sein?

Renilde nahm die Brosche von ihrem Kleid und polierte das bemalte Email mit einem Wolltuch, bevor sie das Schmuckstück wieder exakt an derselben Stelle festmachte. Dann lief sie zu Marias Zimmer.

»Bist du fertig?«, fragte sie so atemlos, als hätte sie einen Langstreckenlauf hinter sich. Die Nervosität ließ ihre sonst so feste Stimme brüchig klingen.

»Ich bin gut auf die Rede vorbereitet«, beschwichtigte

Maria sie. Ihr kam es so vor, als würde sie umso ruhiger werden, je aufgeregter ihre Mutter agierte.

»Alles hängt von deiner Rede ab«, erinnerte Renilde ihre Tochter. »Das ganze Studium kann mit einem Schlag zunichte sein, wenn dir die richtigen Worte nicht einfallen. Ich will gar nicht daran denken, das wäre schrecklich.«

»Warum sollte das geschehen?«, erwiderte Maria. Sie wollte nicht zugeben, dass sie sich dieselben Gedanken gemacht hatte. In den letzten Tagen hatte sie alle möglichen schrecklichen Szenarien in ihrer Fantasie durchgespielt, aber sie hatte sich jedes Mal damit beruhigt, dass die Welt nicht untergehen würde, sollte sie keine glanzvolle Leistung vollbringen. Es wäre zwar unangenehm, vielleicht beschämend, aber sie würde deshalb nicht sterben. Im schlimmsten Fall würde sie ihre Abschlussrede erneut halten müssen. Ihre Fachprüfung hatte sie vor einem Monat als Jahrgangsbeste abgelegt, warum also sollte heute etwas schiefgehen?

Maria wusste, dass sie sorgfältig und ordentlich gearbeitet und sich in den letzten Wochen bestens vorbereitet hatte. Natürlich war sie nervös, aber zugleich freute sie sich beinahe darauf, den hochrangigen Wissenschaftlern endlich zeigen zu können, was in ihr steckte. Sie nahm sich vor, den Augenblick ihrer Rede in vollen Zügen zu genießen. Sie würde im Mittelpunkt stehen und der Welt beweisen, dass eine Frau eine ebenso gute Ärztin sein konnte wie jeder Mann. Auf diesen Augenblick hatte sie jahrelang hingearbeitet.

»Nimm deine goldene Kette mit dem hübsch verzierten Kreuz«, schlug Renilde vor. »Jeder im Saal soll sehen, dass du eine brave Christin bist, die dem Herrn dankbar für ihren genialen Verstand ist.«

Eigentlich hätte Maria lieber auf jeden Schmuck verzichtet, aber vielleicht hatte ihre Mutter diesmal recht. Mit dem Kreuz würde sie den militanten Gegnern der Frauenrechtlerinnen einen Strich durch die Rechnung machen. Sie würde sich nicht als kämpfendes Mannweib präsentieren, sondern als charmante, kluge junge Frau, die sich an die Anstandsregeln hielt und trotzdem gleiche Rechte für Männer und Frauen einforderte. Sie würde all die Besserwisser mit ihren eigenen Waffen schlagen.

»Willst du deine einführenden Worte noch einmal wiederholen?«, fragte Renilde.

Auf der Frisierkommode lagen Marias handschriftliche Notizen für die Rede zu ihrer Arbeit über den Verfolgungswahn, die den Titel *Contributo clinico allo studio delle allucinazioni a contenuto antagonistico* trug. Sie hatte beim Schreiben alle Vorgaben eingehalten, hatte ein Thema gewählt, das unmittelbar mit dem Studium zu tun hatte und umstritten war. Und da sie nun an der Psychiatrischen Klinik tätig war und auch künftig sein würde, gab es niemanden, der bei diesem Thema ihre fachliche Kompetenz anzweifeln konnte. Letzte Woche hatte Maria ein Angebot bekommen, ihre Arbeit in der Klinik zu verlängern.

»Nein, Mama. Ich kann den Text in- und auswendig und könnte ihn aufsagen, wenn du mich mitten in der Nacht wecktest.«

Renilde atmete laut ein und aus. Zum ersten Mal, seit sich Maria zurückerinnern konnte, war es nicht die Mutter, die die Tochter beruhigte, sondern umgekehrt. Renilde war so nervös, als müsste sie selbst eine Rede halten. Aufgeregt trat sie in den Raum, ging auf Maria zu und drückte sie fest an sich. Maria konnte das schnell klopfende Herz ihrer Mutter spüren und das Rosenwasser riechen, mit dem sie ihr Haar parfümierte.

»Ich werde dich nicht blamieren«, versprach Maria.

»Das weiß ich.« Die Stimme ihrer Mutter klang plötzlich brüchig. Maria konnte hören, dass Renilde Tränen in den Augen hatte. »Ich bin so stolz auf dich, Maria.« Sie brach ab. »Ich wünschte, dass auch dein Vater dir zeigen könnte, wie stolz ...«

Weiter kam Renilde nicht.

»Was redest du da über mich?« Alessandro stand im Türrahmen. Er hatte seinen Morgenmantel gegen seinen besten Anzug eingetauscht, den er zur silbernen Hochzeit getragen hatte. Unter seinen rechten Arm hatte er einen Zylinder geklemmt. »Den setze ich erst auf, wenn wir das Haus verlassen«, sagte er entschuldigend. »Das Ding ist furchtbar unbequem.«

Maria wagte es nicht, die Frage zu stellen, die ihre Mutter für sie aussprach. Zu groß wäre die Enttäuschung, wenn ihr Vater ihr nun erklärte, dass er einen geschäftlichen Termin einzuhalten habe.

»Kommst du mit?«, schniefte Renilde. Sie zog ein Taschentuch aus ihrer Rocktasche und tupfte sich damit die Augen trocken.

»Selbstverständlich werde ich dabei sein, wenn Maria ihre Abschlussrede hält«, sagte Alessandro. »Heute wird meiner einzigen Tochter die Urkunde überreicht, die sie zu einer der ersten Ärztinnen Italiens macht. Wie könnte ich mir diesen Triumph entgehen lassen?«

Sein Blick wurde milder, und ein Lächeln stahl sich in

seine dunklen Augen. Maria spürte, wie eine Welle der Dankbarkeit sie überrollte und gleichzeitig mitzureißen drohte. Sie wollte nicht weinen, ihre Augen durften nicht gerötet wirken, zugleich zog ihre Kehle sich zusammen. Ihr Vater war stolz auf sie. Wann hatte er ihr das in dieser Form das letzte Mal gesagt?

»Vielen Dank, Papa«, flüsterte sie. Kaum hatte sie die Worte ausgesprochen, brauchte sie auch schon ein Taschentuch. Ihre Mutter reichte ihr das eigene. Der weiße Stoff war mit feiner Spitze umhäkelt, die Flavia nach dem Waschen gestärkt und gebügelt hatte.

Nun kam das Dienstmädchen über den Gang. Ihre Schritte schlurften über den Parkettboden.

»Die Kutsche ist da«, sagte sie.

»Dann sollten wir losgehen, bevor der Fahrer die Geduld verliert und wieder wegfährt. Zu spät kommen wäre heute wirklich unpassend.« Alessandro hielt Maria seinen Arm entgegen. »Darf ich bitten, Signorina Dottoressa?«

Marias warmes Glücksgefühl wurde noch intensiver. Sie meinte auf Wolken zu gehen, so leicht fühlte sich jeder Schritt an. Voller Zuversicht ergriff sie den Arm ihres Vaters. Gemeinsam verließ die kleine Familie das Haus. Sowohl Maria als auch ihre Eltern wussten, dass nach diesem Nachmittag nichts mehr so sein würde wie früher. Maria würde keine Studentin mehr sein, sondern eine fertig ausgebildete Ärztin.

Noch nie hatte Maria in den Räumlichkeiten der Universität so viele Menschen angetroffen. Die Veranstaltung erinnerte an ein kleines Volksfest. Studenten, Professoren, aber auch zahlreiche Zuhörer, die in der Zeitung vom Vortrag einer Ärztin gelesen hatten, waren gekommen. Sie alle wollten die junge, charmante Dottoressa sprechen hören. Maria glaubte auch Reporter unter ihnen zu erkennen, Männer in Anzügen mit kleinen Notizblöcken in der Hand, die neugierig die Köpfe zu ihr drehten. Gemeinsam mit ihren Eltern ging Maria über den breiten Gang zum Festsaal. Wie oft war sie in den letzten Jahren den Flur allein entlanggelaufen? Heute musste sie sich einen Weg durch die Menge bahnen. Es war kaum zu glauben, dass all diese Menschen sich ihretwegen hier eingefunden hatten. Waren sie an dem interessiert, was sie zu sagen hatte, oder warteten sie voll böser Vorfreude darauf, dass sie versagte?

Aus den Augenwinkeln erblickte Maria Testoni. Feindselig starrte er sie an, und seine hasserfüllte Stimme drang bis zu ihr: »Heute wird sich die Vorzeigestudentin endlich so lächerlich machen, dass sich morgen ganz Italien über sie lustig machen wird. Eine wissenschaftliche Rede in einem Kleid. Noch dazu in einem so hässlichen. Was für eine Peinlichkeit!«

Betroffen blickte Maria an sich herab. War ihr Kleid hässlich? Es war schlicht und dunkel, ohne Rüschen oder anderen Firlefanz, aber es war von einer zeitlosen Eleganz, und ihr Korsett war so fest geschnürt, dass ihre Taille deutlich schlanker wirkte, als sie tatsächlich war.

Maria konnte nicht verstehen, was der Student neben Testoni antwortete, aber es klang ebenso gehässig. Fand auch er, dass sie unattraktiv war? Warum war es ihr so wichtig, dass sie hübsch aussah? War das nicht völlig nebensächlich? Alles, was heute zählen sollte, war ihre Rede. Die Art und Weise, wie sie die These, die sie in ihrer Arbeit aufgestellt hatte, verteidigte. Dennoch trafen sie die bösen Worte. Maria sah zu den beiden Kollegen. Testoni wirkte mitgenommen. Er hatte seine Abschlussrede am Vormittag gehalten. Möglich, dass er dabei nicht so gut abgeschnitten hatte, wie er es sich gewünscht hätte. Plötzlich bemerkte Maria, dass nicht nur Testonis Aufmerksamkeit auf sie gerichtet war, sondern auch die aller anderen Zuschauer. Hinter vorgehaltener Hand wurde leise getuschelt. Maria schnappte hier und dort ein paar Wortfetzen auf. Warum hörte sie mit einem Mal nur noch negative Stimmen?

»Schon wieder eine von den Frauen, die glauben, dass sie klüger als Männer sind.«

»Ein Mannweib. Ich lasse mich ganz sicher nicht von einer Frau behandeln. Lieber krepiere ich in meinem Bett, als dass mich so eine anfasst.«

»Frauen sind einfach nicht für die Aufgaben eines Arztes geschaffen.«

»Sie sollte sich besser einen Ehemann suchen und Kinder kriegen.«

Maria bemühte sich, die Bemerkungen zu ignorieren, aber es gelang ihr nicht. Im Gegenteil, es war so, als würde sie jedes böse Wort doppelt so laut hören. Sie hatte das Gefühl, als wären ihr alle Menschen, die hier warteten, feindlich gesinnt. Ihr Herz schlug schneller, und ihre Hände wurden feucht. Auch die Aufregung ihrer Mutter wuchs an. Maria konnte sehen, wie sie neben ihr zitterte, was ihre eigene Anspannung weiter steigerte. Wo war das Glücksgefühl, das sie beim Verlassen der Wohnung noch verspürt hatte? Sie musste es irgendwo auf dem Weg über die Treppen der Universität verloren haben. Marias Vater hatte eine eiserne Miene aufgesetzt. Es war nicht erkennbar, was hinter seiner Stirn vorging. Hörte er all die feindseligen Bemerkungen über seine Tochter? Bereute er vielleicht schon seinen Schritt und wünschte, er wäre zu Hause geblieben?

Mit möglichst festen Schritten trat Maria auf die Menschentraube zu, die sich vor dem Festsaal gebildet hatte. Für einen Augenblick verspürte sie den Wunsch, umzudrehen und einfach wegzulaufen. Was hatte es für einen Sinn zu kämpfen, wenn alle gegen sie waren? Gerade als die Angst am größten war und ihre Zweifel sie zu überwältigen drohten, löste sich eine attraktive, schlanke Frau aus der Menge.

»Anna, wie schön, dass du gekommen bist«, rief Maria voller Freude. Der Anblick ihrer Freundin hatte eine erstaunlich beruhigende Wirkung. Allein ihr zuversichtliches Lächeln führte dazu, dass Maria sich besser fühlte. Anna war eine zierliche Person, aber für Maria war sie in diesem Moment wie ein Fels in der Brandung, an dem alle negativen Bemerkungen abprallten.

Voller Herzlichkeit umarmte Anna sie. »Du siehst umwerfend aus«, flüsterte sie ihr ins Ohr. »Wenn du nur halb so gut sprichst, wie du aussiehst, werden alle begeistert sein.«

Genau auf diese Worte hatte Maria gewartet. Sie waren Balsam für ihre Seele.

»Ich werde besser reden, als ich aussehe«, versicherte sie so leise, dass nur Anna sie hören konnte.

»Dann kann nichts schiefgehen. Zeig den eingebildeten Professoren, wozu eine kluge, hübsche Frau fähig ist.«

Anna machte einen Schritt zurück und betrachtete die Freundin mit so viel Vertrauen, dass Marias Nervosität wieder auf ein erträgliches Maß schrumpfte.

»Ich setze mich in die erste Reihe«, versprach Anna. »Wenn du ein freundliches Gesicht sehen willst, ich werde da sein.« Sie zeigte mit beiden Daumen auf ihre eigene Brust.

»Danke, Anna!« Maria drückte die Hände der Freundin, die im Gegensatz zu ihren eigenen warm waren.

Nun öffnete sich die Tür des Festsaals. Einige Reihen waren bereits von Zuhörern belegt, die von den vorherigen Prüfungen sitzen geblieben waren. Wenn Anna wirklich ganz vorne einen Platz ergattern wollte, musste sie sich beeilen.

Auf einer kleinen Bühne stand ein Rednerpult. Seitlich davon befand sich ein Tisch, hinter dem Bartolotti saß. In Kürze würden auch die anderen Professoren dort ihre Plätze einnehmen. Bartolotti trug eine pelzverbrämte Robe und eine mittelalterlich anmutende Mütze, und von den Studenten auf den Zuhörerbänken waren einige im Frack gekommen. An der feierlichen Aufmachung waren sie als Männer erkennbar, die heute ihre Arbeit bereits verteidigt hatten.

Ein Universitätsdiener winkte Maria zu sich. Auch er hatte sich zur Feier des Tages herausgeputzt, sein Hemdkragen war sauber und sein Haar ordentlich frisiert.

»Signorina, bitte kommen Sie mit. Man wartet bereits auf Sie.«

Maria drehte sich ein letztes Mal zu ihren Eltern um. Der ängstliche Blick ihrer Mutter ließ ihr Herz erneut schnell schlagen, aber diesmal ließ sie sich nicht von der Nervosität anstecken. Sie orientierte sich an Annas Zuversicht.

»In wenigen Stunden bin ich eine der ersten Ärztinnen Italiens«, sagte Maria so bestimmt, als hätte sie ihre Ansprache schon hinter sich. Dann folgte sie dem Diener zum Rednerpult. Dies war der Moment, auf den sie seit Jahren hingearbeitet hatte, und sie würde diese Aufgabe meistern. Ein blaues Augenpaar in der ersten Reihe lächelte ihr siegessicher zu.

Ein heller, zischender Blitz schoss aus der Vorrichtung, die der Fotograf in seiner Rechten hielt. Sein Kopf war unter einem dunklen Tuch verborgen. Rauch stieg auf, und der Geruch von verbranntem Schwefel lag in der Luft.

»Signorina Montessori, auf ein Wort bitte!« Ein Reporter kam auf Maria zu. Sie hatte gerade das Rednerpult verlassen, und der tosende Applaus ebbte langsam ab.

Der Festsaal hatte sich kurz vor Beginn ihrer Rede bis auf den letzten Platz gefüllt. Dicht nebeneinander hatten sich elegant gekleidete Frauen und Männer in noblen Anzügen auf den schmalen Bänken gedrängt. Etliche Zuhörer hatten stehen und einige sich mit dem Gang begnügen müssen. Während der Rede hatte man die Türen des Saals offen gelassen, damit auch die Zuhörer draußen auf ihre Kosten kamen. Zum Glück verfügte Maria über eine klare, laute Stimme, so dass auch sie jedes ihrer Worte hatten hören können.

»Geben Sie mir doch ein kleines Interview«, bat der Reporter. »Wie sind Sie auf die Idee gekommen, Ärztin zu werden?« Der Mann hielt seinen Notizblock und einen gespitzten Bleistift bereit. Er wirkte gehetzt.

»Nur noch eine Aufnahme, bitte!« Der Fotograf verschwand erneut unter seinem Deckenzelt.

Maria wusste nicht, was sie zuerst tun sollte: für die Fotografie posieren oder die Fragen des Reporters beantworten. Gerade kamen zwei weitere Journalisten, die ebenfalls mit Blöcken und Stiften ausgestattet waren. Das Interesse der Presse an der jungen Ärztin war enorm. Endlich gab es auch in Italien eine Dottoressa, die man der Welt stolz präsentierte. Offenbar war Maria mit ihrem Universitätsabschluss zu einer Art Aushängeschild für das moderne Italien geworden.

»Wie soll ich mich hinstellen?«, fragte sie.

»Drehen Sie sich ein bisschen nach rechts, ja, genau so.« Der Reporter fasste Maria am Ellbogen und schob sie zur Seite, bis der Fotograf zufrieden war. »Und nun bitte lächeln.«

Wieder schoss ein Blitz aus der Lampe. Maria musste ob des Schwefelgeruchs husten.

Aus der hinteren Reihe drängte eine junge Frau an den Reportern vorbei. Maria erkannte sie, es war Rina Faccio. Sie sah in ihrem hellblauen, eng geschnittenen Kleid mit dem schwarzen Spitzenbesatz umwerfend aus. Wie bei ihrer letzten Begegnung trug sie eine Krawatte um den Hals, doch ihre ätherische Gestalt nahm dem modischen Accessoire die politische Brisanz.

»Signorina Dottoressa!«, rief sie und wedelte statt mit einem Notizblock mit einem Fächer in der Luft. Er war schwarz und aus der gleichen Spitze wie die Bordüren an ihrem Kleid. »Werden Sie Italien auf dem internationalen Frauenkongress in Berlin vertreten?«

Der Reporter neben Maria hob begeistert die Augenbrauen. »Was für eine hervorragende Idee.« Schon kritzelte er ein paar Worte auf seinen Notizblock. »Niemand könnte das besser als Sie, Signorina. Eine charmante Frau, der die Weiblichkeit nicht abhanden gekommen ist, obwohl sie sich einem derart ernsthaften Beruf widmet. Formidabel, ich werde das in meinem Artikel über Sie erwähnen.«

»Stimmt es, dass Sie Leichen sezieren mussten?« Die Frage

kam von einem untersetzten Mann, der neben Rina Faccio stand. Seine Kleidung sah abgetragen und nicht mehr ganz neu aus, und sein Hemd hatte am Kragen einen unappetitlichen schwarzen Rand. Aber er schien ebenfalls von der Presse zu sein, denn auch er war mit Schreibutensilien ausgestattet. Unter seinem Arm klemmte eine Ausgabe von *La Nazione*.

»Ich bin Ärztin und Chirurgin«, antwortete Maria. »Wie könnte ich einen Menschen operieren, wenn ich seine Anatomie nicht kennen würde?«

»Ja, natürlich«, sagte der kleine Dicke. »Wie haben Sie sich denn gefühlt, als sie zum ersten Mal sezieren mussten?«

»Ebenso unwohl wie alle meine männlichen Kollegen«, entgegnete Maria. »Solche Übungen sind niemals erfreulich, aber sie sind notwendig. Nur so lernt man zu verstehen, wie unser Körper funktioniert.«

»Denken Sie, dass Gott gewollt hätte, dass Frauen diese Arbeit übernehmen?«

»Weshalb sollte sich Gott daran stoßen?«, konterte Maria. »Als er den Menschen erschuf, waren ihm beide Geschlechter gleich wichtig. Warum sonst hätte er entschieden, dass der Fortbestand des Menschen nur sichergestellt ist, wenn Männer und Frauen zusammenarbeiten?« Dezentes Lachen war zu vernehmen. Maria machte eine Pause, um dem Reporter das Mitschreiben zu erleichtern. »Ich empfinde es als großes Privileg, in der Zukunft einen Beitrag zur Gesundheit von Männern und Frauen leisten zu dürfen.«

»Was für eine wunderschöne Erklärung«, raunte der Reporter neben ihr. »Nur eine Frau kann diese bescheidenen Worte finden.«

Maria entdeckte Anna, die sich nun zwischen den Männern nach vorne schob, charmant und ohne die Ellbogen einzusetzen. Wie versprochen hatte die Freundin während der Rede direkt vor ihr in der ersten Reihe gesessen. Nun hielt sie einen riesigen Blumenstrauß in den Händen. Wo hatte sie den plötzlich aufgetrieben? Mit einem breiten Lächeln überreichte sie ihn Maria.

»Du warst großartig!«, rief Anna und umarmte ihre Freundin. Dann flüsterte sie ihr leise ins Ohr: »Ich habe zwar kein Wort verstanden von dem, was du gesagt hast, aber du bist eine wunderbare Rednerin.«

Der Reporter, der neben ihnen stand, hatte Anna dennoch gehört. »Sie haben ganz recht«, stimmte er ihr zu. »Die Dottoressa ist tatsächlich eine gute Rednerin und wäre damit die perfekte Vertretung für unser modernes Italien auf dem Frauenkongress in Berlin. Ich bin mir sicher, dass die anderen Länder nicht über eine so charmante, bezaubernde junge Ärztin verfügen wie wir. Wir dürfen stolz auf Sie sein, Signorina.«

Wieder kritzelte er ein paar Worte auf seinen Notizblock. »Werden Sie darüber nachdenken, Signorina Montessori?«

Maria lachte geschmeichelt. »Wenn man von offizieller Seite die Frage an mich heranträgt, werde ich selbstverständlich darüber nachdenken.«

Sie schaute über die Schulter des Reporters und entdeckte in der hintersten Reihe des Saals ihren Kollegen Giuseppe Montesano. Trotz seines feinen Fracks sah er lässig aus, was wohl auf seine dichte Lockenpracht zurückzuführen war. Marias Herz machte einen kleinen Satz. Er war gekommen, genau wie er es versprochen hatte.

»Haben Sie noch weitere Fragen?« Sie zog ihre Augenbrauen hoch und sah die Reporter abwartend an.

Die überflogen ihre Notizblöcke und nickten.

»Ich denke, dass ich genug habe, um einen wunderschönen Artikel über Sie zu schreiben«, versicherte der Journalist, der direkt neben ihr stand.

»Dann entschuldigen Sie mich bitte.« Maria lächelte und schob sich an den Männern von der Presse vorbei. Zu Anna flüsterte sie: »Ich bin gleich wieder da.« Die Freundin folgte ihrem Blick und grinste wissend. Bevor der kleine Reporter weitere Fragen an Maria richten konnte, verwickelte Anna ihn in ein Gespräch.

»Von welcher Zeitung sind Sie?«, fragte sie neugierig. Dabei klimperte sie dermaßen heftig mit ihren Wimpern, dass dem Mann nichts anderes übrig blieb, als seine Aufmerksamkeit auf sie zu richten.

Montesanos Interesse war dagegen ausschließlich auf Maria gerichtet. Er ließ sie nicht aus den Augen und machte kein Geheimnis daraus, dass er sie bezaubernd fand. Als sie näher kam, stieß er sich mit dem Ellbogen von der Wand ab und trat auf sie zu. Jetzt erst bemerkte Maria, dass er eine langstielige rote Rose in der Hand hielt.

»Für die charmanteste Dottoressa des Landes«, sagte er mit weicher Stimme und reichte ihr die Blume.

»Vielen Dank«, sagte sie verlegen. »Wie hat Ihnen mein Vortrag gefallen?«

»Ich muss zugeben, dass ich ihm kaum folgen konnte.«

»Wie bitte?« Maria machte enttäuscht einen Schritt rückwärts. »Habe ich so unverständlich gesprochen? Oder war meine Rede so langweilig?«

Montesano hielt ihr abwehrend die Hände entgegen. »Weder das eine noch das andere«, versicherte er schnell. »Wissen Sie, ich war nur so von Ihrer Eleganz und Ihrer Schönheit beeindruckt, dass ich mich nicht auf Ihre klugen Worte konzentrieren konnte.« Er verzog den Mund zu einem schrägen Lächeln, und für einen Moment war Maria sich nicht sicher, ob er sich nicht doch über sie lustig machte. Ihre Wangen färbten sich wieder einmal dunkelrot. Zum ersten Mal an diesem Nachmittag fiel ihr keine passende Antwort ein.

Montesano schien ihre Überraschung auszukosten. Er lächelte, trat näher und flüsterte nun: »Ich hoffe, Sie erinnern sich noch an Ihr Versprechen.«

Natürlich hatte Maria es nicht vergessen. Inständig hatte sie gewünscht, dass auch er noch daran dachte. Trotzdem fragte sie vorsichtig: »Welches meinen Sie?«

Er schien ihre vorgespielte Unwissenheit zu durchschauen und grinste breit. »Ich darf Sie zu einem Picknick am Tiber einladen.«

»Ein Picknick?« Maria wiederholte erstaunt seine Worte und fuhr zurück. Sie hatte einen Spaziergang und einen Cafébesuch im Gedächtnis. Ein Picknick war ein weitaus intimeres Vorhaben.

»Ist mein Ansinnen zu vermessen?«, fragte Montesano.

Maria überlegte. Insgeheim fühlte sie sich geschmeichelt und schüttelte den Kopf. »Nein, ich denke nicht. Schließlich werden wir an einem Ort picknicken, der auch von anderen Spaziergängern besucht wird.«

»Selbstverständlich«, sagte Montesano. Die Art, wie er antwortete, ließ einen gewissen Spielraum für Fantasien offen. Maria genoss das Geplänkel.

Montesano schaute über ihre Schulter. »Ich glaube, dass wir unser Gespräch beenden müssen«, meinte er. »Man verlangt nach Ihnen.«

Maria drehte sich um. Neben dem Rednerpult, das nun leer war, standen Professor Bartolotti und ein paar seiner Kollegen. Der Professor winkte Maria zu sich.

»Wir sehen uns morgen in der Klinik«, sagte Montesano.

»Ja!«

Nur widerwillig verabschiedete sich Maria von ihm und ging zurück in die Mitte des Saals. In einer der hinteren Reihen entdeckte sie ihre Mutter, die das Gespräch mit Montesano genau beobachtet zu haben schien und jetzt beunruhigt wirkte. Mit kleinen, schnellen Schritten kam sie auf Maria zu und zog sie zu sich.

»Wer war das?«, fragte sie ungehalten.

»Ein Kollege.«

»Ihr habt sehr vertraut gewirkt.«

»Er ist nichts weiter als ein Kollege, der mir zu meinem Erfolg gratuliert hat.« Maria verspürte keine Lust, hier und jetzt mit ihrer Mutter über Montesano zu reden.

Zum Glück trat Alessandro Montessori aus dem Schatten seiner Frau. Er sah bewegt aus. »Ich bin sehr stolz auf dich«, sagte er zu Maria, ergriff ihre Hände und drückte sie fest. Sie waren kalt. Ein Beweis dafür, wie nervös er war. Noch vor ein paar Stunden hätte Maria es nicht für möglich gehalten, dass ihr Vater ihr ein solches Kompliment aussprechen würde. Es rührte sie mehr als alle anderen Bewunderungszurufe.

»Danke, Papa!« Da sah sie Bartolotti am anderen Ende des Saals, der ihr zuwinkte. »Der Professor wartet auf mich, ihr entschuldigt mich.«

Maria wandte sich von ihren Eltern ab. Sie ahnte, dass ihre Mutter die Sache mit Montesano nicht auf sich beruhen lassen würde. Spätestens zu Hause würde sie sie wieder darauf ansprechen.

Rom, August 1896

»Es ist sehr lieb von dir, dass du mich begleitest, Mama.« Maria musste sich dazu zwingen, ihr Tempo zu reduzieren, denn ihre Mutter hatte sichtlich Probleme, mit ihrer Geschwindigkeit mitzuhalten.

»Das ist eine Selbstverständlichkeit«, keuchte Renilde. »Wer kann schon von sich behaupten, eine Tochter zu haben, die Ärztin ist und deren Fotografie in allen namhaften Zeitungen des Landes abgedruckt wurde?«

Renilde machte kein Hehl daraus, wie stolz sie auf Maria war. Seit der großartigen Abschlussrede war kein Tag vergangen, an dem nicht Besucher in die Wohnung der Familie Montessori gekommen waren, um der frischgebackenen Dottoressa zu ihrem Erfolg zu gratulieren. Es hatten Freunde und Verwandte vorbeigeschaut, aber auch ehemalige Nachbarn und Arbeitskollegen von Marias Vater. Das gesamte Finanzministerium war bereits erschienen, vom hohen Minister bis zum einfachen Hausdiener, und sie alle wollten der jungen Ärztin die Hand schütteln. Noch nie zuvor hatte es so viel Zuckergebäck im Haus gegeben wie eben jetzt. Renilde achtete darauf, dass jeder Besucher mit Kaffee und Cantuccini versorgt wurde. Flavia war in den letzen Wochen über sich hinausgewachsen. Sie hatte Unmengen von Kaffee gekocht, Porzellantassen abgewaschen und kleine geröstete Brötchen mit Tomatencreme bestrichen – die pikante Alternative zu den Cantuccini.

»Und du bist tatsächlich damit einverstanden, dass ich als Delegierte unseres Landes nach Deutschland reise und auf einem Kongress vor Publikum spreche?«, vergewisserte sich Maria bei ihrer Mutter. Vorgestern war der Brief gekommen, in dem man Maria offiziell um die Teilnahme gebeten hatte. Das Komitee hatte sich einstimmig für die junge Dottoressa entschieden.

»Ja, natürlich!«, sagte Renilde. Sie blieb kurz stehen, hielt sich mit einer Hand die Seite und stützte sich mit der anderen auf den geblümten Sonnenschirm, der ihr als Gehstock diente. »Du bist eine Spur zu schnell für deine alte Mutter.«

»Entschuldige!« Als Renilde wieder weiterging, verlangsamte Maria ihre Schritte erneut. Sie passierten die Fontana di Trevi, eines der letzten Denkmäler, das die barocken Päpste in Auftrag gegeben hatten, bevor ihre Macht im Gottesstaat schwand.

Mittlerweile hatte Maria das Gefühl, im Schneckentempo über den Gehweg zu trippeln. Immer wieder blieb ihre alte Mutter stehen. Eine Straßenhändlerin kam ihnen entgegen, die einen Korb mit kleinen, zu buschigen Sträußen gebundenen Rosen vor sich hertrug.

»Wollen Sie Ihr Wohnzimmer mit einem Bund Rosen verschönern? Die Blumen duften einzigartig und sorgen mindestens zwei Wochen lang für angenehme Gerüche im Salon.« Maria winkte dankend ab. Dank der vielen Besucher und Gratulanten waren alle Vasen im Haus voll. Selbst die Eimer hatten herhalten müssen, um die duftende Pracht mit Wasser zu versorgen. Die Verkäuferin ging enttäuscht weiter, um nach anderen Kundinnen Ausschau zu halten.

»Ach ja, Rosen«, sagte Renilde mit gespielter Gleichgültigkeit, doch Maria wusste genau, was jetzt kommen würde.

Natürlich war ihrer Mutter nicht entgangen, dass Montesano ihr nach ihrer Abschlussrede eine Rose mitgebracht hatte, auch wenn sie versucht hatte, diese in Annas Blumenstrauß hineinzumogeln. Bisher war es Maria gelungen, den drängenden Fragen ihrer Mutter geschickt auszuweichen, und ihr Schweigen war nicht einmal gelogen, denn sie hatte den Kollegen in den letzten Wochen tatsächlich nicht gesehen. Wegen einer familiären Angelegenheit hatte er am Tag nach ihrer Abschlussrede Rom verlassen müssen, und sie selbst war mit den vielen Gratulanten beschäftigt gewesen.

Eine Reporterin hatte sie zu Hause besucht und ein ausführliches Interview mit ihr geführt. In dem Gespräch hatte Maria sich als junge, kluge Ärztin präsentiert, die aber auch häusliche Aufgaben nicht scheute und hin und wieder beim Abwasch oder beim Kochen Hand anlegte. Der Beitrag war in drei landesweiten Tageszeitungen erschienen und hatte Maria weitere Herzen zufliegen lassen. Mittlerweile gab es kaum einen Menschen in Italien, der Zeitung las und ihr Gesicht nicht kannte.

»Hast du dich wieder mit deinem Kollegen getroffen?« Maria wurde von ihrer Mutter aus ihren Gedanken gerissen.

»Er ist im Moment nicht in Rom«, erklärte sie wahrheitsgemäß.

»Aber du hast vor, ihn wiederzusehen«, bohrte Renilde weiter.

»Er ist mein Kollege. Ich arbeite mit ihm zusammen, und zwar an vier Tagen der Woche.« Nach der Abschlussrede hatte Maria einen neuen Arbeitsvertrag unterschrieben und ihre Stundenanzahl in der Klinik erhöht. Dafür hatte sie die beiden anderen Assistenzstellen aufgegeben und war immer noch auf der Suche nach einem passenden Raum für eine eigene Praxis.

»Mit jemandem beruflich zu tun zu haben, ist eine Sache, sich privat zu verabreden eine ganz andere«, sagte Renilde. »Ich hoffe, dass du auf Zweites verzichtest.« Ihre scharfe Stimme weckte Marias Widerstand.

»Was wäre falsch daran, wenn ich Dr. Montesano nicht nur im beruflichen Kontext begegnete? Er ist ein kluger und witziger Mann.« Maria klang ebenso ungehalten wie ihre Mutter.

Renilde holte wieder Luft. Sie war es nicht gewohnt, dass ihre Tochter ihr derart unfreundlich begegnete, außerdem ging Maria schon wieder schneller.

»Du hast dich als einzige Frau durch ein schwieriges Studium gequält«, schnaufte Renilde. »Denk an all die Erniedrigungen, Schikanen und Zusatzprüfungen, die man dir aufgehalst hat. Du hast dich tapfer durch alle Widrigkeiten gekämpft, um jetzt am Ziel zu stehen. Du hast es geschafft. Wie ein Wanderer befindest du dich am Ende einer schwierigen Reise. Es ist der Gipfel eines steilen Berges, den du dank deiner Hartnäckigkeit und deiner Intelligenz erzwungen hast. Du kannst dir all die Möglichkeiten anschauen, die dir plötzlich zu Füßen liegen, und in aller Ruhe entscheiden.«

Renildes Augen wurden weicher. »Ich will nicht, dass ein Mann dir diese Wege verbaut.«

Maria schaute ihre Mutter an, die vom Alter gezeichnet war, aber so willensstark wirkte wie immer. Ein unerschütterlicher Fels in der Brandung. Renilde hatte ihrer Tochter immer einen Ort der Zuflucht geboten, egal wie unwirtlich das Leben gewesen war. Maria erinnerte sich daran, wie sie sie mit Suppe und frischem Brot nach langen Schultagen zu Hause empfangen hatte, wie sie ihr zugeredet hatte, wenn sie an sich zweifelte, ihr den Rücken gegen die Schikanen männlicher Studenten gestärkt hatte. Stets hatte sie die richtigen Worte gefunden und sie dazu motiviert, weiterzukämpfen. Die enge Bindung zwischen ihnen durfte jetzt keine Risse bekommen, bloß weil es einen Mann gab, den Maria interessant fand. Doch sie wusste, dass sie mit Renilde nicht über Montesano sprechen konnte. Ihre Mutter würde nur versuchen, ihr ein privates Treffen auszureden. Dabei sollte sie Maria gut genug kennen, um zu wissen, dass sie sich nichts verbieten ließ, auch nicht von ihrer Mutter.

»Ich mache mir Sorgen«, erklärte Renilde.

»Das musst du nicht«, beschwichtigte Maria sie. »Ich werde mir meine Zukunft nicht zerstören lassen.« Sie verschwieg, dass sie sich sehr wohl mit Montesano treffen wollte.

»Maria, du hast ja keine Ahnung«, sagte Renilde traurig. »Als Frau ist man den Männern in dieser Welt immer ausgeliefert. Sobald man sich mit ihnen einlässt, ist man nicht mehr sicher. Sie haben bloß ihren Spaß, aber die Frauen sind es, die mit Kindern zurückbleiben.«

Nun schluckte Maria. Was wollte ihre Mutter ihr damit

sagen? Etwa, dass sie selbst ihr Leben hatte aufgeben müssen, weil sie mit Maria schwanger geworden war?

»Mama, ich bin Ärztin«, erinnerte Maria sie scharf. »Ich weiß durchaus, wie Frauen schwanger werden und warum.«

Zum ersten Mal, seit Maria sich zurückerinnern konnte, wirkte ihre Mutter verlegen. Sie senkte ihren Blick. Doch nur kurz, dann fuhr sie fort: »Hoffentlich ist dir die Gefahr bewusst, in die sich eine Frau begibt, sobald sie einen Mann regelmäßig trifft.«

»Ich werde meine Zukunft als Ärztin nicht aufs Spiel setzen«, wiederholte Maria. Nun erkannte sie die Angst in den Augen ihrer Mutter und konnte ihr unmöglich weiter böse sein. Liebevoll ergriff sie deren Hände und drückte sie.

»Du musst dich nicht ängstigen. Ich bin eine erwachsene Frau, die ganz genau weiß, was sie im Leben noch erreichen will. Und ich werde immer dankbar und froh sein, dass du mich dabei unterstützt.«

Renildes Augen wurden feucht. Maria hatte den Nagel auf den Kopf getroffen.

»Ich will … ich will nur, dass du glücklich bist.«

»Das weiß ich, Mama, und ich kann dir versichern, dass ich im Moment sehr glücklich bin. Ich wünsche mir nur von dir, dass du mir vertraust. Ich werde eine erfolgreiche Ärztin werden. Das verspreche ich dir. Vielleicht die berühmteste, die Italien je hervorbringen wird.« Maria lachte ob ihrer großen Worte und machte sich ein wenig über sich selbst lustig.

Renilde aber nahm ihre Worte sehr ernst. »Genau das war immer mein Ziel!«

Einen Moment lang schwiegen beide. Dann ließ Maria

die Hände ihrer Mutter wieder los. »So, und jetzt gehen wir weiter, schließlich wäre es eine Beleidigung, wenn ich mich verspätete. Das Komitee erwartet mich. Ich bin gespannt, worum man mich bitten wird. Im Brief war ja nur von der Teilnahme an einem Kongress die Rede.«

»Sicherlich wird man von dir wollen, dass du vor den Delegierten sprichst. Soll ich dich auch zum Gespräch begleiten?«

Maria lachte. »Würde das nicht ein seltsames Bild abgeben? Eine Ärztin, die an der Hand der Mutter zu einem Gespräch geführt wird? Nein, ich werde allein gehen. Aber ich verspreche dir, dass ich dir hinterher alles ganz genau erzähle. Genau wie früher, als ich dir von den Vorlesungen berichtet habe.«

Marias Worte schienen Renilde wieder zu beruhigen. Sie nickte.

»Neben dem Palazzo gibt es einen kleinen Park«, fuhr Maria fort. »Dort kann man auch als unbegleitete Dame im Schatten einer Zypresse in einem Stundenbuch lesen.«

»Nein«, entgegnete Renilde entschieden. »Das wäre unschicklich. Ich habe bereits vorgesorgt und werde mich im Parkcafé mit zwei Freundinnen treffen. Ein Semifreddo wäre jetzt genau das Richtige.«

»Das ist gut«, sagte Maria erleichtert. »Dann muss ich mich nicht beeilen!«

Der Salon von Florence Piavelli war im Stil ihrer ehemaligen Heimat eingerichtet. Piavelli war gebürtige Engländerin und mit einem der wohlhabendsten Aristokraten Roms verheiratet. Geblümte Vorhänge hingen vor den hohen Fenstern, die Wände waren mit Holz getäfelt, an der Rückseite des Raums befand sich ein großer, offener Kamin, auf dessen Sims allerlei Krimskrams, Porzellanfiguren und getrocknete Blumen standen. Das Sofa und die schweren Lehnsessel waren mit orientalisch anmutenden Stoffen überzogen. Auf einem kleinen Tischchen wurde Tee in filigranen Porzellantassen serviert, dazu reichte man Brötchen, die mit Senf und Gurken belegt waren. Maria hielt sich an den Tee, der mit reichlich Milch und Zucker versehen war. Sie konnte Senf nicht ausstehen.

Drei Frauen saßen ihr gegenüber. Rina Faccio kannte sie bereits, die beiden anderen waren die Gastgeberin Florence Piavelli und Augusta Renaldo. Gemeinsam mit Vivian Sforzi bildeten sie das Komitee der italienischen Frauenbewegung. Ihnen oblag die Entscheidung, wer in Berlin die italienischen Frauen vertreten sollte.

»Rina hat uns von Ihrer großartigen Abschlussrede an der La Sapienza erzählt«, sagte Piavelli. Sie sprach mit britischem Akzent und hatte die durchsichtige weiße Haut einer Engländerin, um die sie jede Römerin ebenso beneidete wie um ihr Haar, das sie nicht hochgesteckt, sondern offen trug. Es ergoss sich in üppigen Wellen über ihre Schultern wie flüssiges Gold. Dennoch konnte man Signora Piavelli nicht als Schönheit bezeichnen. Ihr Gesicht mit den riesigen, langen Zähnen hatte Ähnlichkeit mit dem eines Pferdes.

»Als ich Sie gehört habe, war mir sofort klar, dass Sie die Frau sind, die für uns alle nach Berlin fahren muss«, erklärte Rina Faccio und klatschte begeistert in ihre schmalen Hände.

Die drei Damen entsprachen keineswegs den typischen Frauenrechtskämpferinnen, wie Maria sie aus den internationalen Zeitungen kannte. Sie hatte ernste Frauen erwartet, die mit verkniffenen Gesichtern und uniformähnlichen Kleidern militant die Rechte des weiblichen Geschlechts einforderten. Aber vor ihr saßen lebenslustige Frauen der römischen Oberschicht, die sich für soziale Themen interessierten, ohne jemals mit den Armen der Gesellschaft in Berührung gekommen zu sein. Umso interessanter fand sie die Tatsache, dass man ausgerechnet sie ausgewählt hatte, um in Berlin zu sprechen.

»Vielen Dank für die lobenden Worte«, sagte sie bescheiden.

»Sie erschienen uns prädestiniert für diese Aufgabe«, sagte Augusta Renaldo. Maria wusste, dass die Aristokratin sich für Kunst interessierte und selbst gerne zu Pinsel und Farbe griff, jedoch nur mit mäßigem Erfolg. Anna hatte ihr davon erzählt. »Sie haben es geschafft, sich in der Welt der Männer durchzusetzen, und finden in Ihren Reden klare Worte, ohne die Männer vor den Kopf zu stoßen.«

Maria lächelte. »Ich habe mich so lange in einer männerdominierten Welt bewegt, dass ich zu wissen glaube, wie sie denken. Es muss unser Ziel sein, sie zu unseren Freunden zu machen, statt sie uns zu entfremden. Dennoch müssen wir dafür kämpfen, dass uns unsere Rechte nicht verweigert werden. Ich glaube, dass das nur gelingen kann, wenn wir gemeinsam vorgehen: Männer und Frauen.«

Wieder klatschte Rina Faccio in die Hände. »Ist sie nicht großartig?« Beifall suchend drehte sie sich zu ihren Kolleginnen. Auch die nickten zufrieden.

»Wir sind davon überzeugt, dass Sie der großen Aufgabe gewachsen sein werden. Sie nehmen unser Angebot doch an?« Augusta Renaldo beugte sich fragend nach vorne.

»Worüber soll ich denn sprechen?«, wollte Maria wissen.

»Über das Thema der ungleichen Entlohnung von Männern und Frauen. Wie Sie sicherlich wissen, herrscht eine zum Himmel schreiende Ungerechtigkeit. Während manche Frauen zwanzig Stunden am Tag schuften, gelingt es ihnen dennoch nicht, sich und ihre Kinder zu ernähren. Wenn sie keinen Mann haben, der Geld abliefert, sind die Frauen der Armut ausgeliefert. Manche müssen sich prostituieren. Es gibt Schätzungen, dass jede vierte Frau Roms sich mit diesem Zusatzverdienst über Wasser halten muss.«

Obwohl Maria von sozialen Missständen wusste, erschütterte sie diese Zahl. Ihr Herz schnürte sich zusammen, als sie an Signora Rana und ihre Kinder dachte, der sie nicht hatte helfen können.

»Das ist ein wichtiges Thema, über das ich sehr gerne sprechen möchte«, sagte sie entschlossen. Der ausgemergelte Körper von Signora Rana tauchte nun mit einer solchen Deutlichkeit vor ihren Augen auf, dass Maria blinzeln musste, um das Bild wieder zu vertreiben.

»Das ist großartig. Wir sind der Meinung, dass das Thema bisher zu Unrecht vernachlässigt wurde. Dabei würde es so viele andere Probleme lösen. Hätten die Frauen mehr Geld, wären sie unabhängiger und müssten sich nicht so viel von ihren Männern gefallen lassen«, sagte Rina Faccio.

»Die Kosten für die Anreise und die Unterkunft werden selbstverständlich vom Verein übernommen«, erklärte Augusta Renaldo. »Leider werden wir nicht alle Spesen bezahlen können. Für einen Teil Ihrer Verpflegung werden Sie selbst aufkommen müssen. Aber soviel ich weiß, hat sich Ihre Mutter bereits an die Verwaltung Ihrer Geburtsstadt gewandt. Die Menschen dort sind so stolz auf Sie, dass viele von ihnen bereit sind zusammenzulegen, damit Sie über genügend Geld für die Reise verfügen.«

Maria war sprachlos. Wann hatte ihre Mutter sich darum gekümmert, und warum hatte sie ihr nichts davon gesagt?

Rina Faccio schien die große Verwirrung auf Marias Gesicht zu erkennen. »Ich habe Ihre Mutter vor ein paar Tagen zufällig beim Handschuhmacher getroffen. Sie hat so stolz von Ihrem Erfolg erzählt, dass ich sie als Ihre Mutter erkannt habe. Wir haben uns über Ihre großartige Abschlussrede unterhalten und über die schönen Artikel, die man über Sie geschrieben hat. Ihre Mutter hat dann erwähnt, dass Sie unseren Brief noch nicht erhalten hätten, aber dass Sie unsere Sache bestimmt unterstützen werden. Ich nahm an, Sie hätten nichts dagegen einzuwenden, dass ich Ihre Mutter über die finanziellen Rahmenbedingungen aufkläre.« Sie machte eine Pause und fügte betroffen hinzu: »Vielleicht wollte Ihre Mutter Sie mit dem Brief an Ihre Geburtsstadt überraschen?« Sie schlug sich mit der flachen Hand auf den Mund. »Ach herrje, das habe ich jetzt verpatzt.«

»Sie konnten ja nicht wissen, dass meine Mutter mir nichts davon erzählt hat«, beruhigte Maria sie. Trotz Renildes gut gemeinter Bemühungen spürte Maria, wie Ärger in ihr hochstieg. Warum hatte ihre Mutter hinter ihrem Rücken gehandelt? Noch bevor Maria endgültig zugesagt hatte? Es war ihr Leben und ihre Entscheidung, die sie allein treffen wollte.

»Florence und ich werden Sie nach Berlin begleiten.« Rina Faccio war bemüht, Marias Laune wieder zu heben. Fröhlich zeigte sie mit dem Daumen ihrer Rechten auf sich selbst.

»Wir werden Sie sprachlich unterstützen, denn so viel wir gehört haben, sprechen Sie ausschließlich Italienisch.« Sie machte eine kurze Pause, bevor sie ergänzte: »Und als Ärztin natürlich Latein.«

Augusta Renaldo stand auf und ging zu einem Sekretär, der unterhalb des Fensters stand. Sie schob mit einem knarrenden Geräusch den Rollbalken nach oben und zog eine der vielen Laden auf. Zielsicher holte sie ein Büchlein hervor. »Wir haben uns erlaubt, diese kleine Lektüre für Sie zu besorgen«, sagte Augusta Renaldo und reichte Maria ein in rotes Leinen gebundenes Buch. In goldenen Buchstaben stand darauf: *Baedeker's Conversation Dictionary*.

»Es ist ein Wörterbuch in vier Sprachen: Italienisch, Deutsch, Französisch und Englisch«, erklärte sie. »Darin finden Sie die wichtigsten Begriffe. Das Buch hilft Ihnen, wenn Sie nach dem Weg fragen wollen oder im Hotel ein zusätzliches Handtuch benötigen.«

Erstaunt nahm Maria das Buch entgegen. »Das ist überaus fürsorglich von Ihnen.« Wahllos schlug sie eine Seite auf und landete beim Buchstaben C. Unter dem Stichwort *cake* fand sie die französische, deutsche und italienische Übersetzung und fragte sich, wie ihr dieses Büchlein von Nutzen sein sollte. Schließlich musste sie offenbar den englischen Begriff kennen, um nach einem deutschen oder italienischen zu suchen, aber sie behielt ihre Bedenken für sich und bedankte sich für das unerwartete Geschenk.

»Wir werden mit der Bahn über Triest anreisen und in Berlin auf einem der modernsten und elegantesten Fernbahnhöfe der Welt ankommen«, schwärmte Florence Piavelli. »Mein Mann war dort, als Kaiser Wilhelm das Gebäude eröffnete. Er hat von dem Prachtbau in den allerhöchsten Tönen berichtet.«

»Waren Sie selbst auch schon einmal in Deutschland?«, erkundigte sich Maria.

»Ja natürlich, ich habe einige große Städte bereist: Leipzig, Dresden und Berlin«, antwortete Florence Piavelli. »Außerdem war ich in der Schweiz, in Österreich-Ungarn, in Frankreich und natürlich in meiner Heimat England.«

In der römischen Oberschicht gehörte das Reisen zum guten Ton. Maria war wohl die einzige Frau im Raum, die Italiens Landesgrenzen noch nie überschritten hatte. Die Aussicht auf die neue Erfahrung ließ ihr Herz schneller schlagen. Sie konnte es kaum erwarten, den Zug Richtung Norden zu besteigen. Schon als Kind hatte sie sich nichts sehnlicher gewünscht, als andere Kulturen kennenzulernen.

»Gibt es einen Ort, der Sie besonders beeindruckt hat?«, wollte sie wissen.

»Ja«, sagte Piavelli und lächelte dabei. »Rom hat mich als Stadt dermaßen überzeugt, dass ich es zu meiner neuen Heimat gemacht habe.«

»Du hast dich nur in die Stadt verliebt?« Augusta Renaldo verdrehte anzüglich die Augen.

»In die Stadt und in meinen Mann«, ergänzte Florence Piavelli. »Wohin ich auch reise, so komme ich immer wieder gerne nach Rom zurück. Nirgendwo sonst trifft man auf so viele alte Kunstschätze. Man kann die Geschichte hier förmlich einatmen. Dennoch sind die Menschen entspannter als in anderen Teilen des Kontinents. Wo sonst ist es möglich, auf den Säulen alter Tempel einen Nachmittagskaffee einzunehmen?«

»Du hast recht, Rom ist einzigartig«, mischte sich Rina Faccio ein. »Dennoch kann ich es kaum erwarten, Berlin wiederzusehen. Es ist eine gefühlte Ewigkeit her, dass ich das letzte Mal dort war.«

Offenbar war auch Rina Faccio schon in Deutschland gewesen. Nun, es würde nicht lange dauern, dann konnte Maria sich an Gesprächen übers Reisen beteiligen und musste nicht mehr als stille Zuhörerin dasitzen.

Augusta Renaldo kehrte zurück zu Marias Auftritt auf dem Kongress. »Wie lange werden Sie benötigen, um die Rede vorzubereiten?«

»Ich werde erst am Wochenende Zeit finden, sie zu schreiben«, sagte Maria. Wegen der Aufregung um ihren Abschluss war viel Arbeit liegen geblieben. Sie musste in den kommenden Tagen zu Signor Renzi, einem Tischler in der Via Sacra. Bei ihm hatte sie mehrere Einsteckformen in Auftrag gegeben, die sie für die Kinder in der Klinik benötigte. Die Gegenstände, mit denen sie bisher gearbeitet hatte, reichten nicht mehr. Letzte Woche war es den Kindern gelungen, die mitgebrachten Dinge in Gruppen zu ordnen: Sie hatten alle harten Gegenstände in eine Schachtel gelegt und die weichen in eine andere. Sie hatten Paare gebildet und je zwei gleiche Gegenstände zusammengesucht. Maria hatte in Itards Schriften von Einsteckformen gelesen, die den Kindern das Benennen und Kennenlernen von Formen und Farben erleichtern sollten. Es war erstaunlich und faszinierend, wie viel die Kinder lernen wollten. Sie gierten förmlich nach Marias Lektionen. Serafina hatte ihr erzählt, dass sie sich jeden Tag nach ihr erkundigten und es kaum erwarten konnten, bis die »Dottoressa« zu ihnen kam.

Augusta Renaldo holte Maria aus ihren Überlegungen zurück in den Salon. »Das heißt, dass Sie uns Anfang der nächsten Woche einen Textvorschlag präsentieren können?«

»Ich werde mich bemühen.«

»Das ist schön«, sagte Augusta Renaldo. »Ich kann es kaum erwarten, Ihre Gedanken zu dem Thema zu lesen.«

»Ich muss Sie jedoch warnen. Wie sorgfältig ich mich auch auf einen Vortrag vorbereite, so fallen mir doch, sobald ich auf einem Rednerpult stehe, eine Reihe weiterer Argumente ein, an die ich während des Schreibprozesses gar nicht gedacht habe. Es wird also nicht alles in dem Papier zu finden sein, was ich in Berlin sagen werde.«

»Spontaneität und Schlagfertigkeit sind die größten Gaben, über die eine Rednerin verfügen kann«, sagte Augusta Renaldo bewundernd. »Ich bin wirklich froh, dass wir Sie für unsere Sache gewinnen konnten.«

»Die Rechte von Frauen müssen das Anliegen aller sein«, erwiderte Maria ernst. »Das von Frauen ebenso wie von Männern. Nur wenn es beiden Geschlechtern gut geht, werden wir friedlich zusammenleben können.«

Beeindruckt faltete Augusta Renaldo die Hände vor der Brust. »Sie werden in Berlin alle verzaubern und unser Land auf die beste Weise vertreten.«

»Darauf stoßen wir an«, schlug Florence Piavelli vor. Sie stand auf und ging zu einem kleinen Servierwagen, auf dem kunstvoll geschliffene Glaskaraffen in unterschiedlichen Größen standen.

»Sherry?«

»Ist das dieses süße Zeug, das ihr Engländer so gerne trinkt?« Rina Faccio zog die Nase kraus.

»Glaube mir, Rina, du wirst ihn mögen.« Und schon füllte Florence Piavelli vier Kristallgläser bis zum Rand mit dunkelroter Flüssigkeit, die sie an alle verteilte.

»Auf einen wundervollen Auftritt in Berlin!«

Maria hoffte, dass ihr der starke Alkohol nicht zu Kopf steigen würde. Im Unterschied zu den vier Damen hatte sie noch einen langen Arbeitstag vor sich.

Rom, August 1896

Der kleine Laden in der Via Sacra sah von außen unscheinbar aus. Ein paar geschnitzte Holzengel standen in der Auslage, daneben ein Schminkspiegel auf gedrechselten Ständern. Sobald man den winzigen Raum betrat, atmete man den würzigen Duft von frisch gehobeltem Holz und Leim ein. In hohen Regalen stapelten sich Schachteln mit Kochlöffeln neben Schmuckschatullen, Schneidebrettern, Kleiderhaken, Obstschüsseln und geleimten Gehäusen von Kaffeemühlen. Signor Renzi fertigte auf Wunsch beinahe jeden Gegenstand aus Holz an und reparierte alles, was man mit Leim, Nägeln und einer Feile wieder ganz machen konnte. Hinter dem vollgestopften Verkaufsraum war seine Werkstatt untergebracht. Anders als im Laden herrschte hier eine penible Ordnung. Glänzend poliertes Werkzeug lag nach Größe und Funktion geordnet in Schrankfächern. Große, hohe Fenster sorgten für ausreichend Licht, und in den Abendstunden oder an Tagen, an denen Regenwolken über Rom hingen, sorgte eine überdimensionale Petroleumlampe, die direkt über der Werkbank angebracht war, für zusätzliche Beleuchtung.

Seit Jahren brachten Maria und Renilde ramponierte Holzgegenstände zu Signor Renzi. Ein rissiger Bilderrahmen, ein schiefer Zeitungshalter, die Hutablage im Vorzimmer – all das hatte der Tischlermeister mit seinen geschickten Händen bereits repariert, und oft waren die Gegenstände danach in einem besseren Zustand als am Tag ihrer Beschaffung.

Auch heute trug Renzi einen langen braunen Arbeitskittel über seiner Kleidung. Sein Hinterkopf war bereits kahl, sein Rücken leicht gebeugt, und auf seiner breiten roten Nase saß eine winzige Brille. Stolz holte er aus einer Schublade hinter sich ein Brett, in dem sich drei kreisförmige Aussparungen in unterschiedlichen Größen befanden, eine kleine, eine mittlere und eine große. Für jede Aussparung gab es eine Holzscheibe, die ganz genau hineinpasste. Damit die Kinder die Scheiben besser anfassen konnten, hatte der Tischler winzige Knöpfe daran befestigt.

Maria steckte die Formen in die Aussparungen. Sie glitten perfekt hinein. Das Holz war sorgfältig bearbeitet, glatt geschliffen und poliert.

»Die Bretter sind wunderschön geworden!«, rief sie begeistert.

Renzi nickte zufrieden und holte einen weiteren Gegenstand. Diesmal war es kein Brett, sondern ein massiver Holzblock mit drei runden Einsätzen, die jedoch gleich groß waren. Die Formen, die ebenfalls mit Knöpfen versehen waren, steckten bereits in den Aussparungen.

»Ich habe mir erlaubt, Ihre Idee ein bisschen auszuweiten«, erklärte er mit einem verschmitzten Lächeln.

Überrascht betrachtete Maria den Holzblock. »Die Formen sind gleich groß«, sagte sie. »Diese Aufgabe dürfte für die Kinder sehr einfach sein.«

Renzi kicherte leise. »Wenn ich Sie richtig verstanden habe, wollen Sie mit den Brettern die Sinne der Kinder schulen. Sie sollen unterschiedliche Größen und Formen wahrnehmen lernen und benennen.«

»Richtig«, sagte Maria. »Deshalb verstehe ich nicht, warum …«

»Nehmen Sie die Formen heraus«, forderte Renzi sie auf.

Maria zog die erste Scheibe heraus, die etwa einen Zentimeter dick war. Sie steckte sie wieder zurück und griff nach der nächsten. Dieses Holzstück war doppelt so dick. Vor Begeisterung weiteten sich Marias Augen. Rasch steckte sie es zurück und griff nach dem letzten, das deutlich dicker war als die beiden vorangegangenen. Schließlich nahm sie alle drei Teile heraus und betrachtete die drei Aussparungen, die unterschiedlich tief waren. Sie versuchte nun, das dickste Holzstück in die flache Öffnung zu stecken. Es funktionierte, aber der Zylinder ragte weit über den Rand des Brettes hinaus. Als sie die dünnste flache Scheibe in die tiefste Öffnung steckte, verschwand der Zylinder vollständig. Es erforderte eine Portion Geschick, das Holzstück wieder aus der Öffnung herauszubekommen.

»Notfalls kann man das Brett umdrehen«, erklärte Renzi. »Dann fällt es von selbst heraus.«

Für einen Moment war Maria sprachlos. »Das ist eine fabelhafte Idee«, sagte sie dann. »Auf diese Weise können die Kinder nicht nur erfahren, wie groß der Durchmesser einer Form ist, sondern auch, welche Höhe oder Dicke sie hat.«

»Das war die Idee dahinter!«

Maria machte einen Schritt rückwärts und betrachtete das Brett. »Drei«, murmelte sie leise. »Warum haben Sie sich eigentlich für drei Aussparungen entschieden?«

»Ich wollte das Brett nach Ihrer Vorgabe schnitzen. Außerdem ist die Drei irgendwie eine schöne, einprägsame Zahl. Denken Sie an die Dreifaltigkeit der Kirche.«

»Sie haben das ganz großartig gemacht«, beeilte sich Maria zu sagen. »Ich frage mich bloß, ob nicht auch ein Brett mit zehn Aussparungen sinnvoll wäre. Schließlich haben wir zehn Finger und zehn Zehen, und unser Rechensystem ist auf die Zahl zehn ausgerichtet. Ich denke, die Zehn ist die wichtigste Zahl überhaupt. Wer rechnen will, muss lernen, mit der Zehn umzugehen.«

»Das heißt, Sie wollen ein Brett mit zehn Öffnungen?«

»Ja!« Maria nickte enthusiastisch. »Jeder Zylinder zum Einsetzen ist um einen Zentimeter größer.«

»Sie meinen, die kleinste Scheibe soll einen Zentimeter dick sein und die größte zehn?«

»Ja, das wäre fantastisch.«

»Wir könnten zwei Bretter anfertigen«, schlug Renzi vor. »Eines mit unterschiedlich hohen Zylindern und eines mit Scheiben, die unterschiedliche Durchmesser haben.«

»Ja!«, rief Maria. Ihre Augen leuchteten wie die eines Kindes zu Weihnachten.

»Der kleinste Kreis soll einen Zentimeter Durchmesser haben und der größte zehn.«

Renzi kratzte sich hinter dem Ohr. »Glauben Sie wirklich, dass die kleinen schwachsinnigen Kinder, mit denen Sie arbeiten, damit etwas anfangen können?«

»Ich weiß es nicht«, gab Maria zu. »Aber ich will es versuchen. Was werden die beiden Bretter kosten?«

»Nun, das ist ein Haufen Arbeit«, meinte der Tischlermeister.

»Egal«, entgegnete Maria. »Ich will diese beiden Bretter auf jeden Fall haben. Bis wann werden sie fertig sein?«

»Wenn Sie aus Berlin zurück sind, können Sie beide abholen.«

»Woher wissen Sie denn, dass ich nach Berlin reisen werde?«, fragte Maria. Hatte ihre Mutter etwa auch mit dem Tischler über ihre Teilnahme am Kongress gesprochen?

»Heute Morgen stand es in der *Gazzetta.*«

»Wirklich?« Es war erst zwei Tage her, dass sie bei Florence Piavelli gewesen war. Sie hatte den Damen noch keine Rede geliefert, und dennoch hatte das Komitee ihre Zusage zur Teilnahme bereits an die Presse weitergegeben.

»In der Zeitung steht, dass in wenigen Tagen ein ausführliches Interview mit Ihnen folgen wird.«

»Ach ja?« Maria spürte denselben Ärger in sich aufsteigen wie im Salon der reichen Frauenrechtskämpferin. Diesmal richtete sich ihr Unmut allerdings nicht gegen ihre Mutter, sondern gegen das Komitee. Sie konnte es nicht ausstehen, wenn ohne ihr Wissen über sie verfügt wurde. »Da weiß der Reporter mehr als ich selbst.«

»Signorina Montessori, Sie sind jetzt eine Berühmtheit. Die Leute wollen erfahren, was Sie denken, was Sie tun, wie Sie sich kleiden und was Sie am Abend essen.«

»Niemanden geht an, was ich esse«, sagte Maria erbost.

Renzi zuckte mit den Schultern. »Bei mir gibt's heute Maccheroniauflauf. Das hat mir meine Frau heute früh versprochen. Und das würde ich jedem verraten, der es wissen will.«

»Die Menschen sollen sich nicht für das interessieren, was ich anziehe oder esse, sondern für das, was ich tue und was ich sage.«

Renzi neigte den Kopf zur Seite. Es war ihm anzusehen, dass er etwas erwidern wollte, doch er hielt seine Bemerkung zurück. Stattdessen fragte er: »Passt es, wenn die Bretter nach Ihrer Rückkehr fertig sind?«

»Ja«, sagte Maria. »Und ich hätte gern noch zwei weitere.«

»Mit anderen Formen? Dreiecken oder Quadraten?«

»Nein, ich brauche zwei Blöcke, bei denen sich die Einsätze sowohl in der Höhe als auch in der Breite verändern.«

»Sie meinen, in dem einen Satz ist das Stück mit dem geringsten Durchmesser auch das dünnste und das mit dem größten Durchmesser am dicksten, während es beim anderen Satz genau umgekehrt ist?«

»Ja, genau.«

Nun schüttelte Renzi mitleidig den Kopf. »Damit sind die armen Irren doch mit Sicherheit völlig überfordert. Diese Aufgabe schaffen ja gesunde Kinder kaum. Warum wollen Sie so viel Geld in etwas investieren, wofür Sie keine Verwendung haben werden?«

»Können Sie es für mich herstellen oder nicht?«

»Doch, natürlich.«

»Wunderbar«, sagte Maria. »Dann ist es abgemacht. Ich hole alle vier Bretter nach meiner Rückkehr aus Berlin ab.«

Renzi verzog die Lippen. »Ich fürchte, ich werde alle vier Bretter gar nicht so schnell schaffen. Ich habe immer noch keinen Lehrling gefunden, der bei mir arbeiten möchte.«

»Das verstehe ich nicht«, sagte Maria. Sie wusste, dass Signor Renzi und seine Frau kinderlos waren, aber es war ihr unverständlich, dass niemand bei dem gutmütigen, geschickten Handwerker lernen wollte.

»Ich begreife es auch nicht«, meinte Renzi. »Der Junge könnte hier wohnen und essen, aber offenbar gibt es niemanden, der mit seinen Händen Holz bearbeiten will. Die paar Jungen, die mir Kollegen vorbeigeschickt haben, waren strohdumm. So als wären sie direkt aus Ihrer Einrichtung gekommen.«

»Meine Kinder sind nicht dumm«, empörte sich Maria. »Ihre Sinne sind bloß schwächer ausgeprägt als die anderer Kinder.«

»Na, dann waren die Jungen eben schwachsinnig«, korrigierte sich Renzi. »Auf alle Fälle hätten sie mehr Holz ruiniert, als ich mir leisten kann.«

»Das ist schade«, meinte Maria. »Können Sie nicht trotzdem versuchen, meinen Auftrag möglichst schnell fertigzustellen? Ich kann es kaum erwarten, damit zu arbeiten.«

»Meinetwegen.« Renzi seufzte schwer. »Für eine Berühmtheit arbeite ich auch nach dem Abendessen weiter.«

Nun lächelte Maria wieder. »Ich habe gehört, dass Maccheroniauflauf Kraft verleiht.«

Mit einem Grinsen erwiderte Renzi: »Wenn Sie als Dottoressa das sagen, dann wird es wohl stimmen.«

Psychiatrische Klinik in Rom, August 1896

Maria saß gemeinsam mit den Kindern auf dem Boden des Schlafsaals. Sie hatte Renzis Bretter mit den drei Aussparungen mitgebracht. Gerade steckte Clarissa konzentriert die kreisförmigen Scheiben in die dafür vorgesehenen Öffnungen im Brett. Immer wieder nahm sie alle drei heraus und ordnete sie anschließend wieder zurück. Nachdem sie herausgefunden hatte, welche Scheibe in welche Aussparung passte, legte sie absichtlich eine zu kleine Scheibe in eine größere Öffnung, um sich anschließend darüber zu freuen, dass sie ihren Irrtum wieder korrigieren konnte.

Die anderen Kinder konnten kaum erwarten, auch an die Reihe zu kommen. Da Maria geahnt hatte, dass es eine Drängelei geben würde, hatte sie zusätzlich Formen aus Papier ausgeschnitten, auf ein Brett geklebt und passende Formen angefertigt, die man drauflegen konnte. Itard hatte in seinem Buch den Einsatz solcher Materialien beschrieben und immer schwierigere Symbole angeboten, bis hin zu Buchstaben. Die Papierteile hatten den Vorteil, dass sie rasch herzustellen waren. Leider waren sie bei Weitem nicht von der ästhetischen Qualität wie Renzis Bretter, außerdem gingen sie rasch kaputt.

Es war erstaunlich, wie schnell die Kinder die Aufgaben erfassten und mit welcher Begeisterung sie sie lösten. Selbst nach einer Stunde hatten sie noch nicht genug.

»Ich lasse die Materialien da«, schlug sie vor.

Doch Serafina winkte entsetzt ab. »Ich will nicht, dass es zu Streitereien kommt. Nehmen Sie das Zeug wieder mit.«

»Aber warum sollten sich die Kinder streiten?«, fragte Maria. »Wenn es klare Regeln gibt, an die sich alle halten, dann erübrigt sich der Streit.«

Serafina ließ sich nicht erweichen. »Nehmen Sie alles wieder mit. Ich bin dafür zuständig, dass die Kinder ruhig sind und brav auf ihren Betten sitzen. Ich hab keine Ahnung von dem ganzen medizinischen Kram.«

Maria gab sich nicht geschlagen. »Wenn die Kinder bloß Löcher in die Luft starren, dann vergeuden sie doch nur ihre Zeit«, sagte sie. »Sie selbst nutzen die Stunden ja auch, indem Sie stricken.«

»Das ist doch etwas anderes. Ich mache etwas Sinnvolles, denn wenn ich fertig bin, habe ich einen Schal für den Winter.«

»Genau dasselbe könnten auch die Kinder machen.«

Serafina sah sie amüsiert an. »Sie meinen, die Irren könnten einen Schal stricken? Clarissa kann nicht mal eine einfache Stopfarbeit erledigen.«

Das Mädchen senkte beschämt den Kopf.

»Das glaube ich nicht«, sagte Maria. »Ganz sicher kann Clarissa das.« Sie strich dem Mädchen liebevoll und aufmunternd über die Wange.

»Nein, ich kann es wirklich nicht«, sagte sie leise.

»Worin liegt das Problem?«

Niedergeschlagen zuckte Clarissa mit den Schultern, während Maria angestrengt nachdachte. War es bei Itard oder bei Séguin gewesen? In irgendeiner Schrift hatte sie von einem einfachen Webrahmen gelesen, der dazu diente, die Kinder auf die eigentliche Arbeit vorzubereiten. Sie musste unbedingt nach dem Artikel suchen.

»Ich verspreche dir, dass wir bei unserem nächsten Besuch mit dem Nähen beginnen«, sagte Maria. »Und bis Weihnachten kannst du ebenso schöne Schals stricken wie Serafina.«

»Wirklich?« Clarissas Stimmung hob sich wieder. Sie strahlte Maria an.

»Ja, da bin ich mir ganz sicher.«

»Geben Sie den armen Kindern keine Versprechen, die Sie nicht halten können«, murrte die Erzieherin.

»Oh, Sie werden sehen, Serafina. Clarissas Schal wird wunderschön werden.«

»Pah!« Die dicke Frau schnaufte verächtlich.

»Ich will auch einen Schal stricken«, sagte Marcello leise.

»Selbstverständlich wirst du auch das Stricken lernen«, nickte Maria. »Aber davor werden wir nähen. Das ist ein bisschen einfacher.«

Sie sah sich im kahlen Raum um. »Und ich werde Professor Sciamanna bitten, Regale anzubringen. Wir brauchen einen Platz für die Materialien. Es kann nicht sein, dass ihr alle nichts zu tun habt, sobald ich diesen Raum verlasse.«

»Bleiben die Sachen nun da?«, wollte Clarissa wissen.

»Ja«, bestimmte Maria. In der Ecke stand der Servierwagen, den schob sie nun in die Mitte des Raums. »Solange wir nichts anderes haben, ist dieser Wagen unser Regal.«

Sie stellte beide Bretter auf den Servierwagen, legte die

Papierformen dazu und schob den Wagen wieder an die Wand.

»Die Kinder sollen jederzeit zu dem Wagen gehen können, um sich ein Brett zu nehmen und damit zu arbeiten«, sagte sie an Serafina gewandt, »und hinterher sollen sie es wieder zurückbringen.«

»Das wird nicht funktionieren«, entgegnete die Erzieherin.

Maria richtete sich an die Kinder: »Ihr werdet Serafina beweisen, dass es sehr wohl funktionieren kann. Einverstanden?«

Clarissa und Marcello nickten eifrig. Auch die anderen stimmten zu.

»Meinetwegen«, knurrte Serafina. »Aber wenn gestritten wird, räum ich das ganze Zeug weg.«

»Ihr habt es gehört«, mahnte Maria. »Es kann immer nur ein Kind mit dem Material arbeiten. Wenn es damit fertig ist, kommt ein anderes Kind an die Reihe.«

Wieder nickten alle.

Serafina schüttelte ungläubig den Kopf. Sie murmelte etwas Unverständliches, doch Maria ging nicht darauf ein. Sie verabschiedete sich von den Kindern und versprach ihnen, beim nächsten Besuch mit dem Nähunterricht zu beginnen.

Als sie auf den Gang trat, hoffte sie inständig, dass Serafina den Kindern die Bretter nicht wegnehmen würde. Vielleicht sollte sie Professor Sciamanna über ihr Vorhaben informieren. Noch während sie darüber nachdachte, öffnete sich die Tür eines Nebenraums, und Dr. Montesano kam ebenfalls auf den Flur. Maria hatte ihn seit ihrer Abschlussrede nicht mehr gesehen. Sie hatte auch heute nicht mit ihm gerechnet. Er sah noch besser aus, als sie ihn in Erinnerung hatte. Rasch blickte sie an sich selbst herab. Zum Glück verdeckte der weiße Arztkittel ihr altes, verschlissenes Kleid. Sie hatte heute Morgen das Korsett nur halbherzig geschnürt. Maria tastete nach ihrem Haar, es schien nach wie vor in Form zu sein. Nur ein paar Strähnen hatten sich gelockert, aber das sah kokett aus. Als Montesano sie entdeckte, hellte sich sein Gesicht auf. Freudestrahlend kam er auf sie zu.

»Wie schön, dass ich Sie treffe«, sagte er. »So erspare ich mir den Weg zu Ihrer Wohnung.«

»Warum wollten Sie mich zu Hause aufsuchen?« Maria versuchte sich vorzustellen, wie ihre Mutter reagieren würde, wenn ihr Arbeitskollege unangekündigt vor ihrer Wohnungstür stand.

»Ich wollte Sie nach einem passenden Zeitpunkt für unser geplantes Picknick fragen. Oder haben Sie das etwa schon wieder vergessen?« Er musterte sie besorgt.

»Nein, nein!« Marias Antwort kam schnell, und Montesano entspannte sich wieder.

»In der Zeitung habe ich gelesen, dass Sie Italien auf dem Frauenkongress in Berlin vertreten werden. Ich muss mich also beeilen, wenn ich Sie vor Ihrer Abreise noch sehen möchte.«

Ganz Rom schien zu wissen, dass Maria in wenigen Wochen nach Deutschland fahren würde.

»Aber Sie sehen mich doch jeden Tag hier in der Klinik.«

»Wollen Sie ein Picknick mit unserer täglichen Arbeit vergleichen?« Montesano klang beleidigt.

»Ich muss gestehen, dass ich das letzte Mal als Kind im Freien gepicknickt habe«, sagte Maria.

»Dann wird es höchste Zeit, dass Sie es wieder tun.« Montesano stand jetzt so dicht vor Maria, dass sie die Lachfältchen an seinen Augen sah. »Gibt es eine Köstlichkeit, mit der ich Ihnen besonders viel Freude bereiten kann? Etwas, das ich unbedingt in den Korb packen soll?«

»Ich bin sehr unkompliziert, was das Essen betrifft.«

»Dann werde ich mir etwas einfallen lassen. Jetzt brauchen wir nur noch einen Termin für unser Picknick. Was halten Sie vom kommenden Sonntag?«

Maria überlegte. »Nach der Messe?«

»Welche Uhrzeit wäre das?«

Für einen Moment war Maria verblüfft. Besuchte er denn selbst nicht die heilige Messe am Sonntag?

»So gegen elf Uhr?«

»Soll ich Sie zu Hause abholen?«

»Das ist nicht notwendig.« Marias Antwort kam eine Spur zu schnell, aber Montesano schien es nicht bemerkt zu haben. Es war ihr peinlich zuzugeben, dass sie sich vorerst lieber heimlich mit ihm traf, um neugierigen Fragen ihrer Mutter zu entgehen. »Es wäre einfacher, wenn wir uns gleich in einem Park oder am Tiber treffen würden, dann muss ich nach der Messe nicht wieder nach Hause.«

»Ach ja«, sagte er gedehnt. Mit Sicherheit ahnte er Marias wahre Beweggründe. Er war jedoch taktvoll genug, sie nicht darauf anzusprechen. »Der Pincio ist im Sommer der beste Platz für ein Picknick. Vom Hügel aus hat man einen atemberaubenden Blick auf die ganze Stadt. Sie liegt einem quasi zu Füßen.«

»Das ist eine sehr gute Idee«, pflichtete Maria ihm bei.

»Ich schlage vor, dass wir uns im Osten der Piazza del Popolo treffen. Dort führen Treppen in den Park, die von einem kleinen, künstlich angelegten Wasserfall gesäumt sind.«

Maria kannte den Platz.

»Ich werde am Sonntag um elf Uhr dort sein«, versprach sie.

»Ich kann es kaum erwarten.« Er wollte wieder nach ihrer Hand greifen, sie an seine Lippen führen und sich von ihr verabschieden, aber Maria zog ihre Hand zurück und schob sie hinter den Rücken.

»Ich muss mich noch mit Ihnen über die Kinder unterhalten«, sagte sie. »Ich habe ihnen gerade neues Material gebracht, und die Fortschritte, die sie machen, sind enorm. Sie saugen das Wissen auf wie ein trockener Schwamm.«

»Lassen Sie uns in den Hof gehen«, schlug Montesano vor. »Auf einer Bank im Schatten einer Zypresse spricht es sich leichter.«

»Ja, gerne.«

Die beiden gingen über den Flur zur Treppe und weiter zum Ausgang, der in den Hof führte.

»Ich habe in den letzten Monaten alle Schriften von Itard und Séguin studiert, die ich in Rom auftreiben konnte«, berichtete Maria. »Leider sind ein paar der Werke vergriffen und nur in den USA erhältlich.«

Montesano zog belustigt die Augenbrauen hoch. »Sie haben alle Schriften gelesen und Material für die Kinder hergestellt? Sollten Sie sich nach Ihrer Abschlussrede nicht ein bisschen auf ihren Lorbeeren ausruhen und den Erfolg genießen?«

Verständnislos sah Maria ihn an. »Weshalb soll ich mich ausruhen? Ich bin nicht müde.«

»Ich dachte auch mehr an ein Ausruhen mit angenehmen

Aktivitäten, wie dem Lesen eines Buchs, das nicht mit der Arbeit zu tun hat, zum Beispiel.«

»Ich gehe am Sonntag zu einem Picknick«, erinnerte Maria ihn.

»Ach ja.« Er grinste. »Das ist ein guter Anfang.«

Es war ein heißer Sommertag. Die Luft flimmerte, aber im Hof herrschten dank der zahlreichen Bäume angenehme Temperaturen. Sie schlenderten zu einer freien Bank. Maria nahm Platz, und Montesano setzte sich neben sie.

»Séguin ist davon überzeugt, dass die Sinne der Kinder geschärft werden müssen. Also bietet er ihnen farbige Kugeln an, die sie in Behälter der gleichen Farbe legen sollen. Damit will er ihr Sehvermögen fördern. Er lässt sie Perlen auffädeln, gibt ihnen Kleidungsstücke, die aufgeknöpft und zugeschnürt werden müssen, und er stellt ihnen Stöcke zur Verfügung, die sie der Größe nach ordnen sollen.«

»Ich erinnere mich, davon habe ich auch gelesen. «

»Er geht davon aus, dass gesunde Kinder diese Tätigkeiten von sich aus tun, während Schwachsinnige dazu angeleitet werden müssen. Also sollten wir ihnen doch eigentlich doppelt so viel Material anbieten, statt sie wegzusperren und sie geistig verkümmern zu lassen.« Sie machte eine Pause. »Ich will, dass die Kinder sinnvollen Beschäftigungen nachgehen. Ich werde damit anfangen, gemeinsam mit ihnen zu nähen.«

»Sie glauben tatsächlich, dass die Kinder sich mit dem richtigen Material zu gesunden Erwachsenen entwickeln können?« In seinem Zweifel schwangen auch Bewunderung und eine Spur Neugier mit.

»Dass die Kinder zu weitaus mehr fähig sind, als alle bisher angenommen haben, das habe ich bereits bewiesen.«

»Hm.«

»Ich glaube, dass noch viel mehr möglich ist, und es macht mir große Sorge, dass in vielen Irrenanstalten die Kinder nach wie vor zusammen mit Erwachsenen in ein und derselben Zelle sitzen müssen.«

»Das ist ein Umstand, an dem wir bereits arbeiten«, sagte Montesano. »Professor Sciamanna hat beim zuständigen Ministerium durchsetzen können, dass in den nächsten Wochen und Monaten die Irrenanstalten im Land daraufhin überprüft werden, ob Kinder gesondert untergebracht sind. Dort, wo es Mängel gibt, wird nachgebessert.«

»Wer wird diese Aufgabe übernehmen?«, wollte Maria wissen.

»Ich denke, jemand vom Ministerium.«

»Es erscheint mir wichtig, dass eine Person dabei ist, der das Wohl der Kinder wirklich ein Anliegen ist«, sagte Maria. »Sonst bleibt die Vorschrift eine Verordnung, die auf Papier gedruckt ist und in irgendeiner Schublade verschwindet.«

»Wollen Sie etwa die Irrenanstalten besuchen?« Montesanos Frage klang belustigt.

»Ja, warum nicht?«

»Weil in manchen Anstalten ganz schreckliche Zustände herrschen. Dagegen ist die Klinik hier ein wahres Paradies. Diese Häuser sind kein Orte für junge Frauen.«

Seine letzte Bemerkung weckte Marias Widerstand. »Es ist immer wieder interessant, dass Männer sich anmaßen, genau zu wissen, was jungen Frauen zuzumuten ist und was nicht. Glauben Sie mir, ich habe in den letzten Jahren Dinge gesehen und erlebt, bei denen würde so mancher Mann schreiend davonlaufen. Und ich habe Frauen kennenglernt, von deren Mut sich so mancher Mann eine Scheibe abschneiden könnte.«

Montesano schwieg und musterte sie interessiert. Gleich würde er ihr widersprechen, so wie all die anderen Männer, denen Maria während ihres Studiums begegnet war. Sie spürte Enttäuschung in sich aufsteigen. Was hatte sie erwartet?

»Ich kenne den zuständigen Sachbearbeiter im Ministerium«, sagte er ernst. »Ich werde bei ihm und bei Professor Sciamanna ein gutes Wort für Sie einlegen und bei beiden darauf hinweisen, dass es bei den Inspektionen einer sachkundigen Meinung bedarf, vorzugsweise der einer Expertin. Und wer, wenn nicht Sie, verfügt über genügend Wissen auf dem Gebiet der Medizin und der Psychiatrie? Außerdem gibt es sicherlich niemanden, der so viel über die Arbeit mit schwachsinnigen Kindern gelesen hat.«

Es dauerte einen Moment, bis Maria begriff, dass er sich keineswegs über sie lustig machte, sondern ihr Anliegen unterstützte.

»Das wäre wunderbar, vielen Dank!.«

»Gerne.« Sein Lächeln war nun so breit, dass es von einer Wange bis zur anderen reichte und beinahe sein ganzes Gesicht erfasste. »Sie müssen mir jedoch etwas versprechen.«

»Und das wäre?«

»Am kommenden Sonntag reden wir über alles, meinetwegen über den Papst oder die neuesten Opern, aber nicht über die Arbeit.«

»Oh!« Maria neigte den Kopf zur Seite. »Ich bin mir nicht sicher, ob ich so ein Versprechen halten kann.«

»Aber Sie könnten es doch versuchen? Bloß einen Nachmittag lang.«

»Abgemacht!« Maria reichte ihm die Hand, und diesmal genoss sie es in vollen Zügen, als er sie zum Mund führte und seine weichen Lippen einen Kuss darauf hauchten. Sein Schnauzbart war so weich wie das Wollknäuel, das sie Clarissa zum Spielen dagelassen hatte.

»Sieh nur, Maria, ich habe eine Reisetasche und einen neuen Koffer gekauft!« Stolz holte Renilde einen braunen Lederkoffer und eine dazu passende Tasche aus dem Vorzimmer und stellte beides neben ihrer Tochter ab, die an ihrer Frisierkommode saß und mit Kämmen und Spangen ihre Lockenpracht bändigte.

»Vielen Dank! Aber haben wir nicht schon einen Koffer?«

»Ach, das alte Ding!« Renilde machte eine wegwerfende Handbewegung. »Damit kannst du doch unmöglich nach Berlin reisen. Der fällt doch auseinander, sobald du die Alpen passiert hast.«

Maria fand den alten Koffer eigentlich ganz passabel, trotzdem war sie gerührt, dass ihre Mutter sich Gedanken darüber machte, wie sie ihr Gepäck transportieren sollte. Je näher die Abreise rückte, umso nervöser wurde Renilde. Es hatte fast den Anschein, als würde sie selbst nach Deutschland fahren.

»Ich wünschte, ich könnte mit dir kommen«, seufzte Renilde. »Leider ist die Reise mit hohen Kosten verbunden.« Maria erinnerte sich daran, dass ihre Mutter ohne ihr Wissen eine Spendenaktion ins Leben gerufen hatte. Obwohl die Menschen in Chiaravalle nicht reich waren, hatten fast alle ein paar Lire gegeben – so stolz war man auf die junge Dottoressa. Einen Moment lang fragte sich Maria, ob Renilde vielleicht gehofft hatte, so viel Geld zusammenzubekommen, dass es für ein weiteres Bahnticket gereicht hätte. Doch sie verwarf den Gedanken sofort wieder. Ihre Mutter sorgte sich um ihre Tochter, nicht um sich selbst.

»Du hast dein bestes Sonntagskleid an«, bemerkte Renilde.

»Es ist doch Sonntag.«

»Ja, aber dieses Kleid trägst du sonst nur bei ganz besonderen Anlässen. Es hat ein Vermögen gekostet.«

»Ich habe es mit meinem ersten Lohn als Assistenzärztin gekauft«, erinnerte Maria ihre Mutter. »Es war nicht billig, aber auch nicht sündhaft teuer. Ich fühle mich wohl in dem Kleid.« Sie griff nach einem Parfumflakon und besprühte ihren Hals.

»Seit wann trägst du für die Kirche Duftwasser auf?«

Ärgerlich drehte Maria sich zu ihrer Mutter um. »Mama, es ist Sonntag, und ich will nicht wie eine Vogelscheuche herumlaufen, das ist alles.«

»Du siehst nie aus wie eine Vogelscheuche. Ich frage mich, ob es einen Anlass für deine Sorge um dein Äußeres gibt.«

»Mein Foto war in allen Zeitungen Italiens. Es gibt Menschen, die mich erkennen, wenn ich auf der Straße an ihnen vorbeilaufe. Ich will nicht, dass irgendjemand sagt: Ah, das ist die junge Dottoressa, sie sieht in Wirklichkeit ganz anders aus als auf den Fotos. Ob sie sich nur frisiert, wenn sie weiß, dass sie fotografiert wird?«

»Das ist doch völliger Unsinn«, sagte Renilde und schob den Koffer und die Tasche an die Wand. »Du bist immer hübsch anzusehen.« Sie klang aber nicht mehr ganz so überzeugt wie zuvor. Möglicherweise dachte sie über die Worte ihrer Tochter nach.

Maria wartete, dass ihre Mutter den Raum verließ, doch ihr schien noch etwas auf dem Herzen zu liegen.

»Ich hatte befürchtet, dass du dich mit dem Kollegen triffst, der dir bei deiner Abschlussrede eine Rose überreicht hat. Seit du mit ihm zusammenarbeitest, hast du dich verändert.«

»Inwiefern habe ich mich verändert?«

Renildes Tonfall wurde vorwurfsvoll. »Du legst mehr Wert auf dein Äußeres. Du unterhältst dich seltener mit mir und erzählst mir nur noch hin und wieder von deiner Arbeit. Früher hast du mir von jeder Neuigkeit berichtet, ich wusste über jeden deiner Schritte Bescheid. Ich konnte fühlen, was dich beschäftigte. Jetzt habe ich das Gefühl, du grenzt mich aus. Du hast Geheimnisse vor mir.«

Maria drehte sich vollständig zu ihrer Mutter.

»Ich erlebe täglich so viele Dinge, dass ich am Abend zu müde bin, um über jede Kleinigkeit zu sprechen.«

»Das war früher aber anders.«

»Ich bin keine Studentin mehr, Mama. Ich bin eine Ärztin, die Verantwortung trägt. Dass ich dir nicht von jeder Minute meines Lebens erzähle, heißt nicht, dass ich Geheimnisse habe.«

Renilde presste ihre Lippen aufeinander. Ohne eine weitere Bemerkung verließ sie das Zimmer. Fast erleichtert schaute Maria ihr nach. Sie wusste, dass der Alltag ihrer Mutter nur wenig Abwechslung bot. Seit Jahren brachten Marias Erzählungen Farbe in ihre langweilige Routine. Aber manchmal wurde Maria das Interesse der Mutter zu intensiv. Da kam es ihr so vor, als würde sie versuchen, das Leben ihrer Tochter zu übernehmen. Kaum hatte Maria diesen Gedanken in ihrem Inneren formuliert, bereute sie ihn auch schon wieder. Sie tat ihrer Mutter unrecht, die stets das Beste für sie wollte.

Natürlich stimmte ihr Verdacht. Maria verschwieg ihr tatsächlich das geplante Treffen mit Giuseppe Montesano. Es sollte vorerst ein Geheimnis zwischen Maria und dem Doktor bleiben. Sie wusste selbst noch nicht, wohin dieser Weg führen würde. Das Wissen darüber würde ihre Mutter bloß unnötig aufregen.

Nach der heiligen Messe hatte Maria ihren Eltern erzählt, dass sie noch einmal in die Klinik müsse, um nach einem ihrer Patienten zu schauen.

»Heute, am Sonntag?«, hatte Renilde misstrauisch gefragt.

»Unsere Tochter ist Ärztin«, hatte Alessandro gesagt. »Krankheiten fragen nicht danach, wann sie Menschen plagen dürfen.« Und dann hatte er seiner Tochter mit einem lauten Pfiff eine leere Droschke herbeigewunken. Dankbar war Maria hineingeklettert, hatte sich aber nicht zur Psychiatrischen Klinik, sondern zur Piazza del Popolo bringen lassen. An den Treppen, die zum Pincio hinaufführten, wurde sie bereits erwartet.

Dr. Giuseppe Montesano stand neben dem kleinen künstlichen Wasserfall, der in ein Auffangbecken mündete. In einer Hand trug er einen Picknickkorb, in der anderen hielt er einen Strauß frischer Blumen: eine bunte Mischung aus Nelken, Iris, Lilien und dunkelroten Rosen. In seinem modern geschnittenen dunkelbraunen Anzug war er lässig und dennoch elegant gekleidet. Der Kragen seines strahlend weißen Hemds bildete einen hübschen Kontrast zu seiner olivbraunen Haut. Auf seinem Kopf saß ein flacher Strohhut von der

Art, wie sie früher nur von Matrosen getragen worden war. Mittlerweile erfreute er sich auch im Alltag bei modernen Herren großer Beliebtheit.

Als Montesano sie erblickte, kam er mit großen Schritten auf sie zu. Etwas verlegen überreichte er ihr die Blumen. »Ich war mir nicht sicher, welche Blumen Sie bevorzugen. Daher habe ich die Blumenhändlerin gebeten, eine Mischung zu binden.«

Mit klopfendem Herzen nahm Maria den Strauß entgegen. »Die Blumen sind wunderschön«, sagte sie und vergrub ihre Nase darin. »Und wie sie duften! Vielen Dank!«

Ein erleichtertes Lächeln breitete sich auf Montesanos Gesicht aus.

»Wir müssen uns ein Plätzchen in der Nähe eines Brunnens suchen, damit ich den Strauß ins Wasser legen kann.«

»Ich habe vorgesorgt.« Dr. Montesano klappte den Deckel des Picknickkorbs auf. Maria entdeckte darin eine Flasche Wein und ein rot-weiß kariertes Tuch. Außerdem gab es ein Glas mit Schraubverschluss, in dem sich eine klare Flüssigkeit befand, Wasser, wie sie vermutete. »Es ist zwar nicht so schön wie eine Vase, aber für heute Nachmittag sollte es reichen«, meinte er.

»Sie haben wirklich an alles gedacht.« Maria war beeindruckt. Sie fragte sich, ob er Ausflüge wie diesen schon öfter gemacht hatte und genau wusste, womit er jungen Damen imponieren konnte.

»Es war ein Ratschlag der Blumenhändlerin am Campo dei Fiori«, gab Montesano zu. »Sollen wir losgehen?« Er bot Maria seinen Arm an, den sie nach kurzem Zögern annahm.

»Gerne.« Es war das erste Mal in ihrem Leben, dass sie so

nahe neben einem fremden Mann spazierte. Es fühlte sich seltsam, aber gleichzeitig aufregend an. Als würde Maria etwas Verbotenes tun. Vorsichtig sah sie sich um. Starrten die Leute sie an, weil sie sich in aller Öffentlichkeit am Arm eines Mannes festhielt? Aber niemand schien sie zu beachten. Montesano und sie sahen aus wie jedes andere Paar, das den schönen Sommertag nutzte, um im Park zu flanieren.

Langsam schlenderten sie die Stufen hoch zur Aussichtsplattform.

»Wussten Sie, dass die Römer den Pinciopark einem Franzosen verdanken?«, begann Montesano die Unterhaltung.

»Ich dachte, der Architekt Guiseppe Valadier hätte das Ensemble der Piazza del Popolo und die Terrassen geplant«, sagte Maria.

Montesano blieb kurz stehen. »Gibt es irgendetwas, worüber Sie nicht genau Bescheid wissen?« Er klang belustigt, aber irgendwo in seiner Stimme lag auch eine Spur Gereiztheit. Maria kannte diesen Tonfall. Er begleitete sie, seit sie eine Knabenschule besucht hatte. Es kam bei Männern nicht gut an, wenn Frauen mehr wussten als sie selbst.

»Sie sind eine erstaunlich gebildete Frau«, fuhr Montesano fort. »Als Napoleon Rom mit seinen Truppen besetzte, fiel ihm auf, dass die Stadt keinen öffentlichen Park besaß. Die schönsten Grünanlagen waren im Besitz reicher Aristokraten. Er forderte einen Park für alle Römer, und seine Pläne sind dann einige Jahre nach dem Abzug der französischen Truppen verwirklicht worden.«

»Das wusste ich nicht«, gab Maria zu.

Montesano lächelte zufrieden. »Wer hätte gedacht, dass es mir gelingt, Ihnen etwas Neues zu erzählen?«

Sie hatten den höchsten Punkt des Hügels erreicht und standen an der Balustrade der Aussichtsplattform. Der Blick auf die Stadt war atemberaubend. Vor ihnen lag Rom mit all seinen Kirchtürmen und engen Gassen, mit den Tempeln und antiken Ruinen. Die Luft flimmerte, doch es war für einen Hochsommertag angenehm warm und nicht brütend heiß. Noch vor einer Woche wäre es unmöglich gewesen, hier in der prallen Sonne zu stehen, ohne das Gefühl zu haben, gleich verglühen zu müssen.

Kurz genossen sie den Blick, dann gingen sie weiter und suchten nach einem geeigneten Platz nahe der wasserbetriebenen Uhr, einer besonderen Sehenswürdigkeit des Parks. Tatsächlich fanden sie ganz in der Nähe eine Bank mit einem kleinen Tischchen. Zielstrebig liefen sie darauf zu, bevor jemand anders diesen begehrten Platz für sich in Anspruch nahm. Montesano breitete das mitgebrachte Tuch auf der steinernen Tischplatte aus und stellte die Rotweinflasche und zwei Gläser darauf. Dann packte er frisches Weißbrot, Käse, Hartwurst, Oliven und Äpfel, Tomaten und Gurken aus. In die Mitte stellte er das Wasserglas. Er nahm Maria die Blumen wieder ab und steckte sie hinein. Nun war er zufrieden.

»Darf ich bitten?« Er verbeugte sich galant und bat sie zu Tisch. Bereitwillig setzte sie sich.

Es war wunderbar romantisch und geradezu perfekt. Keine Wolke trübte den Himmel, eine leichte, angenehme Brise sorgte für herrliche Temperaturen.

»Haben Sie auch das Wetter bestellt?«, fragte Maria.

»Selbstverständlich, ich habe Sonnenschein erbeten, aber ohne Hitze.«

»Das haben Sie ganz großartig gemacht. Haben Sie vielen Dank.« Maria strahlte. Noch nie hatte sie sich in der Gegenwart eines Mannes so wohlgefühlt wie mit Montesano. Er schaffte es, sie zum Staunen und zum Lachen zu bringen.

»Darf ich Ihnen ein Glas Wein einschenken?«, fragte er.

»Ja, bitte. Ich nehme an, Sie haben auch einen Flaschenöffner dabei.«

Montesanos Augen weiteten sich. Er schlug sich mit der flachen Hand gegen die Stirn. »Das darf nicht wahr sein«, fluchte er. »Der liegt noch in der Küche.«

»Ich bin auch mit Wasser zufrieden«, sagte Maria schnell. »Dort hinten ist ein Brunnen. Ich gehe hinüber und fülle unsere Gläser.«

»Auf keinen Fall!« Montesano hielt sie zurück. Dabei berührte seine Hand Marias Oberarm. Die Stelle fühlte sich schlagartig wärmer an als der Rest ihres Körpers. Als er sie wieder wegnahm, empfand Maria so etwas wie Bedauern.

»Sie bleiben hier sitzen, und ich laufe zu dem Kiosk dort hinten. Vielleicht leiht mir der Besitzer einen Flaschenöffner.« Und schon marschierte er über den Rasen davon.

Maria blickte ihm nach. Sie mochte ihn, denn er war nicht nur gut aussehend und charmant, sondern auch witzig und klug. Mit jeder Faser ihres Körpers fühlte sie sich zu ihm hingezogen, was verrückt war, denn sie kannte ihn ja kaum. Sie lehnte sich mit einem angenehm nervösen Kribbeln im Bauch zurück und schloss für einen Moment die Augen. Im Hintergrund hörte sie das Lachen von Kindern, Insekten surrten, und jemand pfiff ein Lied. Sie fühlte sich herrlich frei und beschwingt. Es gab nichts, was sie belastete, keine bevorstehenden Prüfungen, keine Konflikte, die sie mit Professoren oder Studienkollegen austragen musste. Heute war sie einfach nur eine junge Frau, die einen traumhaften Nachmittag genoss.

»Sind Sie eingeschlafen?« Montesano war zurückgekehrt.

Rasch öffnete Maria ihre Augen und lächelte ihn an. »Nein, ich genieße nur den Augenblick. So ganz ohne Patienten, Krankheiten und Probleme.«

»Sie haben mir etwas versprochen.« Mahnend hob er den Zeigefinger.

»Keine Angst, ich werde nicht über die Arbeit reden.«

»Das ist gut so«, sagte er zufrieden. Triumphierend hielt er ihr die entkorkte Weinflasche entgegen.

»Wie nett von dem Verkäufer, dass er Ihnen einen Flaschenöffner geliehen hat.«

»Nun, er hat es nicht ganz umsonst gemacht«, gestand Montesano. Außer der Flasche hatte er auch eine braune Papiertüte mitgebracht. Er legte sie auf den Tisch und öffnete sie. Zwei Stücke Mandelkuchen mit einer dicken Schicht Puderzucker kamen zum Vorschein. »Ich musste ihm etwas abkaufen. Ich hoffe, Sie mögen Mandeltorte.«

»Ich liebe sie«, seufzte Maria. »Ich habe eine Leidenschaft für Süßigkeiten.«

Montesano grinste zufrieden. »Wie schön, dass Sie nicht perfekt sind und auch gewisse Laster haben.«

Maria errötete.

»Ich würde mich sonst wie ein schlechter Mensch neben Ihnen fühlen«, fuhr er fort.

»Wo liegen Ihre Schwächen?«

»Die verrate ich nicht, schließlich will ich noch viele nette Nachmittage mit Ihnen verbringen.« Er sah sie mit einer Intensität an, die Marias Herz schneller schlagen ließ. Schließlich wandte sie sich ab.

Montesano schenkte Wein in die beiden Gläser. Die dunkelrote Flüssigkeit glitzerte im hellen Sonnenlicht und perlte ein wenig. Er reichte Maria eines der Gläser.

»Auf eine erfolgreiche, harmonische Zusammenarbeit«, sagte er.

»Nun haben Sie die Arbeit erwähnt«, tadelte Maria.

»Sehen Sie, schon habe ich mich verraten«, meinte er verschmitzt. »Jetzt kennen Sie eine meiner Schwächen. Meine Freunde beschweren sich darüber, dass ich furchtbar ehrgeizig bin und mitunter meine Arbeit wichtiger nehme als mein Privatleben.«

»Das kenne ich«, seufzte Maria. »Da sind wir uns wohl sehr ähnlich.«

Montesano hielt ihr sein Glas zum Anstoßen entgegen. »Aber heute arbeiten wir an unseren Schwächen und tun alles, um nicht an die Klinik zu denken.«

»Eine hervorragende Idee!«

»Cin cin!«

Die Gläser klirrten leise, und Maria nahm einen Schluck von dem süßlich schmeckenden Wein.

»Mögen Sie Lambrusco?«, fragte Montesano.

»Ich trinke ihn heute zum ersten Mal, aber ich finde ihn sehr gut.«

»Das freut mich, dann lassen Sie uns mit dem Essen beginnen.« Er riss Maria ein Stück Brot ab und reichte es ihr.

Maria genoss den Nachmittag in vollen Zügen. Noch nie hatten ihr einfaches Brot, Käse und Salami so gut geschmeckt. Sie lachten und erzählten einander Anekdoten aus ihrer Kindheit. Sie sprachen über ihr Studium und ihre Familien, nur ein Thema ließen sie aus: die Klinik. Erst als die Sonne schon tief stand und die meisten Besucher den Park längst verlassen hatten, packten sie die Reste wieder ein. Maria nahm ihre Blumen, und sie gingen langsam zurück zur Aussichtsplattform. Die Sonne glühte dunkelorange hinter der Kuppel des Petersdoms. Die Luft flimmerte immer noch über den rotbraunen Dächern der Stadt.

»Ich habe Rom noch nie verlassen«, sagte Maria beeindruckt. »Aber ich bin mir sicher, dass es keinen schöneren Ort auf der Welt gibt.«

Montesano stand nun ganz dicht neben ihr. Ihre Oberarme berührten sich auf unschickliche Weise, aber Maria genoss die Nähe. Am liebsten wäre es ihr gewesen, er hätte seinen Arm um ihre Schulter gelegt, was natürlich völlig undenkbar war.

»Schon bald werden Sie eine neue Stadt kennenlernen«, sagte Montesano. Seine Stimme war so samtig weich wie das Braun seiner Augen. »Ich bin gespannt, ob Sie danach immer noch dieser Meinung sind.«

»Ich bin schon sehr aufgeregt«, gestand Maria. »Es ist meine erste große Reise. Ich war noch nie im Ausland.«

»Ich habe nichts dagegen, wenn Sie sich in eine fremde Stadt verlieben«, sagte Montesano. »Aber ich würde es unerträglich finden, wenn Sie dort einen interessanten Mann kennenlernen.«

Maria rückte noch näher zu ihm. Sie hob ihren Kopf und drehte ihr Gesicht zu ihm. Nun war sie ihm so nahe, dass sie die hellgrünen Sprenkel im Dunkelbraun seiner Iris erkennen konnte. Eine sanfte Neugier lag in seinen Augen, als würde er um Erlaubnis für einen weiteren Schritt bitten. Dann beugte er sich zu ihr und berührte mit seinen Lippen die ihren. Maria wehrte sich nicht. Was sie eben taten, war absolut skandalös. Die Sittenpolizei könnte sie dafür ins Gefängnis stecken. Aber Maria wollte den Augenblick nicht missen. Der Kuss fühlte sich vollkommen richtig an.

Ein Mann hinter ihnen räusperte sich dezent, und Montesano löste seinen Mund von Marias Lippen. Sie kehrte in die Gegenwart zurück und schaute sich beschämt um. Außer dem jungen Mann hatte sie offenbar niemand beobachtet. Die Aufmerksamkeit der alten Dame neben ihnen galt ausschließlich der Stadt zu ihren Füßen.

»Es tut mir leid«, sagte Montesano heiser. »Ich musste dich einfach küssen.«

Maria erwiderte seine Entschuldigung mit einem sehnsuchtsvollen Blick.

»Wirst du an mich denken, wenn du in Berlin bist?« Er ergriff ihre Hand.

»An jedem Tag und zu jeder Stunde«, versprach Maria. Dann stellte sie sich auf die Zehenspitzen und küsste Giuseppe erneut. Diesmal wurde die alte Frau auf ihr unsittliches Tun aufmerksam.

»Hören Sie sofort damit auf!«, forderte sie empört. »Sonst rufe ich einen Poliziotto.«

Maria hielt weiterhin Giuseppes Hand, sie zog ihn zur Treppe, und gemeinsam liefen sie lachend zur Piazza del Popolo.

Berlin, September 1896

Der Schaffner öffnete die Tür zu ihrem Abteil und sagte etwas auf Deutsch, was Maria nicht verstand. Es fiel aber das Wort Berlin, weshalb sie annahm, dass sie nun bald ihr Ziel erreichen würden.

Seit zwei Tagen waren sie nun schon unterwegs. Am Mittwochmorgen waren sie in Rom mit dem Zug Richtung Norden aufgebrochen. Anfangs hatten die drei Frauen sich noch aufgeregt unterhalten, aber irgendwann waren alle müde geworden. Während Rina Faccio und Florence Piavelli vor sich hindösten, betrachtete Maria voller Neugier die vorbeiziehenden Dörfer, Bahnhöfe und Landschaften. An der Grenze zu Österreich-Ungarn war ein Zollbeamter durch den Zug gelaufen und hatte ihre Reisepässe kontrolliert. Es hatte schier eine Ewigkeit gedauert, bis er jedes Dokument mit einem Stempelabdruck eines Doppeladlers versehen hatte. Maria hatte die Zeit genutzt und aus dem Fenster geschaut, um am Horizont Berge zu entdecken, die so hoch waren, als würden sie in den Himmel reichen. Auf den Gipfeln lag weißer Schnee, und zwar offenbar das ganze Jahr über.

Am späten Nachmittag hatten sie endlich Triest erreicht und waren mit einer Kutsche direkt zur Piazza San Pietro gefahren, wo Rina Faccio drei Zimmer für sie reserviert hatte. Florence Piavelli fand, dass der offene Platz mit direktem Zugang zum Meer Ähnlichkeit mit San Marco in Venedig hatte. Maria konnte nichts dazu sagen, sie war noch nie in Venedig gewesen, doch sie fand diese Piazza beeindruckend. Die Gebäude, die den Platz umgaben, erinnerten sie an Gemälde, die sie von Wien gesehen hatte, aber die Palazzi hatten auch italienisches Flair und verliehen der Stadt eine ganz besondere Eleganz. Überall liefen Offiziere und Kadetten der K.-u.-k.-Armee herum. Sie trugen Uniformen in unterschiedlichen Farben mit teils prächtigen und fantasievollen Orden. Maria vernahm eine Menge verschiedener Sprachen: Deutsch, Italienisch, Slowenisch und Kroatisch.

Die Piazza, auf der sie ihr Abendessen einnahmen, war hell erleuchtet. Die Laternen wurden mit Elektrizität betrieben, ebenso wie die Straßenbahnen, die durch die Stadt fuhren und Fahrgäste von einem Teil in den anderen beförderten. Maria staunte über den Reichtum und den technischen Fortschritt Triests und wünschte sich, dass diese Errungenschaften bald auch in Rom für alle Menschen verfügbar sein würden. Im Eingangsbereich des Hotels standen zwei Büsten, von der die eine den österreichischen Kaiser zeigte und die andere seine Frau Elisabeth, die weit über die österreich-ungarische Grenze hinaus wegen ihrer Schönheit wie eine Heilige verehrt wurde. Als Maria spätabends auf ihr Zimmer kam, fiel sie augenblicklich ins Bett und schlief bis zum nächsten Morgen um fünf Uhr ohne Unterbrechung durch. Dann hieß es erneut zeitig aufstehen, denn es ging weiter mit dem nächsten Zug.

Nach Salzburg gab es erneut Grenzkontrollen. Diesmal waren es deutsche Beamte, die ihre Pässe sehen wollten. Trotz der beschwerlichen Reise genoss Maria jeden Moment ihres Abenteuers und konnte sich nicht sattsehen an den vorbeiziehenden Städten, an der sich stetig ändernden Landschaft und den Gebäuden, die überall anders aussahen. Insbesondere die Fachwerkhäuser erregten ihre Aufmerksamkeit, denn in Rom war diese Art des Bauens völlig unbekannt. Jedes Mal, wenn sie eine unbekannte Sprache hörte, versuchte sie diese zuzuordnen. Es verwirrte sie, dass sich das Deutsch, das in Triest gesprochen wurde, deutlich von dem des Zugschaffners unterschied.

»War das wirklich dieselbe Sprache, die der Kellner gestern Abend verwendet hat?«, erkundigte sie sich.

Rina Faccio nickte. Sie beherrschte nicht nur perfekt Englisch und ihre Muttersprache Italienisch, sondern sprach auch ganz passabel Deutsch. »Viele Österreicher ziehen die Vokale länger und sprechen die Konsonanten weicher aus, als es in Deutschland üblich ist«, erklärte sie. »Wir sollten uns übrigens fertig machen, in wenigen Augenblicken erreichen wir den Anhalter Bahnhof in Berlin.«

Sie stand auf und kontrollierte ihre Frisur im Spiegel, der unterhalb der Gepäcknetze angebracht war. Auch Maria erhob sich und streckte sich. Vom langen Sitzen schmerzten ihre Schultern und Beine. Dabei hatten sie die Zeit genutzt, waren zweimal im Speisewagen gewesen und hatten sich immer wieder die Beine vertreten. Maria blickte aus dem Fenster und sah dicht aneinandergebaute Häuser. Aus unzähligen Schornsteinen stieg Qualm auf. Nur hier und dort durchbrach das Grün von Bäumen oder Büschen das graue Häusermeer. Im Westen ging die Sonne hinter den Dächern unter. Der Zug fuhr langsamer, und mit einem lauten Pfeifen kündigte der Lokführer die Ankunft an. Zu gerne hätte Maria sich aus dem Fenster gelehnt, um die riesige Bahnhofshalle zu bewundern, aber sobald das Fenster geöffnet wurde, drang der beißende Rauch von verbrannter Kohle ins Wageninnere.

Mit einem immer leiser werdenden Rattern fuhr die Eisenbahn in die Halle ein. Sie hatten ihr Ziel erreicht. In hellen, verschnörkelten Buchstaben stand auf einem dunklen Schild: Berlin Anhalter Bahnhof.

»Komm, Maria!« Auf der langen Zugreise waren die drei Frauen zum Du übergegangen. Die kleine, zarte Rina hievte mit überraschend viel Kraft ihren eigenen und den Koffer von Maria aus der Gepäckablage.

»Wir werden gleich nach einem Kofferträger suchen«, meinte sie. Florence hatte bereits ihren Hut aufgesetzt und ihren Mantel angezogen. Nur Maria stand immer noch am Fenster und kam sich selbst wie ein staunendes Kind vor, das zum ersten Mal in seinem Leben einen Ausflug unternahm. Die Menschen, die draußen auf dem Bahnsteig umherliefen, wirkten alle gehetzt. In Berlin bewegten sich die Männer und Frauen deutlich flotter fort als in Rom oder Triest.

Schließlich löste sie sich von dem Anblick, schlüpfte in ihren Mantel und setzte ihren Hut auf. Dann nahm sie ihre Reisetasche und griff nach ihrem Koffer. Mühevoll schleppte sie ihn zum Ausstieg. Vielleicht hätte sie das zweite Paar Schuhe doch lieber zu Hause lassen sollen.

Am Bahngleis stand schon ein Gepäckträger bereit, der Maria hilfsbereit den Koffer abnahm und ihn zu den Taschen der beiden anderen auf einen Handkarren legte. Er sagte irgendetwas, das Maria nicht verstand. Rina antwortete ihm, und dann folgten ihm die drei Reisegefährtinnen in die Eingangshalle. Es war ein hoher Raum mit Säulen und einem Glasdach, das tagsüber für viel Licht sorgte. Jetzt übernahm ein gigantischer Kronleuchter diese Aufgabe, der von der Decke herabschwebte und in hellem Glanz funkelte. Es roch nach Kohle, aber auch nach Würstchen, Sauerkraut und frischem Brot. Marias Magen knurrte. Seit dem kleinen Imbiss im Speisewagen hatte sie nichts mehr gegessen. Aber weder Rina noch Florence schienen eine der duftenden goldbraun glänzenden Würste probieren zu wollen, denn sie strebten auf den riesigen Ausgang zu.

Über eine breite Treppe verließen sie das Bahnhofsgebäude, wo die nächste Überraschung auf Maria wartete. Auf dem großen Platz fuhr eine Art zweistöckige Pferdekutsche ein, auf der mindestens zwanzig Menschen Platz gefunden hatten. Dahinter kam bereits die nächste, die ähnlich viele Passagiere transportierte.

»Das sind Pferdebahnen«, sagte Rina. »Aber es gibt auch welche, die mit Elektrizität betrieben werden. Berlin ist eine sehr moderne Stadt. Es leben fast zwei Millionen Menschen hier.«

Die Zahl war beeindruckend. Wohin sie auch sah, überall wimmelte es von Menschen, und sie schienen es eilig zu haben, genau wie die Fahrgäste im Bahnhof. Niemand ging gemächlich, alle hasteten.

Florence bezahlte den Kofferträger und winkte nach einer Kutsche.

»Wir nehmen nicht die Pferdebahn?« Maria war enttäuscht. Zu gerne hätte sie auf dem Dach eines dieser großen Wagen gesessen, den Fahrtwind im Gesicht gespürt und hautnah die Stadt erlebt.

»Mit unserem Gepäck?«, fragte Rina. »Nein, danke.«

Schon ratterte eine geschlossene Kutsche auf sie zu. »Wir nehmen die da«, entschied Florence.

Kurz darauf saßen sie in dem Gefährt und fuhren Richtung Friedrichstraße, wo sich das *Hotel Victoria* befand, in dem sie übernachten würden. Die drei Frauen saßen schweigend in der Kutsche. Alle drei waren müde. Doch während Rina und Florence die Augen halb geschlossen hielten, richtete Maria ihre Aufmerksamkeit auf die Straße.

Alles hier schien moderner, lauter, schneller zu sein als in Rom. Ständig fuhren vollbesetzte Pferdebahnen an ihnen vorbei. Männer wie Frauen drängten sich auf der offenen Plattform und im Inneren des Wagens. Ganz am Rand der Straße entdeckte Maria Radfahrer. Von ihnen hatte sie bisher nur gelesen. Wie war es möglich, auf zwei Rädern das Gleichgewicht zu halten? Viele Berliner schienen mit der Fahrtechnik vertraut zu sein. Maria sah Frauen wie Männer, sogar ein Kind, nicht älter als zehn, die geschickt ihre filigran wirkenden Gefährte durch das Getümmel lenkten. Sie konnten sich auf den Straßen bewegen, weil es überall Beleuchtung gab. Jeder Winkel der Stadt wurde von elektrisch betriebenen Lampen erhellt.

Maria hatte den Eindruck, sie befände sich nicht nur in einem anderen Land, sondern auch in einer anderen Zeit. Gerade so, als wäre sie mit dem Zug in der technischen Zukunft gelandet. Keines der Gebäude, das die Straßen säumte, sah älter als hundert Jahre aus. Wo waren die mittelalterlichen Kirchen geblieben? Hatten die Deutschen diese Stadt in den letzten hundert Jahren errichtet und alles, was es davor gegeben hatte, einfach abgerissen?

Je weiter sie fuhren, umso mehr offene Fragen taten sich auf. Auf den Bürgersteigen standen Litfaßsäulen, deren bunte Plakate Veranstaltungen anzukündigen schienen. Es gab aber auch Reklame für Kosmetika, Kleidung und Haushaltsprodukte. Leider konnte Maria die Texte nicht verstehen, außerdem fuhr die Kutsche zu schnell daran vorbei. Vor einem vierstöckigen, hell erleuchteten Gebäude hielten die Pferde abrupt an.

»Oh, wir sind da«, rief Rina erfreut. Auch Florence erwachte wieder von ihrem Nickerchen und kletterte als Erste aus dem Wagen. Maria folgte ihnen. Jetzt erst fiel ihr auf, dass ein kalter Wind wehte. Es war deutlich kühler als in Rom. Zuvor am Bahnhof war ihr das nicht aufgefallen, aber jetzt fror sie. Rasch zog sie den Mantel enger um ihren Körper. Der Kutscher hievte ihr Gepäck vom Wagen und stellte alles auf den Gehsteig. Während Florence ihn bezahlte, kam ein junger Bursche in der Hoteluniform auf sie zu. Er trug eine dunkelgrüne Kappe mit goldener Borte auf dem Kopf und sprach Maria an, doch sie hob bloß entschuldigend die Schultern. Warum nur hatte sie es bisher versäumt, eine Fremdsprache zu erlernen?

Rina kam ihr zu Hilfe. Sie sagte etwas zu dem jungen Mann, und schon trug dieser zwei der Koffer ins Hotel. Er war schnell, und noch bevor die Kutsche wieder wegfuhr, hatte er auch das restliche Gepäck geholt.

»Lass uns hineingehen«, meinte Rina, hakte sich bei Maria unter und zog sie zum Eingang. Eine verglaste Doppelflügeltür führte ins Innere des Hotels.

»Gibt es hier auch ein Café?«, fragte Maria und zeigte auf eine weitere Flügeltür. Die Räume, die dahinter lagen, waren allerdings dunkel.

»Ja, es gehört zu den beliebtesten Adressen der Stadt«, sagte Rina. »Leider ist es schon geschlossen, was jammerschade ist, hier bekommt man die besten Kuchen und Torten Berlins. Außerdem brüht man einen erstklassigen Kaffee. Nicht ganz so gut, wie wir es aus Rom oder Triest gewöhnt sind, aber doch trinkbar.«

Im Speisewagen der Eisenbahn hatte Maria bereits einen Vorgeschmack auf deutschen Kaffee bekommen. Sie verzog den Mund bei der Erinnerung daran.

»Wer ist das?« Maria blieb vor einem hohen Gemälde stehen, das einen Mann in dunklem Frack zeigte. Eine Reihe von Orden und eine schwere goldene Kette zierten seine Brust. »Carl Ludwig Willdenow« stand auf einem Schildchen, das am Rahmen befestigt war.

»Ich glaube, das ist der ehemalige Besitzer des Hauses. Wenn ich mich richtig erinnere, war er der Direktor des Botanischen Gartens. Ich muss gestehen, dass ich den Garten noch nie besucht habe. Wenn ich in Berlin bin, gibt es immer andere spannende Dinge zu erleben als exotische Pflanzen.«

Nur zu gut konnte Maria Rina verstehen. In dieser pulsierenden Stadt war der Botanische Garten eine der letzten Adressen, die sie aufsuchen würde.

Über einen breiten roten Teppich schritten sie zur Rezeption. Dort erwartete sie ein Mann, der eine ähnliche Uniform trug wie der Gepäckjunge, doch er war deutlich älter und nicht ganz so freundlich. Ein kleines goldenes Schild auf der Brust wies ihn als Herrn Fritz aus.

»Sie müssen die drei Damen aus Rom sein«, sagte er. Zu Marias Überraschung sprach er sie in ihrer Muttersprache an.

»O ja«, entgegnete sie erfreut. »Und Sie sprechen Italienisch!«

Ihre Begeisterung schien ansteckend zu sein. Augenblicklich hellte sich auch das Gesicht von Herrn Fritz auf. »Leider nur ein kleines bisschen«, gab er zu.

»Aber es ist bei Weitem mehr, als ich in Ihrer Sprache verstehe«, sagte Maria. »Ich wünschte, ich könnte so viele Worte auf Deutsch sprechen.«

Der Mann war sichtlich geschmeichelt. »Vielen Dank für Ihre netten Worte«, sagte er, räusperte sich verlegen und fuhr sich durch seinen dichten Bart.

»Können Sie uns verraten, wo wir um diese Uhrzeit noch etwas Ordentliches zu essen bekommen? Ihr Café hat ja leider schon geschlossen.« Rina lehnte sich mit dem Ellbogen auf den Tresen, was Herr Fritz mit einem tadelnden Kopfschütteln quittierte.

»Entschuldigung!« Rina rappelte sich wieder auf. »Wir sind seit zwei Tagen unterwegs und unglaublich müde.« Sie gähnte und hielt sich dabei die behandschuhte Hand vor den Mund.

»Und hungrig«, ergänzte Maria schnell.

»Oh, das tut mir leid«, sagte Herr Fritz. Dann beugte er sich vertraulich nach vorn. »Etwas weiter stadtauswärts in der Friedrichstraße Nummer 66 befindet sich der *Schwarze Austernkeller*, dort bekommen Sie vierundzwanzig Stunden warmes Essen serviert.«

»Rund um die Uhr?«, fragte Maria beeindruckt. »Benötigen wir männliche Begleitung?«

Herr Fritz wirkte irritiert. »Wie bitte?«

»In Rom wäre es undenkbar, dass drei Frauen um diese Tageszeit ohne die Begleitung eines respektablen Herrn ein Lokal aufsuchen.«

Herr Fritz zuckte mit den Schultern. »Wir sind in Berlin«, meinte er entschuldigend. Aber weder Maria noch Rina erwarteten eine Entschuldigung. Beide fanden die Freiheiten, die Frauen in der deutschen Stadt genossen, großartig.

»Wie lange braucht ihr, um euch frisch zu machen?«, erkundigte sich Rina bei ihren beiden Mitreisenden.

Maria überlegte nicht lange. Ihr Magen knurrte. »Zehn Minuten.«

»Dann treffen wir uns in zehn Minuten wieder hier an der Rezeption«, bestimmte Rina.

»Ich habe ja noch nicht mal einen Zimmerschlüssel«, meinte Florence. Ihr ging alles eine Spur zu schnell.

»Die Zimmerschlüssel habe ich schon vorbereitet«, erklärte Herr Fritz und reichte ihnen drei schwere goldene Schlüssel über den Tresen, an deren Enden Schilder mit verschnörkelten Ziffern hingen. »Die Zimmer befinden sich alle in der ersten Etage und verfügen über fließendes Heißwasser.«

»Das klingt herrlich«, sagte Maria und seufzte zufrieden.

»Sie können die Anmeldeformulare später ausfüllen.« Herr Fritz grinste. »In hungrigem Zustand sollte man nur eines machen: essen.«

Der *Schwarze Austernkeller* war kein verruchtes Nachtlokal, sondern ein vornehmes Restaurant, das bis auf einige wenige Tische voll war. Offenbar waren Maria, Rina und Florence nicht die einzigen Menschen, die zu so später Stunde noch etwas Warmes essen wollten. Der Speisesaal wurde von mehreren Kronleuchtern erhellt, und an den Wänden hingen riesige Ölgemälde neben goldgerahmten Spiegeln, die den Saal noch größer wirken ließen. Die Gäste unterhielten sich in gedämpften Stimmlagen, Besteck klirrte leise gegen Geschirr, und im hinteren Teil des Saals, wo auch geraucht wurde, saß ein Pianist. Er trug einen Frack und spielte dezente klassische Musik. Eine der Melodien erkannte Maria, sie stammte von Vivaldi.

Die drei Frauen ergatterten einen Tisch in einer Fensternische, direkt neben einem ausladenden Gummibaum. Kaum hatten sie sich gesetzt, kam auch schon der Kellner mit drei in Leder gebundenen Speisekarten. Maria schlug sie auf, doch leider verstand sie kaum etwas, auch wenn die Speisenfolge sowohl auf Deutsch als auch auf Französisch abgedruckt war.

»Ich brauche eure Hilfe«, sagte sie zerknirscht.

Rina beugte sich hilfsbereit zu ihr. »Du hast die Wahl zwischen Geflügelsuppe oder Kraftbrühe mit jungem Gemüse. Danach gibt es Ostender Steinbutt mit Holländischer Sauce, getrüffelte Schweinsfüße mit Dauphinkartoffeln oder Rebhuhn mit Salat. Als Nachspeise werden Früchte, Käse oder Kompott empfohlen.«

Maria lief das Wasser im Mund zusammen. »Ich glaube, ich nehme das Rebhuhn«, sagte sie.

»Das will ich auch«, sagte Rina. Florence entschied sich für die Schweinsfüße. Als Vorspeise wählten alle drei die Kraftbrühe.

Kurz darauf brachte der Kellner eine Karaffe mit Wasser und eine weitere mit Weißwein aus dem Rheintal. Er schenkte die Gläser halb voll und eilte weiter zum nächsten Tisch.

»Bist du schon aufgeregt?«, wollte Rina wissen. »Du wirst morgen eine der Eröffnungsreden halten.«

Maria hob ihre Handtasche hoch, die sie zuvor neben sich auf dem Boden abgestellt hatte, und kramte darin. »Ich habe sie dabei. Wollt ihr sie hören?«

»Unbedingt«, meinte Florence. »Aber vorher muss ich dringend etwas essen. Solange mein Magen so laut knurrt, kann ich nicht ruhig zuhören.«

»Mir geht es genauso«, sagte Rina und nahm einen kräftigen Schluck vom Weißwein. »Dass du deine Rede über den ungleichen Lohn von Männern und Frauen erst am Montag halten wirst, weißt du, oder?«

»Natürlich«, sagte Maria. »Ich habe das Programm ganz genau studiert und bin schon sehr gespannt auf die anderen Rednerinnen. Es gibt so viele interessante Themen. Hoffentlich werden die Vorträge übersetzt.«

»Leider nicht in alle Sprachen. Es werden über fünfhundert Teilnehmerinnen aus aller Herren Länder erwartet«, sagte Rina. »Es wäre zu aufwendig, in alle Sprachen zu übersetzen. Aber die meisten Vorträge werden ins Englische und ins Französische übertragen werden.«

Das war nicht die Antwort, die Maria sich erhofft hatte. »Einen Vortrag will ich unbedingt hören.«

»Welchen denn?«

»Den von Frau Dr. Goldschmidt. Sie spricht ebenfalls am Montag über die internationale Bedeutung Friedrich Fröbels für die Familien- und Volkserziehung.«

»Wer ist Friedrich Fröbel?«, wollte Rina wissen.

»Ein Pädagoge und Schüler von Pestalozzi. Ich bin nur durch Zufall über seinen Namen gestolpert, als ich mir die

Schriften von Séguin ausgeliehen habe. Und als ich den Namen jetzt wieder gelesen habe, dachte ich mir, das ist ein Wink des Schicksals. Es soll wohl so sein, dass ich mehr über den Mann erfahre.«

Der Kellner unterbrach Marias Redefluss und brachte die Suppen. Als die dampfenden Tassen vor ihnen standen, waren alle Reden vergessen. Hungrig machten sie sich über die Vorspeise her, die köstlich schmeckte. Auch während des Hauptgangs redeten sie nicht über den Kongress, sondern lobten das zarte Fleisch und die raffinierte Würze. Maria war von ihrem Rebhuhn so begeistert, dass sie den Rest der dunklen Sauce mit einem Stück frischem Weißbrot aufwischte und verspeiste. Sie leerten die ganze Karaffe Wein und wehrten sich nicht, als der Kellner ihnen eine zweite offerierte.

Die Nachspeise ließen sie aus; während sie sich an das dritte Glas Wein machten, holte Maria ihre Unterlagen aus der Handtasche und las ein Stück ihrer Rede vor. Obwohl sie eine begnadete Redenerin war, fielen Rina und Florence die Augen zu. Der Tag war einfach schon zu lang gewesen, und das Essen und der Wein hatten ein Übriges getan.

»Besser, wir zahlen und gehen zurück ins Hotel«, schlug Maria vor. Auch sie war müde. »Ihr hört die Rede morgen ohnehin.«

»Bitte entschuldige«, meinte Florence. »Es ist wirklich nicht so, dass mich nicht dafür interessieren würde, was du zu sagen hast. Aber ich bin einfach so müde, dass ich auf der Stelle einschlafen könnte.«

»Mir geht es genauso«, pflichtete Rina ihr bei. »Wenn ich nicht aufpasse, knallt mein Kopf mitten auf den Tisch, peng!«

Sie winkte dem Kellner und bat um die Rechnung. Er erklärte ihnen, dass sich der Kassierer neben der Garderobe befand.

»Ich übernehme die Rechnung«, verkündete Florence. Maria wollte widersprechen, aber Florence winkte ab. »Ich bestehe darauf.«

Wenig später nahmen alle drei ihre Mäntel von einer jungen Garderobiere entgegen. Als sie auf die Straße traten, herrschte immer noch geschäftiges Treiben. Es fuhren nicht mehr so häufig Pferdebahnen vorbei, aber es waren immer noch so viele Menschen unterwegs wie in Rom zur Mittagszeit. Maria fragte sich, ob die Deutschen niemals schlafen gingen. Sie selbst konnte es nicht erwarten, ins Bett zu kommen.

Als sie sich eine halbe Stunde später unter eine herrlich leichte Daunendecke verkroch, die nach Lavendelwasser und Veilchen duftete, fragte sie sich, ob sie ihre Unterlagen wieder in ihre Handtasche geschoben hatte oder ob sie immer noch auf dem Tisch im *Schwarzen Austernkeller* lagen. Maria war zu müde, um noch einmal aufzustehen und nachzusehen. Sie schloss die Augen und schlief auf der Stelle ein.

Lautes Klopfen gegen die Hotelzimmertür riss Maria aus dem Schlaf. Sie rappelte sich auf und brauchte einen Moment, bis sie sich wieder daran erinnerte, wo sie war. Die dunkelgrünen Samtvorhänge vor dem weiß gestrichenen Fensterrahmen gehörten zu ihrem hübschen, modernen Zimmer im Hotel Victoria. Maria war in Berlin. Wieder hämmerte es.

»Maria, mach auf! Es ist kurz vor neun. Wir müssen gehen.«

Kurz vor neun. Augenblicklich war Maria hellwach. Um

elf musste sie bereits hinter dem Rednerpult stehen und sprechen. Ach, du meine Güte, sie hatte verschlafen. Schuld war der viele Weißwein gewesen und das köstliche, aber etwas zu schwere Abendessen. Hektisch schlug sie die Decke zurück und sprang aus dem Bett. Ihre Füße landeten auf einem flauschigen weinroten Teppich. Zu jeder anderen Gelegenheit hätte sie jetzt dieses kuschelig weiche Gefühl genossen und die Zehen darin vergraben. Aber dafür war jetzt keine Zeit. Sie musste sich beeilen.

»Maria, hörst du mich?«, rief Rina von draußen.

Schnell lief Maria zur Tür und öffnete.

»Du bist ja noch im Nachthemd«, stieß Rina entsetzt hervor. Sie selbst war bereits perfekt frisiert, dezent geschminkt und trug ein hübsches helles Kleid, in dem sie eine beneidenswert schmale Taille hatte. Wie immer schmückte eine Art Krawatte ihren Hals. »Maria, du musst dich anziehen. In zehn Minuten kommt eine Droschke. Wir müssen ins Rathaus, wo die Vorträge stattfinden. Vorher müssen wir uns noch in die Teilnehmerlisten eintragen, und wir haben auch die Veranstalterinnen noch nicht begrüßt …«

Maria hatte keine Zeit, Rina zuzuhören. »Ich beeile mich«, versprach sie und knallte die Tür hinter sich zu. So schnell sie konnte, schlüpfte sie aus dem Nachthemd und warf es achtlos aufs Bett. Aus ihrem Koffer holte sie ihr neues dunkelblaues Kleid. Warum nur hatte sie es gestern nicht aufgehängt? Jetzt hatte es unschöne Knitterfalten. Am liebsten hätte Maria laut geschrien über ihre eigene Nachlässigkeit. Und wo lag ihr Korsett? Sie hatte es vor dem Schlafengehen doch auf den bequemen Lehnstuhl gelegt, aber da war es nicht. Maria drehte sich einmal im Kreis. Dabei entdeckte sie das Korsett auf dem Hocker neben dem Waschbecken. Ihr Kopf brummte. Nie wieder würde sie drei Gläser Wein trinken. Das war einfach zu viel.

Rasch legte sie das Korsett an und schnürte es. Vom Essen war der Bauch aufgeblähter als sonst. Sie hielt die Luft an und zog die Schnüre fester. Erst als sie die Bänder verknotet hatte, atmete sie weiter. Möglichst flach, damit sie ihr Korsett nicht sprengte. Vorsichtig stieg sie in ihr Kleid und schloss die vielen kleinen Knöpfe, die sich seitlich unter der rechten Achsel befanden und bis zur Taille verliefen.

Dann wusch sie ihr Gesicht. Das Wasser, das aus dem goldenen Messinghahn sprudelte, war sofort warm. Maria spritzte es sich ins Gesicht und trocknete sich mit einem herrlich weichen Handtuch ab. Auch diesen Luxus konnte sie nicht gebührend auskosten. Mit zwei großen Schritten ging sie zur Frisierkommode. Sie hatte keine Zeit für eine aufwendige Frisur. Wichtig war nur, die Locken so weit zu bändigen, dass sie ihr nicht wirr in die Stirn hingen. Maria entschied sich für die silberne Haarspange mit dem Schmetterling, die sie bei ihrer Abschlussrede getragen hatte. Die Spange war hübsch und gab etwas her. Sie steckte sie hinter ihr rechtes Ohr. Aus ihrer Reisetasche holte sie ihr Necessaire. Irgendwo musste doch ihr Parfum sein. Fieberhaft durchwühlte sie das Täschchen. Als sie es nicht fand, leerte sie kurzerhand den gesamten Inhalt aufs Bett. Eine Nagelschere, eine Feile, die teure Rosenseife, ein Kamm, ein Puderpinsel und die Puderdose kamen zum Vorschein – und der Parfumflakon. Maria nahm reichlich von dem Duft, und der Geruch frischer Sommerblumen breitete sich im Zimmer aus. Jetzt nur noch die Schuhe. Sie schlüpfte hinein und schnürte sie zu, dann schlang sie den hellblauen Seidenschal um die Schultern, den sie extra für die Eröffnungsrede gekauft hatte.

»Maria!« Wieder hämmerte Rina gegen die Tür.

Schwungvoll riss Maria sie auf. »Ich bin fertig«, erklärte sie.

»Wie hast du das geschafft?«, wollte Rina wissen. »Du warst doch eben noch im Nachthemd.«

»Ich bin eben effizient.« Maria verschwieg, dass ihr Zimmer jetzt aussah wie Kraut und Rüben. Sie hoffte inständig, dass sich das arme Stubenmädchen nicht zu sehr über sie ärgern würde. Aber sie hatte wirklich keine Zeit mehr aufzuräumen.

»Jetzt brauche ich nur noch meinen Mantel«, sagte Maria.

Er hing auf dem Garderobenhaken neben der Tür. Maria schlüpfte hinein und griff sich ihre Handtasche.

»Wir können gehen.«

Sie war so aufgeregt, dass sie nicht bemerkte, dass die Tasche eine winzige Spur zu leicht war.

Kurz darauf saß sie zwischen Rina und Florence eingeklemmt in einer Kutsche. Um nicht zu spät zu kommen, baten sie den Kutscher, die Pferde anzutreiben. Sie rasten in Richtung Rathaus, wo der Kongress stattfinden würde. Nach der Begrüßung sollten Delegierte aus Deutschland, Amerika, Armenien, Dänemark, England, Frankreich, Finnland, den Niederlanden, Italien, Österreich, Persien, Portugal, Spanien und Schweden sprechen.

Trotz der Bemühungen des Kutschers kamen sie nur zögerlich voran, denn der Fahrer musste immer wieder einer Pferdebahn ausweichen oder ganz anhalten, damit Passanten die Straße queren konnten. Das Verkehrsaufkommen war enorm. Noch nie hatte Maria so viele Menschen auf einmal auf einer Straße gesehen. Um kurz vor halb zehn hielt die Kutsche vor dem Rathaus an. Der riesige rote Ziegelbau war erst vor wenigen Jahrzehnten fertiggestellt worden und sah gerade im Gegensatz zu vielen römischen Gebäuden wie neu aus. Die drei kletterten aus dem Wagen, Rina und Florence marschierten auf den Eingang zu, und Maria lief ihnen hinterher. Über eine Treppe gelangten sie zu zwei riesigen Holztüren. Rechts und links davon kündigten Plakate den Kongress an. Maria las ihren eigenen Namen, er stand ganz oben auf der Liste.

»Komm, Maria!« Rina drängte sie weiter und schob sie zur Tür. Im Inneren des Gebäudes tummelten sich bereits die Gäste. Vor der Garderobe hatte sich eine ganze Menschentraube versammelt. Maria vernahm unterschiedlichste Sprachen, von denen sie einige noch nie zuvor gehört hatte. Ob das Norwegisch, Finnisch oder gar Isländisch war? Frauen in uniformähnlichen Kleidern liefen paarweise herum. Die eine von ihnen trug eine Mappe und die andere einen Korb mit Anstecknadeln. Sie waren auf der Suche nach neuen Besuchern, um sie willkommen zu heißen, und auch auf Maria, Rina und Florence kamen zwei Damen zu. Die jüngere der beiden begrüßte sie zuerst auf Deutsch und dann zu Marias großer Freude auch auf Italienisch.

Leider konnte sie außer der Begrüßung keine weiteren Kenntnisse in Marias Muttersprache vorweisen. Daher wandte sie sich an Rina, mit der sie sich dann auf Deutsch unterhielt. Maria verstand ihren eigenen Namen und den einer der Organisatorinnen, Henriette Goldschmidt. Vielleicht wollte die Deutsche sie kennenlernen, bevor Maria ihre Rede hielt. In ihrer Mappe suchte die Frau in Uniform nach Marias Namen und machte einen Haken daneben. Die andere junge Frau überreichte Maria eine Anstecknadel mit roter Papierscheibe, auf die sie zuvor mit Schönschrift Marias Namen geschrieben hatte. Florence und Rina erhielten grüne Anstecknadeln, die beiden jungen Frauen trugen blaue. Offenbar wurden so die Rednerinnen, Besucher und Mitarbeiterinnen unterschieden.

Die junge Frau mit der Mappe, auf deren Schildchen »Charlotte Knopf« stand, redete erneut mit Rina. Sie sprach schnell, und Maria war sich nicht sicher, ob Rina auch alles verstand, aber sie nickte eifrig, und als Fräulein Knopf sich mit ihrer Kollegin entfernte, drehte Rina sich zu Maria um. »Frau Dr. Goldschmidt will uns kennenlernen, sie erwartet uns bereits im großen Festsaal.«

Um ihre langsam steigende Nervosität zu beruhigen, drückte Maria ihre Handtasche gegen ihre Brust, als könnte sie sich daran festhalten. Doch das weiche Leder ließ sie erschrocken zusammenfahren. Die Tasche war viel zu dünn. Hastig öffnete sie die Bänder, die sie zusammenhielten, und schaute ins Innere. Für einen Moment blieb ihr Herz stehen. Ihr wurde übel. Bis auf ein Taschentuch, ihr Portemonnaie und eine Dose Anisdrops war die Tasche leer. Sie hatte ihre Rede gestern Abend im Restaurant liegen lassen.

»Maria, ist dir nicht gut?«, fragte Florence besorgt. »Du bist so blass um die Nase.«

Maria schüttelte den Kopf. Sie wollte nicht zugeben, dass sie ihre Unterlagen nicht dabeihatte. »Mir ist nur ein bisschen flau im Magen, weil ich kein Frühstück hatte«, log sie.

»Sicherlich können wir hier irgendwo eine Tasse Kaffee oder Tee für dich auftreiben«, beruhigte sie Florence.

»Nicht nötig«, meinte Maria und quälte sich ein Lächeln ab. Wie in Trance folgte sie den beiden Frauen. Sie würde sich blamieren. Morgen würden alle Zeitungen Deutschlands und kurz darauf auch alle in Italien davon berichten, wie die junge italienische Ärztin sich vor fünfhundert Kongressteilnehmern zum Narren gemacht hatte. Sie wünschte, der Boden unter ihr würde sich auftun, sie verschlucken und erst wieder freigeben, wenn dieser Albtraum vorüber war. Aber der dunkle Parkettboden hatte kein Erbarmen, und so lief Maria hinter den beiden anderen in den Festsaal. Hier hatte man goldene Stühle mit roten Sitzpolstern in mehreren engen Reihen aufgestellt, auf einigen hatten bereits die ersten Zuhörer Platz genommen. Rechts und links der riesigen Fenster waren schwere Vorhänge angebracht, die mit üppigen goldenen Kordeln zusammengebunden und im selben Rotton gehalten waren wie die Sitzpolster. An den Wänden hingen lebensgroße Gemälde wichtiger Politiker sowie Darstellungen hochrangiger Militärs. Die Offiziere und Leutnants hatten alle seltsam anmutende Helme auf dem Kopf, aus deren Mitte eine Spitze ragte.

Für gewöhnlich fand Maria die Helme der Preußen, die sie an Pilze erinnerten, so lustig, dass sie schmunzeln musste, doch heute war ihr nicht danach. Im Moment hätte nur der Kellner aus dem *Schwarzen Austernkeller* ihre Stimmung heben können. Was gäbe sie dafür, wenn er mit ihrer Rede den Saal betreten und sie ihr überreichen würde? Aber wie sollte er ahnen, dass die Rede für den Frauenkongress geschrieben war? Noch dazu in italienischer Sprache. Maria verwarf den winzigen Hoffnungsschimmer wieder.

Am vorderen Ende des Saals befand sich eine Art Bühne

mit einem Rednerpult. Neben dem Pult plauderte eine kleine Gruppe von Frauen. Eine davon fiel Maria sofort auf. Sie war korpulent, hatte völlig ergrautes Haar und mochte um die siebzig Jahre alt sein. Ihr Gesicht war von Falten überzogen, aber sie strahlte eine Vitalität und Entschlossenheit aus, mit der sie die anderen in ihren Bann zog.

»Das ist Frau Dr. Goldschmidt«, flüsterte Rina ihr hinter vorgehaltender Hand zu. »Sie wird den Vortrag halten, für den du dich interessierst. Frau Dr. Goldschmidt ist im Vorstand des ADF, des Allgemeinen Deutschen Frauenvereins.«

Noch bevor sie beim Pult angekommen waren, hatte Henriette Goldschmidt sie entdeckt. Mit für ihr Alter erstaunlich schnellen Schritten kam sie auf Maria zu.

»Sie müssen die Dottoressa aus Italien sein«, sagte sie und reichte Maria freundlich die Hand. »Wir haben schon so viel Gutes von Ihnen gehört und freuen uns auf Ihre Eröffnungsrede. Sie werden gleich als Erste sprechen und uns alle in die richtige Stimmung versetzen.«

Sie sprach Italienisch mit französischem Akzent, und Maria konnte sie gut verstehen, die Vorstellung jedoch, die erste Rednerin des Tages zu sein, ließ ihre Knie weich werden. Sie musste jetzt ganz dringend an etwas anderes denken.

»Vielen Dank für die Vorschusslorbeeren«, sagte sie und ergriff die Hand der alten Dame. Sie versuchte sich ihre Nervosität nicht anmerken zu lassen. »Ich freue mich schon sehr auf Ihren Vortrag, Frau Dr. Goldschmidt.«

»Interessieren Sie sich denn für das Kindergartenwesen?«

»Ich muss gestehen, dass ich bis jetzt nur wenig davon weiß. Soweit mir bekannt ist, gibt es derzeit noch gar keine Bildungseinrichtungen für Kinder vor dem Schulalter. Ich arbeite im Moment mit schwachsinnigen Kindern in der Psychiatrischen Klinik in Rom.«

»Das klingt höchst interessant.«

»Ja, das ist es auch«, sagte Maria. »Ich studiere die Schriften von Séguin und Itard und versuche, die Sinne der Kinder zu schulen. Die Kleinen machen seither große Fortschritte.«

Schon hatte sie ein Thema gefunden, das sie von ihrem Vortrag ablenkte.

»Das überrascht mich nicht«, entgegnete Henriette Goldschmidt. »Sie müssen unbedingt die Spielgaben von Fröbel kennenlernen.«

»Welche Spielgaben?«

»Der große deutsche Pädagoge Friedrich Wilhelm August Fröbel, ein Schüler von Pestalozzi, hat sich für die frühkindliche Erziehung eingesetzt und Material entwickelt, mit dem die Kinder schon von klein auf gefördert werden können. Er nannte dieses Material Spielgaben.«

Marias Interesse war geweckt und ihre Nervosität deutlich kleiner. Fröbel war der Pädagoge, über den sie mehr erfahren wollte.

»Besteht denn die Möglichkeit, eine dieser Einrichtungen zu besuchen, wo die Kinder unterrichtet werden? Wie war noch die Bezeichnung für diese Orte?«

»Wir nennen sie Kindergarten«, sagte Goldschmidt. »Es ist ein Ort, an dem Kinder wachsen sollen, wie Pflanzen. Ohne unnötige Strenge und krank machende Disziplin sollen sie sich in ihrem Tempo entfalten können. Leider haben Herrn Fröbels Ideen nicht den Vorstellungen preußischer Erziehungsideale entsprochen. Seine Einrichtungen wurden geschlossen und verboten. Im Moment sind wir dabei, sein Werk langsam wieder aufzubauen.«

»Das klingt nach einer großen Aufgabe«, sagte Maria beeindruckt.

»Sie ist vor allem mühsam.« Henriette Goldschmidt lächelte. »Aber manche Kämpfe muss man wiederholt ausfechten, um ans Ziel zu gelangen. Denken Sie an unseren zähen Kampf für die Gleichstellung der Frau. Es wird wohl noch Jahre dauern, bis man begreift, dass Frauen nicht auf eine passive und instinktive Rolle reduziert werden dürfen, sondern dass sie ebenfalls am geistigen und wissenschaftlichen Leben teilhaben wollen.« Ihr Lächeln wurde noch intensiver. »Sie sind das lebende Beispiel dafür.«

Maria war fasziniert von der Frau, die trotz ihres fortgeschrittenen Alters voller Leidenschaft ihre Ideale vertrat. Insgeheim wünschte sie sich, dass sie eines Tages, wenn sie selbst eine alte Frau wäre, ebenso für ein Anliegen brennen werde wie Frau Dr. Goldschmidt.

In dem Moment kam ein Reporter zu ihnen. Auf seinem Anstecker stand der Name einer deutschen Zeitung, *Berliner Börsenblatt*. Er richtete eine Frage an Frau Goldschmidt, sah dabei aber neugierig zu Maria und machte sich Notizen auf seinem Block. Die alte Frau antwortete auf Deutsch, dann wandte sie sich an Maria.

»Wir werden unser Gespräch später weiterführen«, versprach sie und griff nach einer kleinen, eleganten Uhr, die an einer Kette um ihren Hals hing. »Oh, es ist schon so spät?«

Auch den Reporter musste sie auf später vertrösten. Maria sah sich um, der Saal hatte sich beinahe vollständig gefüllt.

Eine der jungen Damen, die neben Henriette Goldschmidt gestanden hatten, winkte Maria, Rina und Florence in die vorderste Reihe. Sie stellte sich als Klara Grünbaum vor und erklärte Maria, dass sie ihre Rede simultan ins Deutsche übersetzen werde.

»Ich dachte…« Maria schaute zu Florence, doch die zuckte entschuldigend mit den Schultern.

»Ich habe es auch eben erst erfahren«, erklärte Florence, doch sie wirkte beinahe erleichtert, denn statt auf der Bühne zu stehen, konnte sie nun entspannt im Zuschauerbereich bleiben.

»Sie müssen bitte direkt vor dem Podium Platz nehmen, damit Sie schnell beim Rednerpult sind«, fuhr Fräulein Grünbaum fort. » Ich werde bei Ihnen bleiben, und wir betreten gemeinsam die Bühne, sobald Frau Morgenstern Sie angekündigt hat.«

Maria nickte. Dann ging alles ganz schnell. Eine Glocke ertönte, worauf die Geräusche im Saal lauter wurden und an einen Bienenstock erinnerten. Kleider raschelten, Stühle wurden gerückt, immer mehr Menschen drängten in den Saal. Maria nahm vor dem Podium Platz. Zu ihrer Linken saß Fräulein Grünbaum, rechts neben ihr der Reporter vom Börsenblatt. Er musterte sie mit unverhohlener Neugier. Maria fragte sich, was er wohl auf seinen Notizblock kritzelte. Die Glocke schrillte ein zweites Mal, diesmal deutlich länger. Die Geräusche nahmen an Intensität zu, und die Luft im Raum wurde stickiger. Teures Parfum mischte sich mit dem Geruch von Schweiß und Schminke. Schließlich ertönte die Glocke ein drittes und letztes Mal. Eine Frau im Alter von Henriette Goldschmidt betrat die Bühne und stellte sich vors Rednerpult. Mit ihren schmalen Lippen und der kleinen runden Brille machte sie einen strengen Eindruck.

»Das ist Lina Morgenstern«, raunte der Reporter Maria ins Ohr. »Der will ich nachts nicht allein begegnen.« Maria war über seine ungehobelten Worte dermaßen entsetzt, dass ihr nicht sofort auffiel, dass er sie eben auf Italienisch angesprochen hatte.

Erst als es so leise im Saal war, dass man eine Nadel auf den Boden hätte fallen hören, erhob Frau Morgenstern ihre Stimme. Sie war schneidend scharf, und ihre Worte klangen wie das Trommelfeuer einer Armee. Maria zuckte unmerklich zusammen. Eine der jungen Frauen in den uniformähnlichen Kleidern ging von einer Stuhlreihe zur nächsten und verteilte Papierstöße, von denen sich jeder Zuhörer ein Blatt nehmen konnte. Als die Zettel zu Maria kamen, erkannte sie, dass es sich um eine Übersetzung der Begrüßungsrede handelte. Lina Morgensterns Worte waren in gekürzter Version in drei Sprachen abgedruckt: Englisch, Französisch und Italienisch.

Maria überflog den italienischen Text. Es war ein kämpferisches Plädoyer für die Rechte der Frauen. Maria hätte andere Worte gewählt. Jeden Satz, den sie las, formte sie in ihren Gedanken um. Sie warf einen Blick auf den Reporter neben ihr und erkannte die Missbilligung in seinem Gesicht. Alles, was Frau Morgenstern forderte, war richtig, aber die Art und Weise, wie sie es tat, stieß beim anderen Geschlecht auf Widerstand. Die Rede war eine Kampfansage, die in ihrer Kompromisslosigkeit unweigerlich zum Konflikt führen musste.

Die Rede war lang, und einige Zuhörer gähnten bereits.

Maria spürte, wie die Ungeduld in ihr wuchs. Das Thema war von großer Wichtigkeit, und es tat ihr in der Seele weh, dass es Frau Morgenstern nicht gelang, den Funken aufs Publikum überspringen zu lassen. Die Frauenbewegung steckte noch in den Kinderschuhen, sie brauchte Unterstützer, keine Gegner. Unruhig rutschte Maria auf ihrem Stuhl hin und her. Sie hatte zwar keine Unterlagen dabei, aber sie würde mit Sicherheit flüssiger reden. Ihre Aufzeichnungen kamen ihr wieder in den Sinn. Alles, was sie sagen wollte, würde versöhnlicher klingen.

Endlich war Lina Morgenstern fertig und bat Maria auf die Bühne. Es folgte ein Applaus, und Maria erhob sich. Sie war nervös, aber auch freudig erregt.

»Haben Sie denn keine Unterlagen, von denen Sie ablesen?«, fragte der Reporter neben ihr.

»Mein Anliegen ist von so großer Wichtigkeit und Bedeutung, dass ich die Worte in mir trage«, sagte Maria lächelnd. Langsam schritt sie zum Rednerpult. Fräulein Grünbaum folgte ihr und stellte sich neben sie. Immer noch wurde geklatscht. Maria hörte wohlwollende Bemerkungen über ihr Äußeres. Ihr Kleid wurde gelobt, aber auch ihre anmutige Figur. Maria genoss die Aufmerksamkeit. Sie fühlte sich wie die Prinzessin in den Geschichten des Märchenerzählers oder wie die große Schauspielerin, die Duse, die sie als Kind so verehrt hatte. Als der Applaus leiser wurde, blickte sie in den Saal. Alle Stühle waren besetzt, weitere Zuhörer standen an der Wand. Das gesamte Augenmerk war auf sie gerichtet.

Maria sah in die erwartungsvollen Gesichter und wusste, dass sie diese Menschen überzeugen würde. In ihrer Eröffnungsrede würde sie ihnen von der Gründung des italienischen Frauenvereins berichten und davon, wie diese zarte kleine Pflanze langsam wuchs. Sie spürte, dass sie genau die Worte finden würde, die die Menschen hören wollten. Sie hatte sich sorgfältig auf diese Rede vorbereitet, sie brauchte keine Unterlagen.

»Meine Damen, sowie die Frauenfrage zwischen den Trümmern der römischen Denkmäler, den aufgehäuften katholischen Vorurteilen einen Spalt gefunden hatte, drängte sie, ein freundlicher moderner Lichtstrahl, sich hindurch und führte zur Gründung eines Vereins, der *Associazione femminile di Roma* …«

»Maria, du warst großartig. Sieh nur, was die Zeitungen schreiben. Sie überschlagen sich förmlich mit ihrem Lob.« Neben Rina lag ein ganzer Stapel frisch gedruckter Blätter auf dem Frühstückstisch. Sie saßen im lichtdurchfluteten Speisesaal des Hotels, und durch die großen Fenster fiel weiches Herbstlicht auf die strahlend weißen Tischtücher der üppig beladenen Frühstückstische.

»Den größten Erfolg erzielte bei der gestrigen Eröffnung des Kongresses eine jugendliche Italienerin, Fräulein Dr. Maria Montessori. Sie wirkte wahrlich nicht durch neue, tiefe Gedanken oder eine logische Beweisführung, sondern lediglich durch ihre wahrhaft betörende Persönlichkeit … Ihre blendend weißen Arme von künstlerischer Rundung, ihre klangvolle Stimme, ihre sprühenden Augen und ach, ihr rabenschwarzes Haar hatten es selbst dem weiblichen Auditorium angetan. Sie hatte ihre Beifallsstürme, noch bevor sie den blühenden Rosenmund öffnete …« Rina legte die Zeitung weg, biss von ihrem Butterbrötchen ab und nahm das nächste Blatt. Auch hier waren ähnliche Worte zu lesen.

»Du bist die neue Berühmtheit Europas. Die Menschen lieben dich«, sagte sie begeistert. Sie sah heute Morgen etwas mitgenommen aus. Offenbar waren sie und Florence gestern Abend noch länger in der Bar des Hotels geblieben und hatten mit Herrn Fritz auf Marias Erfolg angestoßen. Maria hingegen war zeitig schlafen gegangen. Der Abend im *Schwarzen Austernkeller* war ihr eine Lehre gewesen.

»Bei meiner heutigen Rede will ich nicht nur wegen meines Äußeren gelobt werden, sondern vor allem wegen meiner klugen Worte«, sagte Maria ernst. Sie fühlte sich dennoch geschmeichelt.

»Hast du sie diesmal aufgeschrieben?«, neckte Florence. Sie trank bereits die dritte Tasse Schwarztee mit Milch. Die kräftige Friesenmischung hatte es ihr angetan.

»Ich hatte für gestern doch auch Unterlagen«, erinnerte Maria. »Sie waren bloß nicht im Rathaus.«

Als sie gestern spätabends vom Kongress zurückgekehrt waren, hatte Herr Fritz an der Rezeption bereits auf sie gewartet. Ein Mitarbeiter vom *Schwarzen Austernkeller* hatte mittlerweile Marias Unterlagen für die Eröffnungsrede vorbeigebracht. Offenbar hatten Florence oder Rina erwähnt, dass sie im *Hotel Victoria* logierten, und er hatte eins und eins zusammengezählt. Die drei Frauen hatten so laut und ausgelassen gelacht, dass die Besucher der Hotelbar ihnen verständnislose Blicke zugeworfen hatten. Danach waren Florence und Rina dort hängen geblieben.

»Dann wirst du deine Rede heute ablesen?«, wollte Rina wissen.

»Nein!«, sagte Maria entschieden. Sie hatte erlebt, wie ihre spontan gesprochenen Worte auf das Publikum gewirkt hatten. Sie war die einzige Delegierte gewesen, die nicht vom Blatt gelesen hatte. Über ihren Erfolg konnte man heute in den Zeitungen lesen. Die Menschen hatten ihre Authentizität geschätzt, und genau so sollte es auch heute sein. Ein kleiner Versprecher tat der Qualität eines Vortrags keinen Abbruch, ganz im Gegenteil, er machte ihn nur lebendiger. Maria wollte nie wieder mit Unterlagen in der Hand hinter einem Rednerpult stehen. Sie konnte Zuhörer auch so mitreißen, diese Gewissheit hatte sie nun.

»Weißt du denn schon, wie du deine Rede beginnen wirst?« Rina bestrich ein weiteres Brötchen mit Marmelade und biss in das knusprige Gebäck.

»Wollt ihr einen Vorgeschmack?«

Beide nickten einstimmig.

»Meine Damen«, begann Maria ernst. Rina kicherte, doch Maria ließ sich davon nicht beirren. »Ich spreche heute zu Ihnen im Namen der besitzenden Frauen Italiens, welche mich gebeten haben, diesem Kongress von einer Ungerechtigkeit zu berichten, welche man gegen sie als Besitzende begeht.«

»Ich dachte, du redest über die ungleichen Löhne von Männern und Frauen«, wandte Florence ein.

»Das werde ich auch«, sagte Maria. »Aber zuvor muss ich das Interesse der wohlhabenden Damen im Saal wecken. Hast du die Kleider der Zuhörerinnen gesehen? Sie alle verfügen über ausreichend Geld, um sich dreimal am Tag umzuziehen. Die Unterprivilegierten interessieren sie bloß, wenn nicht zu lange über sie geredet wird.«

»Hm.« Florence füllte erneut ihre Teetasse, und Maria fuhr fort: »In Italien und besonders in jenen Provinzen, die früher zu Österreich gehörten, hatten die Frauen vor der Einigung des Landes das Recht, ihr eingebrachtes Vermögen selbst zu verwalten. Heute, nach der Einigung, ist ihnen dieses Recht genommen worden, selbst für den Fall, dass die Frau rechtlich von ihrem Manne getrennt lebt. Dies ist die schlimmste Sklaverei für die besitzende Frau …«

Maria warf einen Blick auf ihren Frühstücksteller. Sollte sie noch eines von den braun gebackenen Hörnchen essen?

»Aber du hast noch immer nichts über die ungerechte Bezahlung von Arbeiterinnen gesagt.«

»Hab doch ein bisschen Geduld«, bat Maria. »Erst nach diesem Exkurs werde ich über die Pflichten reden, die Frauen ihren Männern gegenüber haben, und dann die fehlenden Rechte aufzählen. Die Zuhörerinnen müssen sich mit unseren Anliegen identifizieren können. Erst dann sind sie offen für die Probleme der Ärmsten.« Ihre Augen glänzten beim Gedanken an den wohldurchdachten Aufbau ihrer Rede. Beherzt biss sie in eines der Hörnchen. Es schmeckte nach Butter, Zimt und Zucker.

»Maria, du bist eine begnadete Rednerin«, sagte Florence beeindruckt.

»Danke«, antwortete Maria gegen ihre sonstigen Gewohnheiten mit vollem Mund. Sie konnte es kaum erwarten, erneut ins Rathaus zu fahren und wieder in die Augen des interessierten Publikums zu blicken. Der Tag versprach genauso aufregend zu werden wie der vorangegangene. Mit ebenso großer Spannung sah sie dem Vortrag von Henriette Goldschmidt entgegen. Sie hoffte, dass die Deutsche im

Anschluss Zeit für ein ausführliches Gespräch hatte. Maria wollte unbedingt das Material kennenlernen, das Herr Fröbel den Kindern zum Spielen angeboten hatte. Welches Wort hatte Frau Goldschmidt dafür verwendet? Spielgaben. Es gefiel Maria. Es war ein poetischer Name. Vielleicht konnte sie die eine oder andere Idee mit nach Rom nehmen.

»Es tut mir sehr leid, dass ich Ihnen keinen Kindergarten zeigen kann, in dem nach Herrn Fröbels Pädagogik gearbeitet wird«, entschuldigte sich Henriette Goldschmidt. »Ich wohne in Leipzig und bin nur hin und wieder hier in Berlin.«

Die alte Dame saß auf einem Sofa im vornehmen Salon ihrer Nichte Caroline Moser, die eine Wohnung in der Mohrenstraße besaß. Deren Mann war Bankier, weshalb sich die Familie diese luxuriöse Adresse leisen konnte.

Sie befanden sich in einem der vornehmsten Viertel der Stadt. Auf der gegenüberliegenden Straßenseite reihte sich ein Geschäft an das andere, und über jedem Schaufenster war eine bunte Markise aufgespannt. Bei ihrer Ankunft hatte Maria einen Perückenmacher, einen Handschuhladen und einen Kolonialwarenladen gesehen, in dem Tee, Kaffee und Gewürze verkauft wurden. Zu gern hätte sie sich die Läden genauer angeschaut, doch dazu war leider keine Zeit gewesen.

Im Unterschied zu ihrer Tante sprach Caroline Moser kein Italienisch, weshalb Frau Goldschmidt übersetzen musste. Sowohl Rina als auch Florence hatten nach dem anstrengenden Kongresstag einen weiteren Termin verweigert. Die beiden saßen nun sicher schon bei einem gemütlichen Abendessen im hoteleigenen *Café Victoria*.

»Wie ich bereits am Nachmittag in meinem Vortrag erzählt habe, hat Herr Fröbel die Frühkindererziehung in Deutschland revolutioniert«, dozierte Frau Goldschmidt. »Er forderte, dass aus den Kleinkinderaufbewahrungsstätten und den Kleinkinderschulen Orte werden, an denen Kinder nicht verwahrt und gefüttert werden, sondern lernen können und sich entfalten dürfen.«

Maria hatte noch jedes von Henriette Goldschmidts Worten genau im Kopf. Sie war fasziniert von den Ideen des Pädagogen, der es sich zum Ziel gemacht hatte, sozial benachteiligten Kindern eine gerechte Chance auf Bildung zu ermöglichen, und dafür plädierte, dass das Lernen nicht erst am Tag des Schuleintritts, sondern am Tag der Geburt anfing. Maria fragte sich, warum man in Italien den Namen des Mannes nicht kannte. Eines seiner Zitate, die Frau Goldschmidt angeführt hatte, würde Maria wohl noch lange begleiten: »Erziehung ist Beispiel und Liebe, sonst nichts.« Sie musste sich unbedingt Fröbels Schriften besorgen und übersetzen lassen.

»Können Sie mir seine Spielgaben zeigen?«, fragte sie.

»Ja, natürlich. Caroline hat sie von einem Tischler für ihre eigenen Kinder anfertigen lassen.«

Henriette Goldschmidt wandte sich an ihre Nichte, sagte etwas auf Deutsch zu ihr, worauf diese ins Nebenzimmer verschwand, um wenig später mit einem großen Korb zurückzukehren. Die junge Frau sah ihrer Tante sehr ähnlich. Maria konnte erahnen, wie Henriette Goldschmidt vor vierzig Jahren ausgeschaut hatte. Auch Caroline Moser hatte sanfte, gutmütige Augen, in denen eine Begeisterung leuchtete, die ansteckend war. Während sie Bälle, Kugeln, Würfel und

Zylinder auf dem Tisch ausbreitete, erklärte Henriette Goldschmidt deren Funktion.

»Fröbel hat für jedes Alter bestimmtes Material erschaffen. Wenn die Kinder ganz jung sind, bekommen sie die einfachste aller Formen: einen weichen Ball.« Sie zeigte Maria einen roten Ball aus weichem Stoff.

»Danach gibt man ihnen einfache Formen aus Holz, damit sie diese mit allen Sinnen erforschen können.« Sie legte eine Holzkugel, einen hölzernen Kubus und einen Zylinder neben den Stoffball. »Die Kinder lernen, dass eine Walze sowohl stehen als auch rollen kann.«

Maria bewunderte die schöne Verarbeitung des Holzes. Es war völlig glatt, und trotzdem sah man die herrliche, natürliche Maserung.

»Die Ästhetik der Spielgaben war Fröbel sehr wichtig«, erklärte Goldschmidt.

»Das sieht man«, meinte Maria.

»Wenn die Kinder die Grundformen kennen, bekommen sie komplexere Gaben.« Henriette Goldschmidt zeigte auf einen Kubus, den man auseinandernehmen und wieder zusammensetzen konnte. Auch zwei hölzerne Halbkugeln ergaben zusammengefügt wieder eine ganze. Neben diesen geometischen Körpern lagen flache Formen auf dem Tisch. Sie alle waren so ausgerichtet, dass sie zusammenpassten. Sie konnten übereinander- und aneinandergelegt werden und ergaben immer wieder neue symmetrische Formen. Auf diese Weise lernten die Kinder auf spielerische Weise die Welt der Geometrie kennen.

»Darf ich?«, fragte Maria.

»Nur zu.« Henriette Goldschmidt lachte.

Maria legte einen Kreis in ein Quadrat. Er passte exakt hinein und berührte die vier Außenkanten jeweils in der Mitte. Dann nahm sie zwei Dreieicke, die zusammen ein Quadrat ergaben.

»Diese Spielgaben sind wunderschön«, sagte sie begeistert.

»Ja, die Arbeit damit bereitet den Jungen und Mädchen große Freude.« Goldschmidt nickte wissend. »Die Kinder meiner Nichte sind mittlerweile kleine Spezialisten auf dem Gebiet der Geometrie. Sebastian wird sicherlich einmal ein großer Ingenieur werden.«

»Was ist das da?« Maria zeigte auf buntes Papier, das der Länge nach geschlitzt war. Durch die Öffnungen waren andersfarbige Papierstreifen gefädelt worden.

»Geflochtenes Papier«, sagte Goldschmidt. »Es dient als Vorübung zu anderen handwerklichen Tätigkeiten. Durch die Symmetrie und die schönen Farben wird auch die Ästhetik geschult.«

»Darf ich einen der Bögen mitnehmen? Ich denke, dass ich damit einem der Kinder in der Irrenanstalt eine große Freude machen kann.«

»Selbstverständlich!« Goldschmidt reichte Maria einen knallroten Bogen und dazu gelbe und grüne Papierstreifen in unterschiedlichen Stärken.

»Vielen Dank!« Sie ließ beides in ihrer Handtasche verschwinden. »Wie hat Herr Fröbel die Sprache der Kinder gefördert?«

»Er hat eine Reihe von Singspielen für Mütter und Erzieherinnen zusammengetragen, denn er war der Überzeugung, dass Lieder und Reime Kinder für die Schönheit der Sprache begeistern können.«

»Ein kluger Gedanke«, sagte Maria und versuchte, ihre Enttäuschung nicht zu zeigen. Sie hatte sich auch hier so einfaches und dabei so genial durchdachtes Material erhofft wie die Bausteine, die vor ihr lagen.

Caroline Moser begann die Materialien wieder in den Korb zu räumen. Als sie damit fertig war, sagte sie etwas zu ihrer Tante. Maria verstand ihren eigenen Namen und wartete fragend auf eine Übersetzung.

»Meine Nichte möchte Ihnen zu Ihrer großartigen Rede heute Vormittag gratulieren«, sagte Henriette Goldschmidt. »Wir waren alle sehr beeindruckt.«

Maria errötete verlegen. Sie war immer noch ganz ergriffen, wenn sie an ihren Erfolg zurückdachte. Das Publikum hatte minutenlang stehend applaudiert. Keine der anderen Rednerinnen hatte so viel Zustimmung erhalten wie sie. Alle hatten lobende Worte für die italienische Dottoressa gefunden.

»Danke«, sagte Maria bescheiden.

»Sie besitzen eine ganz besondere Gabe«, fuhr Henriette Goldschmidt fort. »Sie können Menschen für Ihre Sache begeistern. Ich bin mir sicher, dass wir Ihren Namen in Zukunft noch oft hören werden.«

»Das hoffe ich«, gab Maria zu. »Glauben Sie, dass schwachsinnige Kinder mit dem Material von Herrn Fröbel rechnen lernen können?«

Henriette Goldschmidt beugte sich vertraulich nach vorne. »Ich bin davon überzeugt, dass die wenigsten Kinder, von denen behauptet wird, sie seien schwachsinnig, das auch tatsächlich sind«, sagte sie ernst. »Die meisten von ihnen werden dazu gemacht. Sie erhalten nie die Möglichkeit, ihre Sinne entsprechend zu entfalten.«

Die alte Frau sprach Maria aus der Seele. Der Gedanke war es wert, in die Welt getragen zu werden. Oder fürs Erste zumindest bis nach Rom in die Psychiatrische Klinik.

Maria genoss drei weitere aufregende Tage in Berlin. Gemeinsam mit Rina und Florence klapperte sie die wichtigsten Sehenswürdigkeiten der Stadt ab. Sie spazierten zum Reichstag und flanierten durch den Park von Schloss Charlottenburg, wo sie im Wintergarten eines Cafés einen Kuchen aßen, der Bienenstich hieß und himmlisch schmeckte. Sie fuhren mit der Kutsche durch das Brandenburger Tor und bewunderten das Königliche Opernhaus und das Königliche Schauspielhaus wenigstens von außen. Florence kaufte sich in einem der zahlreichen Kolonialwarenläden eine große Dose von der Ostfriesenmischung, die sie jeden Morgen zum Frühstück genoss. Maria erstand ebenfalls ein kleines Säckchen. Möglich, dass ihrem Vater der Geschmack der würzig-starken Teemischung munden würde.

Am Abend vor ihrer Abreise telegrafierte sie nach Rom. Sie schrieb ihren Eltern, dass sie sie bitte nicht vom Bahnhof abholen sollten, da sie nicht genau wusste, wann der Zug tatsächlich am Bahnhof Roma Termini ankommen würde. Während man sich in Deutschland darum bemühte, die planmäßigen An- und Abfahrtszeiten einzuhalten, fuhren die Züge südlich von München nach dem Zufallsprinzip. Ab der österreichisch-ungarischen Grenze war es völlig unmöglich vorherzusagen, wann ein Zug tatsächlich abfuhr und wann er sein Ziel erreichte. Doch das störte Maria nicht, denn für sie war die Reise an sich ein Abenteuer. Sie genoss es, unterwegs zu sein, weshalb sie keinen großen Wert auf

Pünktlichkeit legte. Wenn sie Rom am Morgen erreichte, war es gut, sollte sie erst am Abend dort ankommen, fand sie es auch nicht weiter schlimm. Nur die Vorstellung, dass ihre Mutter einen ganzen Tag am Bahnhof verbrachte und auf sie wartete, gefiel ihr ganz und gar nicht. Renilde würde verärgert alle Bahnhofsmitarbeiter mit lauter Kritik überhäufen und die Gepäckträger ebenso für die Verspätung verantwortlich machen wie die Gleisarbeiter und die Frauen der Bahnhofsreinigung. Da war es besser, wenn sie zu Hause blieb, denn dort mussten bloß Marias Vater und das Dienstmädchen Flavia mit ihrer Ungeduld zurechtkommen.

Am Kurfürstendamm kaufte Maria italienische Zeitungen. Sie erreichten Berlin mit drei Tagen Verspätung und kosteten ein Vermögen, aber Maria gab ihr Geld gerne dafür aus. In jeder fand sie einen Artikel über sich selbst. Momentan schien sie die bekannteste Frau ihres Heimatlandes zu sein, die »hübsche Dottoressa aus Italien, die mit ihrer Intelligenz und ihrem Charme ganz Europa verzaubert hatte«, wie es in der Zeitung hieß.

Wie bei ihrer Anreise machten die drei Frauen wieder halt in Triest. Diesmal gönnten sie sich mehr Zeit und spazierten nicht nur durch die Stadt, sondern kauften sich Karten für die Verdi-Oper *Il Corsaro*, die hier vor Jahren uraufgeführt worden war. Die Werke des vielleicht berühmtesten zeitgenössischen Komponisten fanden in Triest stets großen Anklang. Alle paar Wochen stand eine seiner Opern auf dem Programm. Musik schien im gesamten Habsburgerreich eine wichtige Rolle zu spielen. Maria, die selbst nicht sonderlich musikalisch war und weder ein Instrument spielte noch singen oder gut tanzen konnte, genoss den Abend trotzdem in vollen Zügen.

Als sie wieder in Rom ankam, war sie müde von den Strapazen der Reise, aber überaus glücklich. Noch nie in ihrem Leben hatte sie innerhalb so kurzer Zeit so viel erlebt und gelernt wie in den letzten vierzehn Tagen. Reisen erschien ihr die angenehmste und spannendste Weise, den eigenen Horizont zu erweitern.

Mit einem lauten Pfeifen ratterte die Lokomotive in die Bahnhofshalle ein. Verglichen mit den Bahnhöfen, die Maria in Deutschland gesehen hatte, war die Stazione Termini ein Provinzbahnhof. Trotzdem schlug ihr Herz schneller, und sie konnte es kaum erwarten, wieder heimatlichen Boden unter den Füßen zu spüren.

»Sollen wir gemeinsam eine Kutsche nehmen?«, schlug Rina vor, als sie alle drei samt Gepäck am Bahnsteig standen.

»Wir beide wohnen doch ganz woanders als Maria«, entgegnete Florence. Ihre Aufmerksamkeit war auf einen Punkt hinter Maria gerichtet. Sie zwinkerte Rina zu. »Außerdem glaube ich, dass Maria unsere Begleitung nicht benötigt.«

Rina und Maria drehten sich um. Während Rina wissend grinste, setzte Marias Herz für einen kurzen Moment aus, um dann in doppelter Geschwindigkeit weiterzurasen. Giuseppe Montesano stand am Ende des Bahnsteigs und kam mit großen, energischen Schritten auf sie zu. In seiner Rechten hielt er einen Strauß bunter Herbstblumen. Sein Gesicht strahlte vor Freude, als er sie erblickte. Er sah einfach umwerfend aus.

»Ich denke, wir beide fahren besser allein«, meinte Rina. Sie umarmte Maria und drückte ihr auf jede Wange einen Kuss.

Auch Florence verabschiedete sich herzlich von ihr. »Wir sehen uns in Kürze«, sagte sie. Dann winkte sie einem

Gepäckträger, und noch bevor Giuseppe bei Maria war, schleppte ein alter, gebückter Mann die Koffer der beiden Frauen über den Bahnsteig zum Ausgang.

»Endlich«, seufzte Giuseppe. Er schien einen kurzen Augenblick zu zögern, aber dann schloss er Maria in die Arme. Der Bahnhof war wohl der einzige Ort in der ganzen Stadt, wo Männer und Frauen einander umarmen konnten, ohne Aufsehen zu erregen. Im Angesicht von Abschied und Wiedersehen tolerierten die Menschen die körperliche Nähe von Männern und Frauen. Giuseppe küsste Maria. Es war nur ein kleiner, flüchtiger Kuss, aber sie konnte die Sehnsucht und die Leidenschaft schmecken, die darin lagen.

Es dauerte schier eine Ewigkeit, bis sie sich voneinander lösten. »Ich wusste nicht, dass du kommst«, keuchte Maria atemlos.

»Aber du freust dich, oder?«

Sie lachte. »Hast du das nicht gemerkt?«

Giuseppe küsste sie erneut. »Doch«, hauchte er ihr ins Haar. Dann griff er nach ihrem Koffer und trug ihn zur Bahnhofshalle. Draußen wartete bereits eine Kutsche auf sie. Maria kletterte hinein, und Giuseppe folgte ihr.

Die ganze Fahrt über küssten sie einander, diesmal mit einer Leidenschaft, die beinahe schmerzte. Viel zu schnell erreichten sie Marias Wohnhaus.

»Wir sehen uns morgen«, sagte Maria leise. Bedauern lag in ihrer Stimme, denn sie wollte Giuseppe nicht verlassen. Am liebsten wäre sie noch die ganze Nacht weiter mit der Kutsche durch Rom gefahren und hätte Zärtlichkeiten mit Giuseppe ausgetauscht.

»Ja!« Seine Lippen berührten die ihren ein letztes Mal,

bevor Maria ausstieg. Giuseppe blieb im Wageninneren, und das war gut so, denn Renilde lehnte am Fenster und hielt Ausschau nach ihrer Tochter. Sobald sie die Kutsche entdeckt hatte, verließ sie ihren Aussichtsplatz und lief Maria entgegen. Als sie unten ankam, war die Kutsche mit Giuseppe bereits weitergefahren.

Psychiatrische Klinik in Rom, Oktober 1896

Die Wand in Professor Sciamannas Büro hatte einen Neuzugang bekommen. Neben dem Tiger hing nun ein Löwe. Auch er hatte sein Maul weit aufgerissen und zeigte erstaunlich weiße Zähne. Maria empfand Mitleid mit dem majestätischen Tier, das irgendwo in Afrika nach Gazellen jagen sollte, statt auf den Schreibtisch des Klinikleiters zu schauen.

»Ich sehe, Sie haben gerade meinen neuen Bürogefährten entdeckt.« Der Professor kicherte. »Ich überlege, ob ich ihm einen Namen geben soll. Mein Bruder hat ihn von einer Reise aus Italienisch-Ostafrika mitgebracht. Er ist dort als Offizier stationiert.«

Mit der steigenden Industrialisierung Italiens wurde der Ruf nach weiteren eigenen Kolonien immer lauter. Genau wie England, Frankreich und Deutschland versuchte man den zunehmenden Rohstoffbedarf mit Billigimporten aus Afrika in den Griff zu bekommen. Dabei gelangten auch exotische Luxusartikel, antike Schätze und seltene Tiere nach Europa.

Maria versuchte, sich ihre eigentlichen Gedanken nicht anmerken zu lassen. Auch Giuseppe, der neben ihr stand, schien nach passenden Worten zu suchen.

»Ein Name wäre sicherlich ganz unterhaltsam«, sagte sie schließlich.

»Ich werde darüber nachdenken, aber nun nehmen Sie doch bitte Platz, liebe Signorina Montessori und Herr Dr. Montesano. Was kann ich für Sie tun?«

Maria setzte sich auf einen der gepolsterten Lehnstühle, Giuseppe nahm neben ihr Platz, während Sciamanna am Fenster stehen blieb.

»Wir haben Ihnen letzte Woche bereits von den sensationellen Fortschritten erzählt, die die Kinder machen, seit wir mit ihnen arbeiten«, begann Giuseppe.

Tatsächlich war es Maria, die sich mit den Kindern beschäftigte und immer neue Ideen für Spiel- und Unterrichtsmaterialien entwickelte. Giuseppe übernahm lediglich den beobachtenden Teil. Doch sie waren gemeinsam für das gesundheitliche Wohl der Kinder zuständig.

»Es ist faszinierend«, fiel Maria Giuseppe ins Wort. »Die kleine Clarissa kann mittlerweile wunderbar nähen. Wir haben ihr zuerst einen Fädelrahmen gegeben. Sie hat dicke Schnüre durch große Löcher gezogen, bis sie den Umgang mit dem Flechtrahmen beherrschte, den ich in Deutschland entdeckt habe, und jetzt geht sie so geschickt mit Nadel und Faden um, dass sie sauberer stickt als ihre Erzieherin Serafina.«

»Das ist in der Tat erstaunlich«, stimmte Sciamanna zu. Der Professor schaute nachdenklich aus dem Fenster.

»Einige der Kinder sind viel klüger, als wir dachten«, fuhr Maria unbeirrt fort. »Der kleine Marcello zum Beispiel kann rechnen. Im Moment nur im Zahlenraum von eins bis zehn, doch ich bin mir sicher, dass er bald den Zahlenraum bis hundert für sich erobern wird.«

»Wie kommen Sie auf diese Idee?«

Maria erzählte von den leeren Zwirnspindeln, die sie Marcello mitgebracht hatte. Gemeinsam hatten sie die Spindeln gezählt und in zehn vorbereitete Schachteln gelegt. Auf jeder Schachtel stand eine Zahl von null bis zehn. Die Schachtel mit der Null blieb leer, die anderen wurden mit der entsprechenden Anzahl von Spindeln gefüllt. Schon nach zwei Durchgängen hatte der Junge begriffen, was Maria von ihm wollte, und ordnete die Spindeln so schnell, dass Maria ihn schließlich gebeten hatte, die Spindeln aus dem Kasten mit der Zahl drei und die aus dem Kasten mit der Zahl vier zusammenzuzählen. Marcello war auf sieben gekommen.

»Seither stellt er sich selbst ständig neue Aufgaben«, berichtete Maria. »Mithilfe der Spindeln kann der Junge rechnen.«

»Glauben Sie wirklich, dass man das Abzählen von Spindeln als Rechnen bezeichnen kann?«

»Ja, natürlich. Jetzt benötigt er noch das Material zur Anschauung. Aber sobald er die Mengen gut kennt, wird der Junge auch ohne Spindeln rechnen«, entgegnete Maria.

»Wie viel können die Kinder noch lernen?«, fragte Sciamanna. »Wann ist die Grenze erreicht?«

»Ich weiß es nicht«, gab Maria ehrlich zu. »Aber ich glaube, dass einige von ihnen mit der richtigen Förderung einen regulären Schulabschluss schaffen können.«

Sciamannas Augen weiteten sich ungläubig. Er trat vom Fenster weg und kam näher.

»Einen Schulabschluss? Unsere kleinen Irren?« Fassungslos wandte er sich an Giuseppe. »Denken Sie das auch, Herr Kollege?«

Giuseppe wirkte nicht ganz so überzeugt wie Maria. »Ich

glaube, dass ein paar der Kinder durchaus Potenzial haben«, meinte er vorsichtig. »Hin und wieder verstehen sie, was man von ihnen verlangt, aber …«

»Nein, Giu… ich meine, Dr. Montesano«, korrigierte sich Maria sofort. Ihre Beziehung war geheim. Niemand durfte davon erfahren. Ein Bekanntwerden würde bedeuten, dass beide ihre Stellung in der Klinik verloren. »Die Kinder verstehen uns«, fuhr sie fort, »wenn wir den richtigen Weg finden, mit ihnen zu kommunizieren. Viele von ihnen benötigen spezielles Material. Sie brauchen Dinge, die sie anfassen können, um sie zu begreifen. Es ist die Aufgabe der Wissenschaft herauszufinden, wie dieses Material aussehen muss.«

Giuseppe neigte den Kopf skeptisch zur Seite. Maria wusste, dass er ihre Meinung nur bedingt teilte. Er sah die Fortschritte der Kinder, war aber nicht in dem Ausmaß von ihren Fähigkeiten überzeugt wie sie.

»Die Kinder haben nicht nur ein bisschen Potenzial. Einige sind definitiv klug genug, um einen Schulabschluss zu schaffen«, beharrte Maria.

»Mit allem Respekt, den ich vor Ihnen habe, Signorina Dottoressa Montessori. Sie wissen, wie sehr ich Sie schätze, aber das erscheint mir eine übertriebene Wunschvorstellung zu sein.« Sciamanna schüttelte den Kopf.

»Keineswegs«, entgegnete Maria voller Leidenschaft. »Wir haben große Fortschritte gemacht.« Hilfe suchend wandte sie sich an Giuseppe, doch der schwieg.

»Mag sein, dass die Kinder bis zehn zählen können und meinetwegen mit dem Abzählen von Spindeln auch rechnen lernen. Aber wie wollen Sie den schwachsinnigen Kindern das Lesen beibringen?«, fragte Sciamanna.

»Ähnlich wie beim Rechnen«, sagte Maria. »Die Kinder müssen dazu Gegenstände anfassen und mit allen Sinnen erleben. Denken Sie doch nur, was ›begreifen‹ im eigentlichen Wortsinn bedeutet.«

»Sie meinen Buchstaben zum Anfassen?«, fragte Sciamanna skeptisch. Auch Giuseppe schien wenig überzeugt. Zweifelsohne bewunderten beide Marias Leidenschaft, glaubten aber nicht an ihre Theorie.

»Ich will einen Satz Holzbuchstaben anfertigen lassen«, erklärte Maria. »Jeder Buchstabe soll fein säuberlich aus Holz geschnitten sein. Oder wir geben gleich drei davon in Auftrag, damit mehrere Kinder damit arbeiten können.«

»Das kostet ein Vermögen«, meinte Giuseppe.

»Ich weiß, deshalb brauchen wir auch dringend Forschungsgelder.«

»Wer soll uns die geben?«, fragte Giuseppe.

»Das Bildungsministerium«, fuhr Maria fort. »Stellen Sie sich doch nur die Sensation vor, wenn wir Erfolg haben. Man würde über die Grenzen Italiens hinaus über uns berichten. Wir würden Kinder, von denen man gedacht hat, dass sie weggesperrt werden müssen, zu leistungsfähigen Mitgliedern der Gesellschaft erziehen. Damit wäre allen gedient.«

Maria konnte nicht erkennen, was hinter Sciamannas hoher Stirn vor sich ging, aber sie sah aus den Augenwinkeln, dass Giuseppe langsam an ihrer Idee Gefallen fand. Die Aussicht auf internationalen Erfolg ließ seinen Widerstand schmelzen. Giuseppe war ehrgeizig. Auch Sciamanna wollte mehr von ihren Ideen hören.

»Was macht Sie so sicher, dass Sie Erfolg haben werden?«

»Ich habe in die Gesichter der Kinder geschaut«, erwiderte Maria. »Wir haben ihr Interesse an der Welt geweckt. Sie gieren förmlich nach Wissen und wollen lernen.«

»Das glaube ich Ihnen sogar«, sagte Sciamanna. »Aber nur weil jemand etwas können will, heißt das noch lange nicht, dass er auch dazu in der Lage ist. Ein gelähmtes Kind wird niemals gehen können. Die geistige Kapazität unserer Patienten ist begrenzt, deshalb sind die Kinder hier. Wir haben sie nicht aus Jux in der Klinik aufgenommen, sondern weil sie schwachsinnig sind.«

»Viele der Kinder werden zu uns gebracht, weil sie sonst niemand haben will«, entgegnete Maria.

»Haben Sie schon einmal aufs Land geschaut, Signorina Dottoressa? Wissen Sie, wie viele gesunde italienische Kinder keinen Schulabschluss schaffen und ihr ganzes Leben lang Analphabeten bleiben? Wenn die Gesunden versagen, wie sollen dann die kleinen Idioten die Prüfungen bestehen?«

»Ich denke, dass das Versagen gesunder Kinder nicht an ihrem schwachen Geist liegt. Der Grund dafür ist im miserablen Schulsystem Italiens zu suchen. Nirgendwo anders wird so wenig auf die Kinder eingegangen wie in unserem Land. Obwohl wir technisch und wirtschaftlich Ländern wie Deutschland hinterherhinken, leisten wir es uns, das geistige Potenzial einer ganzen Generation zu verlieren, bloß weil die Lehrer nicht dazu bereit sind, über den Tellerrand zu schauen.«

»Das sind harte Worte«, sagte Sciamanna, doch er widersprach Maria nicht. Es war allseits bekannt, dass in den Schulen Italiens beklagenswerte Zustände herrschten. Oft saßen fünfzig Kinder und mehr in einer Klasse, die unterschiedlich alt waren und von einem Lehrer unterrichtet wurden, der selbst kaum lesen und schreiben konnte.

»Ich glaube nicht, dass alle unsere Kinder den Schulabschluss schaffen werden«, gab Maria zu. »Aber ein paar von ihnen sind mit Sicherheit dazu in der Lage. Wenn wir zusätzlich zu ihnen noch die klügsten und talentiertesten Kinder aus den anderen Anstalten Roms zu uns holen, dann haben wir genug Kinder, um ein aussagekräftiges Experiment durchzuführen. Wenn meine Vermutung stimmt, können wir der Welt beweisen, dass auch schwachsinnige Kinder mit der richtigen Förderung zu Großem fähig sind.«

Sciamanna kratzte sich nachdenklich am Hinterkopf. Eine Pause entstand. Schließlich meldete sich Giuseppe zu Wort: »Hatten Sie nicht ohnehin vor, Signorina Montessori in alle Irrenanstalten Roms zu schicken, um sicherzustellen, dass Kinder nicht gemeinsam mit Erwachsenen untergebracht werden?« Giuseppe sah Maria an. Er hatte Wort gehalten und sich für ihr Anliegen eingesetzt. Ein warmes Gefühl der Dankbarkeit durchflutete sie. »Bei der Gelegenheit könnte sie gleich nach passenden Kindern Ausschau halten.«

Maria hatte ihn auf ihrer Seite. Sie liebte diesen Mann mit jeder Faser ihres Körpers. Am liebsten wäre sie aufgestanden und hätte ihn geküsst. Die Sehnsucht in seinen Augen verriet ihr, dass er ähnlich dachte.

Sciamanna ließ sich mit seiner Antwort Zeit. »Forschungsgelder vom Ministerium«, murmelte er leise. »Wenn es tatsächlich gelingt, ein paar Kinder zum Abschluss zu begleiten… hm. Selbst wenn es nur eines wäre.«

Nervös beobachtete Maria ihn. Sie knetete voller Ungeduld ihre Hände.

»Was, denken Sie, kostet so ein Satz Holzbuchstaben?«, wollte Sciamanna wissen.

»Ich müsste bei Signor Renzi nachfragen. Er hat die wunderschönen Zylindersätze angefertigt, die die Kinder so lieben.«

»Nun gut«, sagte Sciamanna schließlich. Er machte einen Schritt auf Maria zu und ließ sich dann auf den leeren Lehnstuhl unter dem Löwenkopf fallen. »Erkundigen Sie sich nach dem Preis für die Holzbuchstaben, und geben Sie drei Sätze in Auftrag. Und wir versuchen, das Ministerium von unserem Vorhaben zu überzeugen. Sie werden mich dabei unterstützen, Dr. Montesano. Sie kennen die zuständigen Männer im Ministerium.«

Maria musste sich beherrschen, um nicht aufzuspringen, sich einmal im Kreis zu drehen und dabei laut zu schreien. Stattdessen blieb sie sitzen und klatschte vor Begeisterung in die Hände.

»Das heißt nicht, dass wir das Geld bekommen.« Sciamanna versuchte, ihre Freude zu bremsen. »Wenn es keine Unterstützung gibt, müssen wir beim Essen oder bei der Reinigung sparen, um das Material zu finanzieren.«

Maria wusste, dass beides furchtbar wäre, denn die Verpflegung der Patienten war jetzt schon bedauernswert, und auch was die Sauberkeit der Kleidung und der Bettwäsche betraf, gab es durchaus Verbesserungsbedarf. Aber Maria war zuversichtlich, dass sie erfolgreich sein würden.

»Und Sie, Signorina Montessori, machen sich auf den Weg und suchen alle begabten schwachsinnigen Kinder der Stadt zusammen.« Er räusperte sich. »Die Formulierung an sich klingt schon verrückt. Ich hoffe, man wird uns im Ministerium nicht zu Idioten erklären, wenn wir von unserem Vorhaben berichten.«

Maria sah, wie Giuseppe neben ihr erblasste. Vielleicht wäre es ihm lieber gewesen, er könnte seine Unterstützung wieder zurückziehen. Aber dazu war es zu spät. Professor Sciamanna hatte Interesse an dem Experiment. Er wollte, dass Maria den schwachsinnigen Kindern Lesen und Schreiben beibrachte.

Irrenanstalt Ostia
bei Rom, Dezember 1896

Die Wärter hatten Luigi die Zwangsjacke wieder abgenommen. Er hatte kein zweites Mal zur Elektrotherapie gehen müssen. Angeblich hatte die Behandlung bei ihm so gut angeschlagen, dass er nun von seinen Aggressionsschüben als geheilt galt. Seit jener schmerzhaften Erfahrung hockte Luigi ruhig auf einem Bett in einem großen Schlafsaal. Er wehrte sich weder gegen die kalten Wassergüsse noch gegen das ekelhafte Essen. Er würgte den stinkenden Brei hinunter und hatte gelernt, seinen Brechreiz unter Kontrolle zu halten. Nur hin und wieder stieß ihm das Essen hoch, doch dann schluckte er es erneut hinunter.

Luigi schaute nicht mehr aus dem Fenster und hörte die Glocken der Basilika nicht mehr. Es war ihm egal, ob es draußen Tag oder Nacht war. Im Moment war er ganz allein in dem riesigen Saal. Die anderen Kinder waren im Hof, wo sie langsam in Zweierreihen ein paar Runden gehen durften. Die Wärter hatten Luigi noch nie mitgenommen. Ihm wurde diese Abwechslung verwehrt. Er galt zwar als geheilt, doch sein Name stand immer noch auf der Liste der gefährlichen und unberechenbaren Patienten.

Als sich die Tür zum Schlafsaal öffnete, blieb Luigi starr sitzen. Vergeblich wartete er auf die Geräusche der zurückkehrenden Kinder. Schritte näherten sich seinem Bett. Luigi erkannte die Stimme des Anstaltsdirektors. Er war es gewesen, der ihn zur Elektrotherapie gebracht hatte. Luigi zuckte zusammen. Würde er ihn wieder mitnehmen? Aus den Augenwinkeln sah er zu seinem Peiniger. Neben ihm stand eine Frau. Sie war hübsch. Was wollte sie hier? Die Menschen, die hier arbeiteten, hatten nicht so weiche, warme Augen. Sie lächelten auch nicht so freundlich wie sie.

»Das hier ist ein ganz besonders schlimmer Fall«, erklärte der Direktor. »Er ist vor zwei Jahren hergekommen und hat tagelang nur geschrien. In diesem Sommer ist er so aggressiv geworden, dass ich ihm eine Serie Elektrotherapie verordnet habe. Das war gut, denn schon nach der ersten Behandlung besserte sich sein Verhalten. Er ist jetzt deutlich ruhiger, aber wie Sie selbst sehen können, verfügt er über keinerlei Verstand.«

»Wie heißt der Junge?«, wollte die Frau wissen.

»Keine Ahnung. Er spricht ja nicht. Der Junge wurde uns vom Waisenhaus überstellt, wo man ihn abgegeben hatte, nachdem seine Eltern bei einem Brand ums Leben gekommen waren. Niemand weiß, wie sie geheißen haben. Es steht auch gar nicht fest, ob es wirklich so war oder ob nicht irgendeine Prostituierte ihn nicht mehr haben wollte. Sie wissen ja, wie das läuft. Die Frauen kriegen von einem Freier ein Kind, und wenn sie es nicht mehr durchfüttern können, legen sie es vor den Toren eines Klosters ab.«

»Der arme Junge«, sagte die Frau voller Mitgefühl.

Der Direktor zuckte bloß mit den Schultern. »Die Geschichte ist nicht schlimmer als die der anderen Kinder. Ich könnte Ihnen von Schicksalen erzählen, die sind herzerweichend.«

»Warum ist der Junge nicht im Waisenhaus geblieben?«

»Na, sehen Sie ihn sich doch an. Er ist schwachsinnig. Vor den Therapien war er außerdem noch aggressiv. Was hätten die im Waisenhaus mit ihm anfangen sollen?«

Die Frau kam näher und setzte sich ans Fußende des Bettes.

»Passen Sie auf, Signorina. Der Junge sieht friedlich aus, aber er ist gefährlich. Deshalb darf er auch nicht mit den anderen auf den Hof. Vor dem Sommer hat er einen der Wärter gebissen.«

Doch die Frau kümmerte sich nicht um die Warnung. Sie beugte sich näher zu Luigi und versuchte seinen Blick einzufangen. Kurz sah er sie an. Ihre Augen waren dunkelbraun und von langen, dichten Wimpern umgeben. Sie weckten in Luigi vage Erinnerungen. So wie damals die Kirchenglocken, bevor man ihn an den schrecklichen Stuhl gefesselt hatte. Doch die Bilder verschwanden sofort wieder.

»Wie heißt du?«, fragte die Frau.

»Er kann nicht reden«, kam es vom Direktor. »Sie können sich gar nicht vorstellen, was wir alles versucht haben, um ihn zu einer Antwort zu bewegen. Aber er ist da oben völlig leer.« Er tippte sich gegen die Stirn.

Die Frau beugte sich vor und entdeckte den Kratzer auf Luigis Wange, der gestern beim Badetag entstanden war. Die Aufseherin hatte ihm das Hemd unsanft über den Kopf gezogen und ihn dabei mit ihrem scharfen Fingernagel erwischt. Seither schmerzte die Wange und war heiß.

»Das sieht entzündet aus«, sagte die Frau besorgt. Sie holte ein weißes Taschentuch aus ihrer Rocktasche und wollte damit über Luigis Wange wischen, doch der Junge zuckte zurück und starrte auf das Tuch. Ein Muster war in eine der Ecken gestickt.

»Ich tu dir nicht weh«, sagte sie sanft. »Ich will mir bloß den Kratzer ansehen. Schau her, ich habe ein sauberes Taschentuch, damit möchte ich die Flüssigkeit wegtupfen.«

Sie entfaltete das Tuch auf dem Bett und strich es glatt. Die beiden Buchstaben in der Ecke des Tuchs waren Luigi fremd, aber das Insekt daneben, das kannte er. Es war ein Maikäfer. Genau so einen hatte er vor Kurzem in der Zelle gesehen. Oder war es schon länger her? Luigi war jedes Zeitgefühl abhanden gekommen. Die Frau bemerkte sein Interesse.

»Das sind die Anfangsbuchstaben meines Namens. M für Maria. So heiße ich«, erklärte sie freundlich. »Und das hier ist ein Maikäfer. Kennst du das Kinderlied über die Glühwürmchen und Maikäfer?«

Ohne seine Antwort abzuwarten, begann sie leise zu singen: »*Lucciola, lucciola, vien da me, ti darò il pan del re, pan del re e della regina, lucciola, lucciola, maggiolina.*«

Luigi hob den Kopf. Er kannte diese Melodie. Sie war ihm eingefallen, als der Maikäfer zum Fenster geflogen war, hinaus in den blauen Himmel, in die Freiheit. Es war eine Ewigkeit her, dass jemand ihm dieses Kinderlied vorgesungen hatte. Es war in einer Zeit gewesen, in der er nicht eingesperrt gewesen war. Damals hatte er sich sicher gefühlt und hatte keine Angst gehabt, dass man ihn in eine Folterkammer brachte, sobald er nicht tat, was von ihm verlangt wurde.

»Du kennst das Lied, hab ich recht?« Die freundliche Frau saß jetzt so nah bei ihm, dass sie seine Wunde an der Wange genau ansehen konnte. Sie wirkte besorgt.

Langsam nickte Luigi.

Sie lächelte und drehte sich zum Direktor. »Sie hatten Unrecht«, sagte sie. »Der Junge versteht mich.«

»Unsinn. Er ist völlig verrückt.«

Doch die Frau war anderer Meinung. Wieder beugte sie sich zu Luigi. »Wenn du mir verrätst, wie du heißt, werde ich dafür sorgen, dass du in eine andere Klinik gebracht wirst. Dort sind kluge Kinder wie du, und ich werde euch allen Rechnen, Lesen und Schreiben beibringen.«

Luigi hatte keine Vorstellung davon, was es hieß, lesen, schreiben oder rechnen zu können. Aber er wusste, dass er von hier wegwollte. Und er wünschte sich nichts sehnlicher, als diese nette Frau wiederzusehen.

»Sie verschwenden bloß Ihre Zeit, Dottoressa. Sie werden aus dem sturen Burschen keinen Ton herausbekommen«, sagte der Direktor. Ungeduldig trat er von einem Bein aufs andere, nahm die Uhr aus seiner Westentasche und warf einen Blick darauf. »Wir müssen weiter. Der Junge eignet sich nicht für Ihr Vorhaben.«

»Ist das so?«, fragte sie sanft. Ihre Augen waren das Schönste, was Luigi seit Jahren gesehen hatte. Völlig egal, was sie ihm beibringen wollte, er würde sich Mühe geben und es erlernen.

»Luigi. Ich heiße Luigi«, sagte er und erschrak selbst über den Klang seiner Stimme.

Sie rückte näher und legte ihm erleichtert die Hände auf die schmalen Schultern. »Wie schön, Luigi, das freut mich!«

»Nimmst du mich heute schon mit, Maria?«

Die Frau drehte sich um und schaute zum Direktor. Der stand fassungslos da und sah aus, als hätte er eben einen fliegenden Wärter beobachtet, der an der Decke seine Kreise zog.

»Ich denke, dass das machbar ist«, sagte sie. »Ja, ich nehme dich gleich mit. Im Schlafsaal unserer Klinik ist noch ein Platz frei.«

Rom, Frühjahr 1897

Die Fenster zum Innenhof standen weit offen, und der süße Duft blühender Apfelbäume wehte ins Schlafzimmer. Ein Zweig weißer Blüten war vom Bett aus zu sehen, in dem Maria und Giuseppe lagen. Sie hatten sich wiederholt geliebt. Es war nicht das erste Mal, und es würde hoffentlich auch nicht das letzte Mal bleiben. Sie mussten vorsichtig sein, denn Maria durfte auf gar keinen Fall schwanger werden. Doch noch nie zuvor war sie so verliebt gewesen. In Giuseppes Gegenwart fühlte sie sich vollkommen, so als hätte ihr bis jetzt ein Teil zum Glücklichsein gefehlt.

»Giuseppe, schläfst du?« Sie knabberte an seinem Ohrläppchen und streichelte zärtlich über seine Wange. Sie war stachelig, er musste sich wieder einmal rasieren.

»Jetzt nicht mehr«, murmelte er verschlafen. Wie immer war er nach dem Liebesakt eingeschlummert, während Maria förmlich vor Energie sprühte.

»Wollen wir heute einen Spaziergang am Tiber unternehmen?«, schlug sie vor.

Sie hatten beide einen freien Nachmittag, was eine Seltenheit war. Meist musste einer von ihnen arbeiten.

»Ich bin zum Essen bei meiner Familie eingeladen«, sagte Giuseppe und richtete sich auf. »Aber du kannst mitkommen. Meine Mutter würde sich freuen, wenn sie dich endlich kennenlernen dürfte. Sie ahnt seit Wochen, dass es eine Frau in meinem Leben gibt. Mütter haben dafür einen besonderen Blick.«

Sofort verschwand Marias Hochgefühl. »Giuseppe, wir haben das Thema wiederholt besprochen, und du weißt, dass wir unsere Beziehung geheim halten müssen.«

Giuseppe verdrehte die Augen. Für ihn war die Sache allerdings längst nicht so kompliziert wie für Maria. Für sie ging es nämlich weniger um den Makel einer nicht ehelichen Liebschaft, der sich durch eine Ehe beheben ließe. Denn selbst wenn sie sich dazu entschließen würden, ihre Beziehung offiziell zu machen, wenn sie sich verlobten und später heirateten, würde dies das Ende von Marias Karriere bedeuten. Die italienische Gesellschaft war davon überzeugt, dass eine Frau nicht Ehefrau und Wissenschaftlerin zugleich sein konnte. Ehefrauen hatten sich ausschließlich auf das Wohl ihrer Familie zu konzentrieren. Eine Vereinbarkeit dieser Aufgaben traute man Frauen nicht zu. Zumindest in Italien nicht. Möglich, dass das in fortschrittlicheren Ländern im Norden des Kontinents der Fall war, aber in Rom war es undenkbar.

Maria lehnte sich an Giuseppes Schulter. »Bevor wir weitere Schritte in Erwägung ziehen, sollten wir unbedingt unser Experiment an der Klinik beenden, und das können wir nur zu zweit«, sagte sie. »Die Kinder sind großartig. Gestern hat Luigi zum ersten Mal Buchstaben zusammengesetzt. Er hat meinen Namen geformt und hinterher versucht, ihn mit Kreide auf eine Tafel zu schreiben. Leider fehlt ihm noch die Fingerfertigkeit, aber er hat das Prinzip des Schreibens begriffen.«

»Der Junge scheint schlau zu sein. Außerdem liebt er dich.«

»Ja, er ist wirklich klug. Ich bin mir sicher, dass er den Schulabschluss schaffen wird.«

Giuseppe streckte sich und gähnte.

»Wurde eigentlich schon der Artikel veröffentlicht, den wir gemeinsam mit Vittorio Sergi geschrieben haben?«, fragte Maria. Seit Wochen wartete sie auf einen Bescheid. Der Artikel, in dem es um Wahnvorstellungen ging, sollte in einer Fachzeitschrift erscheinen. Giuseppe hatte sie gebeten, einen Auszug aus ihrer Doktorarbeit verwenden zu dürfen, und Maria hatte ihm die Stelle natürlich zur Verfügung gestellt.

»Der Artikel ist schon vor Wochen erschienen«, meinte Giuseppe beiläufig.

»Kann ich ihn sehen? Du hast ihn doch sicherlich hier.«

Nur widerwillig kletterte Giuseppe aus dem Bett, ging zu seinem Schreibtisch und kehrte mit einer Ausgabe der medizinischen Fachzeitschrift zurück.

Maria nahm sie neugierig entgegen, schlug das Deckblatt auf und blätterte, bis sie beim Artikel angekommen war. Sie überflog den Beitrag, suchte jedoch vergeblich nach ihrem Namen.

»Du hast ja gar nicht erwähnt, dass ein Teil des Artikels von mir stammt.«

»Ich wusste nicht, dass dir das so wichtig ist«, sagte Giuseppe entschuldigend. Er stieg wieder zu ihr ins Bett und versuchte, sie zu umarmen, aber Maria wich ihm aus.

»Dein Fachgebiet sind doch jetzt die Kinder«, fuhr Giuseppe fort. »Ich dachte nicht, dass du dich auch im Bereich der Erwachsenen profilieren willst. Außerdem kämpfst du für die Frauenrechte. Seit du aus Berlin zurückbist, vergeht keine Woche, in der du nicht an einem Treffen der *Associazione femminile di Roma* teilnimmst.«

Maria ignorierte den Vorwurf in seiner Stimme. Sie wusste, dass Giuseppe die Frauen in ihrem Kampf für Gleichberechtigung von der Sache her unterstützte. Im Moment ging es ihr um etwas ganz anderes.

»Ich will, dass die Menschen wissen, dass ich an diesem Artikel beteiligt war«, beharrte Maria.

»Aber was würde es dir nützen?« Giuseppe schien ihren Ärger gar nicht zu verstehen. »Die ganze Welt kennt dich mittlerweile. Du bist die bekannteste Medizinerin Italiens, auch unter den männlichen Ärzten gibt es niemanden, der berühmter wäre. Du forderst bessere Löhne für Frauen und hältst Vorträge über die Förderung schwachsinniger Kinder.«

»Ist das ein Problem für dich?«, fragte Maria.

»Nein, natürlich nicht.« Giuseppes Antwort kam mit einer leichten Verzögerung. »Aber ich habe nicht geahnt, dass dir dein Name bei diesem Thema so wichtig ist. Hätten wir gemeinsam über die schwachsinnigen Kinder geschrieben, hätte ich dich selbstverständlich genannt. Aber ein unwichtiger Beitrag über Wahnvorstellungen?«

Maria legte den Artikel zur Seite. Erneut versuchte Giuseppe sie in den Arm zu nehmen, und diesmal ließ sie ihn gewähren.

»Ich bin stolz auf meine kluge Dottoressa«, hauchte er ihr ins Ohr. Maria konnte die Wärme spüren, die von seinem

Körper ausging. Seine Nähe löste erneut Verlangen in ihr aus, und sie schmiegte sich an ihn.

»Wenn wir über den bevorstehenden Schulabschluss der Kinder schreiben, wird dein Namen neben meinem stehen, versprochen«, sagte Giuseppe.

Für einen Moment hielt Maria inne. »Diesen Artikel werde ich schreiben«, sagte sie entschlossen. »Ich halte den Unterricht mit den Kindern, ich werde die Ergebnisse in Worte fassen und für alle Welt nachlesbar machen. Dieses Experiment liegt mir sehr am Herzen.«

»Ich weiß, mein Schatz, schließlich beobachte ich dich Tag für Tag dabei, wie du mit den Kindern arbeitest. Und selbst wenn wir gemeinsam das Bett teilen, sind deine Gedanken bei ihnen.«

»Das ist nicht wahr«, verteidigte sich Maria. »Und das werde ich dir gleich beweisen.« Sie schmiegte sich mit ihrem ganzen Körper an ihn und küsste ihn so leidenschaftlich, dass beide für die nächsten Minuten alles andere vergaßen.

Psychiatrische Klinik in Rom, Herbst 1897

Der Schlafsaal der Kinder hatte sich in den letzten Monaten grundlegend verändert. Die Betten waren in den hinteren Teil geschoben worden, der vordere Bereich diente zum Spiel. Hier standen die Regale mit unterschiedlichsten Materialien, und es kamen jede Woche neue Dinge hinzu. Da es kein Geld für Tische gab, arbeitete Maria mit den Kindern auf dem Boden. Ihre Mutter hatte ihr über den Kirchenbasar billige Teppiche besorgt, die man rasch aufrollen und platzschonend wieder wegräumen konnte.

Maria war über die Fortschritte der Kinder begeistert. Jeden Tag überraschten sie sie mit neuen Fertigkeiten. Besonders Luigi zeigte Höchstleistungen. Der Junge hatte innerhalb kürzester Zeit das Lesen und Schreiben erlernt. Er rechnete bereits im Zahlenraum bis hundert und las komplexe Texte fehlerfrei und sinnerfassend. Es war so, als hätten die Fähigkeiten all die Jahre in ihm geschlummert und nur darauf gewartet, dass jemand sie sanft aufweckte. Luigi hing an Maria. Sobald sie den Raum betrat, klebte er an ihrer Seite und wich erst wieder von ihr, wenn sie nach Hause ging. Während sie neben ihm auf dem Boden saß, um ihm eine Rechenaufgabe zu erklären oder den Umgang mit dem Flechtrahmen zu zeigen, legte er seine Hand auf ihren Unterarm. Als müsste er sich versichern, dass sie nun hier war und sich nicht sofort wieder in Luft auflöste.

Bei allen Lerninhalten, die Maria den Kindern vermittelte, ging sie nach demselben Prinzip vor. Sie versuchte möglichst viele Sinne anzusprechen. Sollte eines der Kinder Schwierigkeiten mit dem Hören haben, so konnte es seine Defizite mit den Händen kompensieren. Andere Kinder waren motorisch ungeschickt. Es gelang ihnen nicht, Gegenstände sachgerecht anzufassen, doch dafür nahmen sie ihre Umwelt mit den Augen wahr.

All ihre Beobachtungen hielt Maria akribisch fest. Giuseppe half ihr dabei. Auch er war es als Naturwissenschaftler gewohnt, genau zu beobachten. Manchmal registrierte er Veränderungen im Verhalten der Kinder, die Maria übersah, und umgekehrt. Nach der Arbeit verglichen sie ihre Aufzeichnungen und überlegten gemeinsam, wie sie Dinge verbessern konnten. Oft saßen sie Stunden in dem kleinen, kargen Arbeitszimmer neben Sciamannas üppig ausgestattetem Büro und diskutierten über die Beschaffenheit neuen Materials. Dabei vergaßen sie die Zeit und ließen Mahlzeiten aus. Nicht selten kam es vor, dass es bereits spätabends war und sie seit dem Frühstück nichts gegessen hatten. Dann lief Giuseppe schnell in die Trattoria an der Ecke und kam mit einem Topf duftender Pasta wieder zurück, den sie gemeinsam leer aßen.

In den Wochen und Monaten der intensiven Arbeit blieb wenig Zeit für Marias Freundin Anna. Sie sahen sich nur bei den Zusammenkünften der Frauenbewegung oder wenn

Maria eine Übersetzung von ihr benötigte, um englische Fachtexte lesen zu können. Gespräche mit ihrer Mutter fanden noch seltener statt als bisher. Maria entschuldigte sich mit harter Arbeit, doch ihre Mutter war weniger nachsichtig als Anna. Sie zeigte keinerlei Verständnis für Marias Verhalten, weshalb es eines Abends zum Streit zwischen ihnen kam. Ihre Mutter beschwerte sich, dass Maria ihr keine Aufmerksamkeit mehr schenkte. Sie warf ihr Undankbarkeit vor, was Maria mit dem Abbruch des Gesprächs quittierte. Am nächsten Morgen entschuldigte sich Maria bei ihrer Mutter für ihr kindisches Verhalten, und die verzieh ihr, doch es gab nun einen Riss in der bisher so harmonischen Beziehung zwischen den beiden. Vorerst war er nur haarfein, aber mit jedem Tag, an dem sich Maria keine Zeit für den Austausch mit ihrer Mutter nahm, wurde er tiefer.

Renilde schien zu ahnen, dass es einen Mann im Leben ihrer Tochter gab, und das bereitete ihr Sorgen. »Ich kann dich von deinem Tun nicht abhalten«, sagte sie finster. »Solange du keinen Skandal provozierst, werde ich mich nicht in deine Angelegenheiten einmischen, du bist eine erwachsene Frau. Aber ich werde nicht zulassen, dass du dir mit deinem Verhalten deine Zukunft ruinierst. Der Weg zum Erfolg war zu steinig und zu beschwerlich. Es wäre töricht, den Ruhm aus einer Laune heraus zu zerstören.«

Immer öfter begegnete sie Maria mit Kritik und harschen Worten. Es war Alessandros Bemühungen zu verdanken, dass es bei einem heftigen Streit blieb. Aber unter der scheinbar glatten Oberfläche brodelte es.

Maria traf sich heimlich mit Giuseppe, aber sie arbeitete auch hart. Kurz nach Weihnachten meldete sie vier Kinder der Klinik für die staatliche Schulabschlussprüfung an. Die Anforderungen waren dieselben wie für gesunde Kinder. Es galt, einen Text zu lesen und Fragen dazu zu beantworten, ein kurzes Diktat zu schreiben und ein paar Rechnungen im Zahlenraum bis hundert zu lösen. Maria war sich sicher, dass Luigi, Clarissa, Marcello und Vanessa die Prüfung bestehen würden.

Kaum hatte sie ihr Vorhaben bei der Schulbehörde angekündigt, folgten schon die ersten Artikel in den Zeitungen. Das italienische Schulwesen wurde infrage gestellt. Wie konnte es sein, dass schwachsinnige Kinder Aufgaben lösten, an denen gesunde Kinder scheiterten? Zwei Reporter kamen in die Klinik und wollten ein Interview mit Maria führen, doch sie vertröstete die Männer auf die Zeit nach der Prüfung. »Sie verstehen sicher, dass ich mich jetzt voll und ganz auf die Kinder konzentrieren muss«, sagte sie charmant. »Sobald die vier ihre Aufgaben gelöst haben, wovon ich überzeugt bin, werde ich mich ausführlich mit Ihnen unterhalten und alle Fragen beantworten, die Sie mir stellen.«

»Was macht Sie so sicher, dass die schwachsinnigen Kinder die Prüfung bestehen werden?«

»Mit der richtigen Förderung können alle Kinder lernen.«

Im Unterschied zu Maria wäre Giuseppe dazu bereit gewesen, ausführlich mit den Männern von der Presse zu reden. Aber er geriet zunehmend in den Hintergrund, was auch daran lag, dass es ausschließlich Maria war, die mit den Kindern arbeitete und alle wichtigen Entscheidungen traf. Sie bestimmte, wer zur Prüfung antreten durfte und wie viel

Zeit die Kinder mit der Vorbereitung verbringen sollten. Außerdem achtete sie darauf, dass ihr Name nicht neuerlich unter den Tisch fiel. Wenn von dem Experiment geschrieben wurde, sollte ihr Name unbedingt genannt werden. Sie würde nicht noch einmal aus einem Text verschwinden, dafür sorgte sie, und Giuseppe hütete sich davor, sie noch einmal unerwähnt zu lassen.

Am Abend vor der Prüfung stieg die Nervosität in der Klinik.

»Wir sind nicht so klug wie die normalen Schulkinder«, sagte Clarissa verzagt.

Das Mädchen hatte sich im letzten Jahr völlig verändert. Ihre Zöpfe waren nun stets ordentlich geflochten und ihr Gesicht sauber. Ihre Kleidung saß perfekt, und wenn sie irgendwo ein Loch entdeckte, stopfte sie es sofort so säuberlich, dass nichts mehr davon zu sehen war. Serafina hatte ihr das Stricken beigebracht, und das Mädchen liebte es, bunte Schals anzufertigen. Für Maria hatte sie einen hellrosa Schal mit einem grauen Spitzenrand gestrickt. Maria wollte ihn sich am Tag der Prüfung umlegen.

»Unsinn«, entgegnete Maria. »Ihr seid ebenso klug wie alle anderen Kinder, und das werdet ihr morgen dem ganzen Land beweisen.«

»Ich habe aber Angst«, gestand Clarissa.

»Wovor?«, fragte Maria. »Vor dem Diktat? Mittlerweile schreibst du beinahe fehlerfrei.«

»Ich kann nicht so gut rechnen wie Luigi.«

Der Junge hatte in den letzten Monaten die verblüffendste Wandlung von allen vollzogen. Aus dem dürren, stillen Knaben war ein selbstbewusster Bursche geworden, der ständig

Hunger hatte. Egal, was man ihm vorsetzte, Luigi aß es mit Begeisterung. Maria legte großen Wert auf gesunde Mahlzeiten. »Ein Gehirn kann sich nur entfalten, wenn es gesunde Nahrung bekommt«, hatte sie Professor Sciamanna erklärt, und seither gab es Gemüse mit Pasta, Reis oder Polenta. Jeden Freitag kam frischer Fisch auf den Tisch und am Wochenende ein kleines Stück Fleisch für jedes Kind. Luigi liebte die gemeinsamen Mahlzeiten mit den anderen. Er wollte, dass auch die körperlich beeinträchtigten Kinder am Tisch saßen, und half ihnen, sich aufzusetzen.

Nur manchmal, wenn er sich unbeobachtet glaubte, sah er traurig aus dem Fenster. Maria wusste, dass sie ihm nicht die Eltern ersetzen konnten, aber sie sorgte dafür, dass die Phasen schnell vergingen, indem sie ihm ständig neue Aufgaben zuteilte und seinen Verstand forderte.

Jetzt legte Luigi seinen Arm um Clarissas Schulter. »Wir schaffen das morgen«, sagte er zuversichtlich. »Maria hat uns auf alles vorbereitet.«

Das Mädchen schien nicht überzeugt.

»Ich verspreche euch, dass nichts Schlimmes passiert«, sagte Maria. »Ihr werdet lesen, schreiben und rechnen, genau wie ihr es seit Wochen macht. Danach kontrollieren Lehrer vom Ministerium eure Arbeiten. Wenn sie so gut sind, wie ich glaube, dann wird man Fotos von euch in den Zeitungen bringen, und alle werden sich über eure Leistungen freuen.«

Clarissas Gesicht blieb immer noch ernst. »Wenn wir die Prüfung bestehen, was passiert dann mit uns? Müssen wir von hier weg und kommen in ein Waisenhaus?«

Jetzt erst begriff Maria, wovor das Mädchen sich in Wahrheit fürchtete. Es war nicht die Prüfung, die ihm Angst einjagte, sondern das, was danach eintreten könnte. Clarissa hatte die ersten Jahre ihres Lebens in einem Waisenhaus verbracht. Die Erfahrungen, die sie dort gesammelt hatte, schienen nicht sonderlich positiv gewesen zu sein.

»Ihr werdet so lange hier bleiben, bis ihr alt genug seid, um für euch selbst zu sorgen«, versprach Maria.

»Auch wenn wir die Prüfung bestehen?«

»Ja, natürlich«, sagte Maria. »Die anderen Kinder brauchen doch eure Hilfe. Was täte Adriano, wenn du ihm nicht die Schuhe zubinden würdest, und wie würde es Silvia ergehen, wenn du ihr nicht beim Nähen unter die Arme griffest? Auch Vittorio hätte Probleme, wenn Luigi ihn beim Essen nicht füttern würde.«

Die angesprochenen Kinder kamen näher und setzten sich zu ihnen. Sie waren zu einer Gruppe zusammengewachsen. Das war vielleicht das größte Wunder, das sich in den letzten Wochen und Monaten vollzogen hatte. Sie waren nicht mehr allein. Oft benötigten sie Marias Hilfe nicht, weil sie sich gegenseitig unterstützten. Maria spürte, wie eine Welle des Stolzes sie durchströmte. Diese Kinder waren großartig.

»Ich war in den letzten Wochen eure Lehrerin«, sagte sie ergriffen. »Aber in Wahrheit wart ihr es, die mich unterrichtet habt.«

»Wir haben dir etwas beigebracht?«, fragte Luigi neugierig. »Was denn?«

»Ihr habt mich gelehrt, dass ihr euch selbst helfen könnt«, sagte Maria. »Alles, was ich als Lehrerin tun musste, war, euch zu zeigen, wie ihr die Aufgaben allein lösen könnt.«

Ihre Augen wurden feucht. »Ich bin sehr, sehr stolz auf euch.« Sie breitete die Arme aus, und alle stürzten sich auf sie, um von ihr umarmt zu werden. Ein sanftes Gerangel entstand.

Maria lachte. Es dauerte eine Weile, bis sie sich wieder voneinander lösten.

»Morgen beweisen wir den Lehrern, dass wir klug sind«, sagte Clarissa. Ihr Gesichtsausdruck war ernst, aber entschlossen.

Maria zweifelte keine Sekunde daran, dass sie die Prüfung schaffen würde.

Das Interesse der Presse war enorm. Alle Zeitungen des Landes wollten über die schwachsinnigen Kinder berichten, die an einer ganz normalen staatlichen Schulabschlussprüfung teilnahmen. Ganz egal, welche Ergebnisse sie erzielten, allein die Tatsache, dass sie die Prüfungen ablegten, sorgte für Aufsehen.

Maria hatte für ihre Schüler Schuluniformen besorgt: weiße Schürzen über blauen Kitteln. Sie selbst hatte eines ihrer schönsten Kleider angezogen und großen Wert auf ihre Frisur gelegt. Außerdem hatte sie Clarissas Schal um die Schultern gelegt.

»Ich halte dir die Daumen«, hatte Renilde morgens gesagt und ihrer Tochter einen Kuss auf die Wange gedrückt. Vergessen war der Zwist zwischen ihnen. Wie in all den Jahren davor fieberte sie mit Maria mit, und auch ihr Vater hatte ihr von ganzem Herzen Erfolg gewünscht.

»Danke«, hatte Maria entgegnet. »Die Kinder werden mich nicht enttäuschen!«

Jetzt saß sie gemeinsam mit den vier Prüflingen inmitten von anderen ungeduldigen Schülern und deren Eltern auf dem Gang einer öffentlichen Schule. Es roch nach alten Schuhen und ranzigen Wurstbroten, nach gescheuerten Fußböden und nassen Tafelschwämmen. Es war die Geruchsmischung, die Maria aus ihrer eigenen Schulzeit kannte. Nichts hatte sich verändert. Auch nicht die trostlose Gestaltung der Räume. Die Schule war ein Ort für Erwachsene, nicht für Kinder. Die Schreibtische waren viel zu hoch, die Tafel befand sich auf Höhe der Lehrer. Die Kinder mussten sich schmerzhaft die Köpfe verrenken, um zu sehen, was darauf geschrieben stand. Es gab nichts Buntes, Freundliches. Nichts, worüber Kinder sich freuten, nichts, was ihr natürliches Interesse geweckt hätte.

Je länger Maria auf der harten Holzbank hockte, umso größer wurde ihr Wunsch, dieses kalte, lieblose Gebäude wieder zu verlassen. Sollte eine Schule nicht ein Ort sein, an dem Kinder sich gerne aufhielten? Sie schaute in das Gesicht von Luigi, der neben ihr saß. Der Junge, der jahrelang in Zellen eingesperrt gewesen war, schien ähnlich zu empfinden. Er hatte seinen Kopf eingezogen und zitterte leicht.

»Was denkst du?«, flüsterte Maria.

»Ich will wieder zurück in die Klinik.«

»Das wird noch ein bisschen dauern«, sagte Maria. »Sobald wir die Ergebnisse erfahren, gehen wir in einen Park, und ich lade euch alle zu einem großen Stück Kuchen ein.«

Die Aussicht auf Kuchen schien Luigis Stimmung zu heben, und er grinste.

In dem Moment öffnete sich die Tür, hinter die sich die Männer von der Schulbehörde zur Überprüfung der Arbeiten zurückgezogen hatten. Ein ernst dreinblickender Beamter im dunklen Anzug trat auf den Gang. Er hielt eine Liste in der Hand und sah sich wichtig um. Sofort sprangen mehrere wartende Eltern auf und traten neugierig näher.

»Hat meine Tochter die Prüfung bestanden?«

»Wie hat mein Sohn abgeschnitten?«

Der Beamte hielt ihnen abwehrend die Hand entgegen. »Einen Moment«, forderte er. Hinter ihm kamen zwei weitere Prüfer aus dem Raum. Zu dritt traten sie auf Maria zu.

»Wir müssen mit Ihnen reden«, flüsterte der Mann mit der Liste.

Maria stand auf. »Gerne«, sagte sie. »Kann ich die Ergebnisse der Kinder erfahren?«

»Darum geht es«, sagte der Mann so leise, dass nur sie es hören konnte. »Etwas daran ist seltsam.«

»Seltsam?«, wiederholte Maria.

Der Mann räusperte sich verlegen. Er schaute über seine Schulter, wo zwei Reporter standen und schon ungeduldig darauf warteten, dass er sich deutlicher zu den Ergebnissen äußerte.

»Bis auf vier Kinder haben alle die Prüfungen bestanden«, sagte der Beamte nun. Er hob seine Stimme, dass alle im Gang es hören konnten. Sofort kritzelten die Reporter die Nachricht aufs Papier. Ein Murmeln erhob sich.

»Das müssen die Schwachsinnigen sein«, sagte ein Vater erleichtert.

Maria konnte nicht glauben, was sie eben gehört hatte. Sie schüttelte den Kopf. »Vier Kinder?«, hakte sie nach.

»Ja.«

»Es können aber unmöglich die Kinder sein, die ich zur Prüfung angemeldet habe. Sie sind hervorragend vorbereitet.«

Das Murmeln wurde lauter. Es wurde getuschelt, und jemand lachte über die junge Dottoressa, die offenbar größenwahnsinnig war. »Hat sie echt geglaubt, die kleinen Idioten würden die Prüfungen schaffen?«

Der Beamte mit der Liste fühlte sich sichtlich unwohl. Er griff sich an den Kragen seines Hemdes und versuchte ihn zu lockern, als könnte er dadurch besser Luft bekommen.

Die Stimmen im Hintergrund wurden immer lauter und böser.

»Es war völlig klar, dass die Schwachsinnigen durchfallen werden«, sagte einer. »Die können weder lesen noch schreiben, und wie sollen die wohl rechnen mit ihren kranken Gehirnen?«

»Tja, was kann man von einer Frau auch anderes erwarten«, sagte eine andere Stimme.

Maria versuchte die gehässigen Bemerkungen zu ignorieren. Sie schaute zu den vier Kindern, die ganz eng zusammengerückt waren und wie ein Häufchen Elend wirkten.

Ihr Ärger wuchs. Fuchsteufelswild starrte sie den Prüfer an.

»Wer hat die besten Prüfungsergebnisse?«, wollte sie ungehalten wissen. Sie hatte jede Höflichkeit abgelegt und sprach im fordernden Ton einer Akademikerin.

Ihr Versuch, den Mann einzuschüchtern, funktionierte. Er räusperte sich erneut. »Es ist ein Junge, er heißt ...« Er zögerte.

»Nun sagen Sie endlich, wer die höchste Punktezahl erreicht hat.«

»Der Junge heißt Luigi Tassilo.«

Es dauerte einen Moment, bis Maria begriff. In den Unterlagen, die sie aus der Anstalt in Ostia übernommen hatte, war der Name Tassilo mit einem Fragezeichen versehen gewesen. Es war nicht ganz sicher, ob Luigi tatsächlich so hieß, aber Maria hatte einen Familiennamen angeben müssen, daher hatte sie sich dafür entschieden. Auch Luigi schien nicht sofort zu verstehen. Doch als die Nachricht bei ihm angekommen war, sprang er auf und klatschte in die Hände. Maria drehte sich zu ihm und umarmte ihn stürmisch.

»Luigi, du hast allen bewiesen, was in dir steckt!«

Auch Clarissa und die beiden anderen sprangen auf und fielen Luigi um den Hals. Ein Fotograf schoss ein Foto. Der Geruch verbrannten Schwefels breitete sich aus. Maria und die Kinder tanzten im Kreis.

»Wenn Sie sich wieder beruhigt haben, können wir Ihnen auch die Ergebnisse der drei anderen Kinder mitteilen«, meinte der Beamte und blickte besorgt den Gang entlang, wo immer mehr Eltern nach vorne drängten, um zu erfahren, wie ihre Kinder abgeschnitten hatten.

»Ja, bitte!« Maria drehte sich zu ihm.

»Alle vier Kinder haben die Prüfungen bestanden«, sagte er ernst. Er fügte noch die erreichte Punktzahl hinzu, doch die hörte Maria nicht mehr. Sie jubelte so laut, dass sie alle anderen Geräusche übertönte.

»Signorina, bitte beruhigen Sie sich wieder«, sagte der Beamte peinlich berührt.

»Gleich!«, rief Maria ausgelassen. »Zuerst will ich mich einfach nur freuen.«

»Dazu haben Sie auch allen Grund!« Die Bemerkung kam von einem der Reporter. »Sie haben Unglaubliches geleistet, Signorina. Bitte erzählen Sie, wie es Ihnen gelungen ist, gleich vier schwachsinnige Kinder für den Schulabschluss vorzubereiten.«

Freudestrahlend wandte Maria sich zu ihm. »Die Kinder haben sich selbst geholfen«, sagte sie. »Wenn die Sinne schwach sind, dann müssen sie geweckt werden. Das ist alles.«

»Gehen wir jetzt einen Kuchen essen?«, fragte Luigi.

»Ja, das machen wir.«

Maria und die vier Kinder verließen Hand in Hand das Schulgebäude. Zurück blieben ratlose Beamte und verwirrte Eltern. Maria spürte bloß eines: grenzenlose Freude. Sie würde sich gleich eine doppelte Portion Profiteroles gönnen und dazu eine große Tasse heiße Schokolade. Die hatte sie sich redlich verdient.

»Der Erfolg ist sensationell, Signorina Dottoressa. Mit den Prüfungsergebnissen ist Ihr Name weit über Italiens Grenzen hinweg bekannt geworden. Sie haben unser gesamtes Schulwesen auf den Kopf und infrage gestellt!« Professor Sciamannas Wangen glühten. Begeistert ging er in seinem Büro auf und ab. Neben dem Tiger und dem Löwen hing jetzt noch ein ausgestopftes Krokodil an der Wand, von dem ein leicht säuerlicher Geruch ausging.

Giuseppe räusperte sich, doch noch ehe er das Wort ergriffen hatte, stellte Maria fest: »Dr. Montesano und ich haben dieses Experiment gemeinsam durchgeführt.«

»Ja, ja«, erwiderte der Professor und machte eine wegwerfende Handbewegung. Auf den schriftlichen Berichten, die er regelmäßig zur Durchsicht bekam, standen die Namen von ihnen beiden, doch Sciamanna schien ganz genau zu wissen, wer für das gute Abschneiden der Kinder bei der Prüfung verantwortlich war.

»Weder in der Stadtregierung noch im Ministerium konnte man die Ergebnisse unbeachtet zur Seite schieben und einfach zur Tagesordnung übergehen«, fuhr er fort. »Die Berichte in den Zeitungen waren eindeutig. In der Presse wird ein neuer Umgang mit den kleinen schwachsinnigen Patienten gefordert.«

»Was bedeutet das denn für uns?«, wollte Maria wissen. Seit einer halben Stunde saßen sie nun bei Tee und Cantuccini im Büro des Direktors, ohne bisher erfahren zu haben, worum es wirklich ging. Sciamanna hatte Maria und Giuseppe zu sich gerufen, weil er ihnen eine Neuigkeit von »außerordentlicher Wichtigkeit« mitteilen wollte.

»Im Ministerium hat man erkannt, dass mit der richtigen Förderung auch schwachsinnige Kinder zu wertvollen Mitgliedern unserer Gesellschaft erzogen werden können. Daher hat der zuständige Minister beschlossen, die Erzieherinnen künftig besser auf die Arbeit mit den schwachsinnigen Patienten vorzubereiten.«

Giuseppe und Maria sahen einander verständnislos an.

»Es wird eine Schule für Erzieherinnen geben«, erklärte der Professor. »Frauen wie Serafina sollen in Zukunft eine Ausbildung genießen. Die Schule wird *Scuola Ortofrenica* heißen und vom Ministerium teilfinanziert werden. An die Einrichtung wird man eine Lehr- und Versuchsanstalt anschließen, wo neue Methoden entwickelt werden sollen. Und natürlich wird es Geld für Unterrichtsmaterial geben.«

»Das ist ja eine außerordentlich erfreuliche Nachricht«, sagte Maria. Mehr fiel ihr dazu nicht ein.

»Werden Sie denn zustimmen?«, wollte Sciamanna wissen und sah zuerst zu Maria, dann zu Giuseppe.

»Zustimmen wozu?« Auch Giuseppe sah reichlich ratlos aus.

»Na, zur Leitung der Schule, deshalb sitzen wir schließlich hier«, sagte Sciamanna mit einer Selbstverständlichkeit, als hätte er das von Anfang an erwähnt. »Sie beide sollen die Schulleitung übernehmen: ein Direktor und eine Direktorin.«

Marias Augenbrauen schossen überrascht nach oben. »Wir sollen eine Schule leiten?«

»Habe ich das noch nicht gesagt?« Verwirrt nahm Sciamanna einen Schluck aus seiner Teetasse. »Sie haben großartige Arbeit geleistet, und die soll nun honoriert werden. Außerdem erhofft man sich davon, dass viele schwachsinnige Kinder die Kliniken verlassen können und einen Weg ins Berufsleben finden. Auf diese Weise könnte der Staat eine Menge Geld sparen. Ein kräftiger Fabrikarbeiter kostet die Gesellschaft weitaus weniger als ein Schwachsinniger in einer Einrichtung, der mit Essen versorgt und dauerhaft beaufsichtigt werden muss.«

»Die Leitung einer solchen Institution bedeutet eine große Ehre«, sagte Giuseppe ergriffen.

»Nun, es war die logische Konsequenz aus dem, was Sie und Signorina Montessori in den letzten Monaten geschaffen haben.«

Maria schaute zu Giuseppe und musste sich zusammenreißen, um nicht aufzuspringen und ausgelassen durchs Büro zu tanzen. Was konnte ihr Besseres passieren, als gemeinsam mit Giuseppe an ihrem Projekt weiterarbeiten zu dürfen? Sie würden Forschungsgelder zur Verfügung haben und durften ihr Wissen an Erzieherinnen weitergeben. Auch Giuseppe schien überwältigt. Er strahlte Maria voller Freude an. Schade, dass sie sich nicht um den Hals fallen durften.

»Außerdem wurden Sie gebeten, nach Turin zu reisen, um von Ihren Methoden zu berichten«, sagte Sciamanna. »Dort findet im Herbst ein nationaler Pädagogenkongress statt.«

»Ich spreche gerne vor den Pädagoginnen«, erklärte Giuseppe. In Gedanken schien er sich schon auf die Aufgabe vorzubereiten. Es war unübersehbar, wie sehr er sich darauf freute.

»Nicht Sie, Dr. Montesano«, korrigierte Sciamanna. »Man will Signorina Montessori sprechen hören. Alle Welt weiß, dass sie eine begnadete Rednerin ist, die ihr Publikum in den Bann ziehen kann. Sie hat unser Land in Berlin hervorragend vertreten.«

Maria sah, wie Giuseppes Gesicht an Farbe verlor. Er bemühte sich, weiterhin freundlich zu lächeln, aber hinter seiner scheinbar ruhigen Fassade brodelte der Unmut.

»Wir können gemeinsam auftreten«, schlug sie vor. »Schließlich werden wir die Schule auch zusammen leiten. Ein Mann und eine Frau gemeinsam auf dem Rednerpult, das wäre ein herrliches Signal.«

»Unsinn«, sagte Sciamanna. »Die Veranstalter haben ausdrücklich Dottoressa Montessori angefragt. Warum sollten wir also Montessori und Montesano schicken? Das Ganze würde einen Haufen zusätzliche Kosten verursachen. Das Geld sollten wir sinnvoller investieren. So großzügig werden die Zuwendungen des Ministeriums leider nicht ausfallen, dass ich einen Mitarbeiter ohne dringliche Gründe auf Reisen schicken kann.«

Was sollte Maria darauf antworten? Sie fühlte sich geschmeichelt, fürchtete aber, dass Giuseppe ihr den Erfolg neiden könnte.

Er drehte sich zu ihr, und sie konnte für einen Moment Wut in seinen Augen aufblitzen sehen. Aber er hatte sich sofort wieder im Griff. »Ich bin mir sicher, dass Sie die Rede allein genauso gut halten können, Frau Kollegin. Ich werde in der Zwischenzeit die Arbeit in der Klinik ganz in Ihrem Sinne fortsetzen. «

Sciamanna stand auf und streckte seinen hageren Körper durch. »Wunderbar!« Er rieb sich zufrieden die Hände. »Wir bekommen ein eigenes Forschungsinstitut. Das haben wir alles Ihnen beiden zu verdanken. Ihrem bedingungslosen Ehrgeiz und Ihrer Hartnäckigkeit.« Er sprach sie beide an, sah dabei aber ausschließlich zu Maria.

Sie wünschte, er würde auch Giuseppe namentlich hervorheben. Aber er tat es nicht, und so wusste Maria, dass sie nach diesem Gespräch eine ganze Weile damit beschäftigt sein würde, Giuseppes Ärger zu besänftigen und ihn davon zu überzeugen, dass sein Ansehen als Wissenschaftler ebenso groß war wie ihr internationales Renommee.

Leider gelang ihr das nur bedingt. Giuseppe war tatsächlich gekränkt. Maria ließ ihm ein paar Tage Zeit, um seinen Ärger zu verarbeiten. Obwohl sie jeden Morgen gemeinsam die Klinik betraten und zusammen ihrer Arbeit nachgingen, wechselten sie kaum ein privates Wort miteinander. Genau eine Woche nach dem Gespräch mit Sciamanna hielt es

Maria nicht länger aus. Nach einer Routineuntersuchung der Patienten ergab sich eine passende Gelegenheit. Sie achtete darauf, dass alle Kollegen den Raum verlassen hatten, dann gab sie Giuseppe einen Wink und bat ihn zu warten.

»Du weichst mir aus«, platzte sie heraus.

Giuseppe gab sich überrascht, doch er war ein lausiger Schauspieler. »Wie kommst du auf die Idee?« Auch jetzt wollte er ihr entkommen und den anderen hinterhergehen.

»Seit einer Woche sprichst du nicht mehr mit mir. Ist es wegen Turin? Mir ist es völlig gleich. Du kannst gerne statt meiner hinfahren.«

Wie immer wählte Maria den direkten Weg und sprach ihr Anliegen ohne Umschweife an. Für einen Moment wirkte Giuseppe verlegen. Er schwieg und presste seine vollen Lippen aufeinander. Wie gerne hätte Maria sie geküsst und dafür gesorgt, dass sie sich weich und sanft anfühlten. Aber hier an der Klinik war das zu gefährlich. Sie und Giuseppe waren nicht allein im Gebäude, jederzeit konnte jemand den Raum betreten und sie bei ihrem Tun erwischen.

»Wir können auf der Stelle zu Sciamanna gehen und ihm sagen, dass ich aus irgendeinem erfundenen Grund nicht nach Turin fahren kann und du stattdessen den Vortrag hältst.«

Für einen Moment glaubte Maria, dass Giuseppe einwilligen würde. Der Gedanke schien ihm zu gefallen. Aber dann bildete sich eine steile Falte auf seiner Stirn, und er sagte ernst: »Nein, Maria, das wäre nicht in Ordnung. Man hat nach dir gefragt, und deshalb musst auch du vor den Pädagoginnen reden.«

»Aber es ist mir nicht wichtig«, entgegnete Maria, und

ihre Stimme wurde lauter. »Solange mein Name bei den Untersuchungen erwähnt wird, bin ich zufrieden. Wenn du gerne die Rede halten willst, dann soll es mir recht sein.« Sie machte eine Pause. »Aber bitte straf mich nicht mit deinem Schweigen, das verletzt mich.« Nun wurde sie leiser. Der letzte Satz war ihr einfach so herausgerutscht. Ihr wurde bewusst, wie wichtig Giuseppes Zuneigung für sie geworden war. Sie gierte förmlich danach.

Schon fürchtete sie, dass ihr Drängen ihn ängstigen könnte, aber das Gegenteil war der Fall. Ihre Verletzlichkeit schien ihn zu rühren. Er machte einen Schritt auf sie zu und nahm sie trotz der Gefahr, entdeckt zu werden, in den Arm. Maria hielt ihre Nase ganz nah an seinen Hals und atmete seinen Geruch ein. Das vertraute Parfum entlockte ihr ein Seufzen.

»Du bist eine großartige Wissenschaftlerin«, sagte er. »Deshalb sollst du den Vortrag halten.«

»Aber ich will, dass du weiter mit mir sprichst. Ich halte es nicht aus, wenn du mich wie Luft behandelst.«

Giuseppe strich ihr durchs Haar. Seine zärtliche Berührung weckte in Maria den Wunsch nach mehr. Sie drückte sich an ihn.

»Wir arbeiten beide sehr viel, das ist alles.«

»Lass uns den Abend gemeinsam verbringen«, schlug Maria vor. Sie wusste, dass Giuseppe mittwochs immer frei hatte. Bis vor Kurzem waren sie an diesen Abenden gemeinsam essen oder spazieren gegangen, bevor sie in Giuseppes Wohnung gelandet waren.

»Das geht heute leider nicht«, sagte Giuseppe. »Ich habe schon etwas vor.«

»Was?«

Giuseppe löste sich von ihr. »Wird das jetzt ein Verhör?«

»Nein… natürlich nicht«, stammelte Maria verlegen. Sie kam sich wie ihre eigene Mutter vor, was ihr peinlich war.

Giuseppe lachte. »Du musst dir keine Gedanken machen, *mia cara.*« Ihre Eifersucht schien ihm zu schmeicheln. »Mein Vater ist in der Stadt, und ich bin mit ihm zum Abendessen verabredet.«

»Ach so«, Maria konnte ihre Erleichterung kaum verbergen. »Und was ist mit morgen Abend? Ich kann das Treffen mit dem Frauenverein absagen.«

»Das ist nicht nötig«, sagte Giuseppe. »Morgen gehe ich mit ehemaligen Studienkollegen ins Café.«

»Den ganzen Abend?«

Nachsichtig schüttelte Giuseppe den Kopf. Wieder fuhr er Maria durchs Haar. Sie schmiegte ihren Kopf in seine Hand.

»Der Sonntag gehört uns, versprochen.«

Schon wollte Maria sich darüber freuen, aber dann fiel ihr ein, dass sie am Sonntag ihre Mutter zu einem Wohltätigkeitsbasar begleiten würde. Sie hatte Giuseppe schon vor Wochen davon erzählt. Ob er es vergessen hatte oder absichtlich den Sonntag gewählt hatte, weil er wusste, dass sie keine Zeit haben würde?

»Am Sonntag kann ich leider nicht. Aber wir werden einen anderen Tag finden«, sagte Maria.

»Das werden wir mit Sicherheit.«

Giuseppe küsste sie mit so viel Leidenschaft, dass Maria für einen Moment ihre Enttäuschung vergaß. Sie genoss die Nähe, sie berührte Giuseppes Schultern und strich ihm über den Rücken. Auch er streichelte ihre Hüften und drückte sich gegen sie. Maria konnte sein Verlangen spüren. In diesem Moment näherten sich Schritte über den Gang. Sofort ließ sie von Giuseppe ab und stolperte einen Schritt zurück. Sie stieß gegen einen Stuhl, der ins Wackeln geriet, und strich sich verlegen eine Haarsträhne hinters Ohr, die sich gelöst hatte. Angespannt lauschte sie auf die Geräusche von draußen. Auch Giuseppe schwieg, aber er wirkte bei Weitem nicht so panisch wie Maria.

Die Schritte entfernten sich wieder. Als sie völlig verklungen waren, löste sich Giuseppe aus seiner Starre.

»Wir müssen eine Lösung finden«, sagte er ernst. »Ich habe das Versteckspiel langsam satt.« Ohne Marias Antwort abzuwarten, öffnete er die Tür und ging. Wie betäubt blieb Maria zurück. Es gab keine Lösung. Das wusste nicht nur sie, sondern auch Giuseppe.

Rom, Herbst 1898

Die Herbstsonne tauchte die Kuppel des Petersdoms in ein weiches, orangerotes Licht. Das Laub der Bäume am Tiber und in den großen Parks der Stadt verfärbte sich allmählich. Die Sonne stand schon deutlich tiefer und brannte längst nicht mehr erbarmungslos auf die Häuser, Kirchen und Tempel der Ewigen Stadt.

Maria liebte dieses prachtvolle Farbenspiel, das sich jedes Jahr aufs Neue wiederholte und Rom in ein Meer von Braun-, Gelb- und Rottönen verwandelte. Die vielen verschiedenen Nuancen erinnerten sie an den Malkasten, den sie als kleines Mädchen von ihrer Großmutter geschenkt bekommen hatte. Tagelang hatte Maria sich die Farben nur angesehen, weil sie gewusst hatte, dass das, was sie zu Papier bringen konnte, niemals dem entsprechen würde, was sie von sich erwartete. Aus Angst, von ihrer eigenen Leistung enttäuscht zu sein, hatte Maria den Farbkasten nie zum Einsatz gebracht. Er lag noch immer unberührt in ihrer Schreibtischschublade.

Maria hatte schon als Kind ihre Stärken und Schwächen genau gekannt. Sie war eine Naturwissenschaftlerin, sie liebte die Genauigkeit. Künstlerische Kreativität überließ sie anderen. Zum Beispiel ihrer Freundin Anna, die gerade neben ihr saß. Maria beobachtete sie dabei, wie sie mit eleganten, sicheren Schwüngen die Silhouette der Stadt zu Papier brachte. Immer wieder hielt Anna inne, lehnte sich nach hinten, überprüfte die Bleistiftstriche und besserte nach.

»Hm«, sagte sie. »Was meinst du? Erkennt man den Petersdom?«

Maria neigte den Kopf zur Seite. »Ja, ganz sicher. Die Zeichnung wird gut.«

»Danke!«

Aber Anna hatte genug für heute. Sie packte ihre Zeichenutensilien zusammen, steckte Papier und Bleistift zurück in ihre Ledertasche und klappte den Hocker zusammen, auf dem sie gesessen hatte.

»Lass uns ins *Caffè Greco* gehen«, schlug sie vor. »Eine Tasse Kaffee und ein Stück Orangenkuchen wären jetzt genau das Richtige.«

»Eine hervorragende Idee«, stimmte Maria zu. Es war Wochen her, dass sie die Freundin das letzte Mal getroffen hatte. Jetzt erst merkte sie, wie sehr sie die Nachmittage mit Anna vermisste. Die Unbeschwertheit ihrer Freundin war selbst dann ansteckend, wenn man selbst niedergeschlagen war.

»Was ist los?«, fragte Anna. »Du müsstest die glücklichste Frau Italiens sein.«

»Warum? Weil ich beruflichen Erfolg habe?«

»Du untertreibst maßlos«, entgegnete Anna lachend. »Du hast eine hinreißende Rede in Turin gehalten. Die Presse lag dir wochenlang zu Füßen. Man hat sich förmlich überschlagen und über deine Schönheit und deine Klugheit berichtet.«

Maria lächelte müde. Die Rede in Turin war ihr tatsächlich gelungen. Wieder einmal hatte sie die Gunst der Stunde zu nutzen gewusst. Sie hatte die erschütternde Nachricht über den Mord an der österreichischen Kaiserin geschickt für den Transport ihrer Inhalte eingesetzt, und ihre Argumentationslinie war aufgegangen. In dem Vortrag hatte sie eigene Schulen für schwachsinnige Kinder gefordert, um sie gezielt fördern und unterrichten zu können. »Denn auch der Mörder der Kaiserin von Österreich war einst ein Kind«, hatte sie gesagt. »Ein schwachsinniges Kind, das vielleicht nie zum Mörder geworden wäre, hätte es rechtzeitig die entsprechende Erziehung erhalten.«

»Ich denke, dass du zu viel arbeitest«, sagte Anna. »Schau in den Spiegel, du hast Ringe unter den Augen, weil du an nichts anderes mehr denkst als an deine kleinen Idioten.«

Maria schüttelte den Kopf. Es war nicht die Arbeit, die ihr zusetzte. Sie war es gewohnt, viel zu leisten. Ganz im Gegenteil, die Forschung, der Unterricht, ihre Lehrtätigkeit, all das half ihr, sich abzulenken.

Anna blieb stehen und musterte Maria mit zusammengekniffenen Augen. »Ist es dein Dottore? Musst du dich seinetwegen so grämen?«

Wie immer hatte Anna den Nagel auf den Kopf getroffen. Sie war eine der wenigen Vertrauten, die von Marias Liebesbeziehung zu Giuseppe wussten.

»Ich glaube, dass er neben mir auch andere Frauen trifft.«

»Dann ist er ein Schwachkopf«, entgegnete Anna. »Er sollte dich auf Händen tragen. Eine Frau wie dich kriegt er nie wieder.«

Maria zog ihren Mantel enger. Ein kühler Wind frischte auf.

»Vielleicht betrügt er mich sogar«, sagte sie leise. Seit Tagen verfolgte sie die Vorstellung, Giuseppe könnte mit einer anderen Frau das Bett teilen. Die Bilder, die sie sich ausmalte, brachten sie schier um den Verstand. Es war die Eifersucht, die an ihr zehrte, wie eine bösartige Krankheit. Er hatte doch versichert, immer nur sie zu begehren. Was war aus diesem Versprechen geworden? Zwar sah er sie nach wie vor mit leidenschaftlichen Blicken an, aber er neidete ihr den Erfolg. Dessen war sich Maria sicher.

»Weißt du, mit wem er sich trifft?«

Maria schüttelte den Kopf. »Es ist bloß eine Vermutung. Vielleicht stimmt sie auch nicht. Ich glaube, dass er sich über meinen Erfolg in Turin nicht freuen konnte.«

Anna schwieg, und Maria erinnerte sich an die Worte ihrer Freundin, als sie ihr zum ersten Mal von ihrer Liebschaft mit Giuseppe erzählt hatte. Damals hatte Anna sie gewarnt, dass ehrgeizige Männer es nicht aushielten, wenn Frauen erfolgreicher waren als sie selbst.

»Wir sehen uns kaum noch«, fuhr Maria fort. »Immer wenn ich ein Treffen vorschlage, hat er schon etwas anderes vor.«

»Ihr verbringt jeden Tag mindestens acht Stunden in der Klinik und in der Schule gemeinsam.«

»Diese Zeit meine ich nicht«, seufzte Maria. »Ich glaube, dass er am Abend einfach genug von mir hat. Er sieht mich den ganzen Tag, weil ich ständig neben ihm bin.«

»Und wie geht es dir damit?«, erkundigte sich Anna. »Willst du nach Dienstende auch lieber ein anderes männliches Gesicht sehen?«

»Nein«, entfuhr es Maria empört. »Ich will überhaupt keinen anderen Mann. Niemals. Er ist alles, was ich mir immer erträumt habe. Giuseppe ist perfekt.«

Sie machte eine Pause, bevor sie leise hinzufügte: »Ich liebe ihn wirklich, von tiefstem Herzen. Das ist nicht nur eine nette Tändelei.«

»Um Himmels willen, Maria«, entfuhr es Anna. »Das sind schwerwiegende Worte.«

»Es ist die Wahrheit. Er ist zärtlich, klug, charmant und gutaussehend. Er weiß genau, was ich denke, und er versteht meine Leidenschaft für die Wissenschaft.«

»Weiß er eigentlich, wie du für ihn empfindest?«

Maria blieb stehen und betrachtete ihre Hände, die vom ständigen nervösen Kneten schon ganz gerötet waren.

»Ich bin mir nicht sicher.«

»Dann solltest du es ihm unbedingt sagen«, meinte Anna. Aus ihrem Mund klangen die Dinge wie immer furchtbar einfach.

»Ich soll ihm sagen, dass ich ihn liebe?«

»Ja, natürlich!«

»Aber was, wenn er meine Gefühle nicht erwidert? Ich würde mich lächerlich machen.«

»Lächerlich macht bloß er sich. Du bist eine großartige Frau.« Anna legte ihren Arm um Marias Schultern. »Wenn er dich nicht liebt, dann hat er dich auch nicht verdient. Und glaube mir, auch andere Mütter haben attraktive Söhne.«

Maria machte einen Schritt zur Seite. »Anna!« Manchmal war ihre Freundin skandalös modern. Aber nicht zuletzt deshalb schätzte Maria sie so sehr.

Rom, Frühjahr 1899

Luigi, willst du mich zu Signor Renzi begleiten? Wir holen einen Satz Holzbuchstaben ab.«

Der Junge sprang sofort von seinem Schreibtisch auf und lief zu Maria. Er besuchte seit einigen Monaten eine technische Schule, doch es war ihm noch nicht so recht gelungen, dort Fuß zu fassen. Die Lehrer beschrieben ihn als störrisch, faul und desinteressiert. Maria konnte sich das nicht erklären. Sie hatte mit ihm seine Aufgaben durchgesehen, und er hatte alle fehlerfrei lösen können. Marias Eindruck war eher, dass Luigi unterfordert war. Leider sahen die Lehrer das anders. Sobald der Junge das Schulgebäude betrat, schien alles Wissen aus ihm herauszurinnen wie aus einem löchrigen Fass. Der Direktor der Schule wollte Luigi zurückstufen, was in Marias Augen völlig unsinnig und kontraproduktiv war. Diese Maßnahme würde den Jungen bloß entmutigen. Luigi hatte jahrelang in Furcht gelebt, dieses Gefühl schien immer noch sein Denken zu blockieren. Sobald er sich vor jemandem ängstigte, konnte er nicht lernen.

Die Lehrer in der Schule sahen es als Teil ihres Unterrichts, den Kindern Angst einzuflößen. Sie verwechselten

Respekt mit Furcht und verfielen dem Irrglauben, dass nur stille Kinder aufmerksam waren. In Wahrheit waren viele der ruhigen Schüler unkonzentriert, dachten nicht mehr mit und hofften darauf, nicht zu einer Aufgabe an die Tafel gerufen zu werden. Luigi war ein kluger und kreativer Kopf, der Lösungen sehr individuell anging. Erst vorgestern hatte er für eine Rechenaufgabe einen neuen Lösungsweg gefunden, doch der Lehrer hatte ihm dafür nicht einen einzigen Punkt gegeben. »Ich habe dem Jungen ganz genau gesagt, wie er die Aufgabe lösen soll, und daran muss er sich halten. An unserer Schule werden Techniker erzogen, die Regeln befolgen müssen. Keine Freidenker, Anarchisten oder Künstler.«

»Das muss doch kein Widerspruch sein. Leonardo da Vinci beispielsweise war Wissenschaftler, Maler und Bildhauer«, hätte Maria ihm erklärt, doch nicht sie war in der Schule gewesen, um Luigi abzuholen, sondern Serafina. Nachdem sie die Kritik des Lehrers gehört hatte, war ihr nichts Besseres eingefallen, als dem Jungen eine Moralpredigt zu halten. Seither wollte Luigi nicht mehr in die Schule gehen. Allein die Erwähnung der Schule ließ ihn erblassen. Maria hatte sich vorgenommen, nächste Woche dem Direktor einen Besuch abzustatten. Es konnte und durfte nicht sein, dass ein kluger Junge am Lernen gehindert wurde.

»Hol bitte einen großen Korb, Luigi«, sagte Maria. »Wir müssen die Materialien ja irgendwie transportieren.«

Luigi kletterte auf eine Leiter und griff nach einem Korb in einem der Regale, dann schlüpfte er in einen Mantel und war fertig, bevor Maria noch ihre Handtasche hatte holen können.

Kurz darauf liefen sie gemeinsam Richtung Stadtmitte.

»Warst du schon einmal in einer Tischlerei?«, fragte Maria. Sie hatte beobachtet, dass Luigi Gegenstände aus Holz mit besonderer Sorgfalt berührte. Manchmal, wenn er völlig in Gedanken versunken war, strich er mit seinen Fingerkuppen über einen Baustein oder einen Zylinder und führte ihn kurz zur Nase, um daran zu schnuppern. Dann schloss er die Augen und schien sich an irgendetwas zu erinnern. Als sie danach fragte, zuckte er ratlos mit den Schultern und meinte: »Keine Ahnung, ich mag eben den Geruch von Holz.«

Bald hatten sie den kleinen Laden in der Via Sacra erreicht. Signor Renzi stand wie immer mit gebeugtem Rücken hinter seinem Tresen und schraubte an einem kleinen Kästchen. Es war eine Spieluhr, die vereinzelte Töne von sich gab, als der Tischler sie weglegte.

»Signorina Montessori, was für eine Freude«, sagte er. Dann fiel sein Blick auf Luigi. »Sie haben Besuch mitgebracht. Wie schön!«

Maria schob den Jungen nach vorne. »Das ist Luigi. Er ist einer meiner klügsten und fleißigsten Schüler.« Beschämt sah Luigi zu Boden.

»Herzlich willkommen«, sagte Signor Renzi. »Kennst du dich vielleicht mit Spieluhren aus?« Er zeigte auf das Kästchen vor sich, schien aber keine Antwort zu erwarten.

Neugierig geworden trat Luigi einen Schritt näher. Er betrachtete das Kästchen und die Spieluhr genau, dann zog er es vorsichtig zu sich und klappte den Kasten auf. Zwei Töne erklangen. Dann drückte er eine Feder nach hinten, zog an einer anderen und drehte behutsam an einem Rädchen. Augenblicklich ertönte eine liebliche Melodie. Sie stockte zweimal kurz, aber sie stammte eindeutig vom österreichischen Komponisten Wolfgang Amadeus Mozart. Luigi lauschte andächtig. Als die Melodie zu Ende war, klappte er das Kästchen vorsichtig wieder zu. Er betrachtete es mit so viel Ehrfurcht, als handelte es sich um einen wertvollen Schatz.

»Du bist ein kleines Genie«, meinte Renzi lachend. »Genau wie der kleine Mozart, von dem die *Kleine Nachtmusik* stammt.«

»Ist das der Name des Stücks?«

»Ja«, sagte Signor Renzi.

»Die Musik ist wunderschön.«

»Das finde ich auch. Deshalb war es mir so wichtig, dass die Spieluhr wieder funktioniert.«

Luigi nickte ernst. Dann sah er sich staunend in dem Laden um und nahm die vielen Holzgegenstände auf den Regalen in Augenschein.

»Du kannst die Dinge gerne anfassen«, sagte der Tischler. »Nichts davon ist zerbrechlich.«

»Darf ich?« Luigi holte auch von Maria eine Erlaubnis ein. Sie nickte. Sofort ging der Junge zu einem der Regale und nahm ein Schneidebrett herunter. Mit der flachen Hand strich er darüber, dann führte er das Holz zur Nase und sog den Duft ein. Genau wie er es mit den Holzzylindern gemacht hatte. Sein Gesicht nahm einen eigentümlichen Ausdruck an, als würde ihn der Geruch an etwas erinnern, was weit in der Vergangenheit lag.

»Luigi?«, fragte Maria leise. »Woran denkst du gerade?«

Der Junge blickte auf. Statt zu antworten, fragte er den Tischler: »Haben Sie auch eine Werkstatt, Signor Renzi?«

»Ja, natürlich«, antwortete der alte Mann. »Willst du sie sehen?«

»Sehr gern.«

»Komm mit, junger Mann!« Signor Renzi winkte Luigi zu sich und führte ihn über den kleinen Hinterhof zu seiner Werkstatt. Maria folgte den beiden. Kaum hatte Luigi den großen hellen Raum betreten, lief er zur Werkbank, auf der vor Kurzem noch gearbeitet worden war. Sägespäne lagen darunter. Luigi hockte sich auf den Boden. Mit beiden Händen fuhr er durch die gekringelten Späne, dabei lachte er leise.

»Es schaut ganz so aus, als wärst du nicht zum ersten Mal in einer Werkstatt.« Der Tischler wandte sich Maria zu, doch die zuckte hilflos mit den Schultern. Sie hatte keine Ahnung, warum Luigi sich hier so wohlzufühlen schien. Seine ängstliche, geduckte Haltung war verschwunden. Er hielt sich aufrecht und lächelte. Gerade so, als wäre er nach einer langen Reise zu Hause angekommen.

»Ist jemand aus deiner Familie Tischler?«, fragte Signor Renzi.

»Ich weiß es nicht«, gab Luigi zu.

»Wie heißt du denn, mein Junge?«

»Luigi.«

»Ich meinte eigentlich deinen Nachnamen.«

Hilfe suchend sah Luigi zu Maria.

»In seinen Unterlagen stand der Name Tassilo«, sagte sie. »Aber wir wissen nicht mit Sicherheit, ob das tatsächlich sein Familienname ist.«

»Das ist gut möglich«, meinte Signor Renzi. »Ich weiß von einem Ricardo Tassilo draußen in Ostia, dessen Werkstatt vor Jahren bis auf die Grundmauern abgebrannt ist. Er selbst, seine Frau und seine Kinder sind dabei ums Leben gekommen. Vielleicht hat einer seiner Söhne ja überlebt?«

Luigi rutschte das Schneidebrett aus den Fingern, doch er reagierte blitzschnell und fing es geschickt wieder auf.

»Ich kann mir gut vorstellen, dass du ein Sohn von Ricardo Tassilo bist«, meinte Signor Renzi. »Soviel ich weiß, war sein jüngstes Kind zum Zeitpunkt des Brandes etwa sechs Jahre alt.«

Luigi starrte den alten Mann mit offenem Mund an.

»Eigentlich sollte man sich in diesem Alter an seine Eltern erinnern«, meinte Signor Renzi. »Aber das wissen Sie wohl besser, Signorina Montessori. Sie haben Medinzin studiert.«

Maria hatte dem Gespräch fassungslos zugehört. Konnte es sein, dass der Brand für Luigi so schrecklich gewesen war, dass er ihn einfach aus seinem Gedächtnis gelöscht hatte? Möglich wäre es, und es würde bedeuten, dass Luigi nicht nur einen Namen hatte, sondern von Eltern aufgezogen worden war, die ihn geliebt hatten, und nicht, wie der Direktor des Istituto in Ostia behauptet hatte, der Sohn einer Prostituierten war, die ihn ausgesetzt hatte.

»Ich glaube, dass ich neben einer Kirche gewohnt habe«, sagte Luigi. »Ich kann mich an das Läuten der Glocken erinnern.«

»Das stimmt«, sagte Signor Renzi. »Die Werkstatt lag ganz in der Nähe der Kirche. Daneben befand sich ein großer öffentlicher Brunnen. Leider hat er den Brand nicht verhindern können.«

»Ja, da war ein Brunnen«, sagte Luigi begeistert. Ein Leuchten lag in seinen Augen. »Ich habe das Bild immer dann vor mir gesehen, wenn ich die Glocken der Chiesa Sant'Aurea gehört habe.« Der Schatten, den Maria nur zu gut kannte, legte sich wieder über das Gesicht des Jungen. Allein die Erwähnung der Kirchenglocken, die er während seiner Zeit in der Anstalt in Ostia gehört hatte, ließ ihn blass werden.

»Die Zeit in der Irrenanstalt ist vorbei«, beruhigte Maria ihn.

»Wenn du magst, kann ich einen Kollegen nach Ricardo Tassilo fragen. Er hat ihn persönlich gekannt. Vielleicht kannst du ihn mal besuchen. Er wird dir etwas über deinen Vater erzählen«, schlug Signor Renzi vor.

»Das würden Sie für mich tun?« Luigi himmelte den alten Mann förmlich an.

»Ja, natürlich.« Signor Renzi wirkte ein wenig verlegen angesichts der offen gezeigten Zuneigung. Er schien nachzudenken, während er Luigi eindringlich musterte. Nach einer Weile sagte er: »Du scheinst Holz zu mögen.« Luigi nickte schnell. »Und auf den Kopf gefallen bist du auch nicht. Sonst würde die Signorina dich nicht zum Einkauf mitnehmen und dich in höchsten Tönen loben.«

Luigi antwortete nicht. Er war immer noch ganz überwältigt von dem, was er eben erfahren hatte.

»Ich suche nach einem klugen Lehrling«, fuhr Signor Renzi fort. »Ich habe immer noch keinen gefunden, mit dem ich zufrieden bin. Was hältst du davon, Luigi Tassilo aus Ostia? Willst du hier anfangen?«

Maria erschrak. Das ging ihr alles zu schnell. Sie wünschte, der Tischler hätte zuerst mit ihr gesprochen, bevor er dem Jungen einen Floh ins Ohr setzte. Aber Luigi war sofort begeistert.

»Bin ich denn schon alt genug dafür?«

»Ja, natürlich.«

Maria wusste, dass Signor Renzis Vorschlag mehr war als nur ein Angebot, bei ihm eine Ausbildung anzufangen. Luigi würde hier arbeiten und wohnen können. Signora Renzi würde ihn jeden Tag mit köstlichen Gerichten bekochen und ihn behandeln wie ihren eigenen Sohn, den sie nie gehabt hatte.

»Oder haben Sie andere Pläne mit dem Jungen?« Der Tischler wandte sich an Maria, die sich ertappt fühlte.

Luigi war so klug, dass sie und Giuseppe ihn zuerst an der technischen Schule und später vielleicht sogar an einer Universität gesehen hatten. Professor Sciamanna hatte letzte Woche davon gesprochen, dass man dem Jungen ein Stipendium beschaffen könne, sobald er die universitäre Reife erlangt habe. Aber Luigi selbst schien sich gerade anders zu entscheiden.

»Darf ich, Maria?«

Sie schluckte hart. Es war immer klar gewesen, dass Luigi die Klinik verlassen würde, aber dass es nun schon so weit sein sollte, war eine Überraschung. Sie würde den Jungen nur noch hin und wieder sehen, wenn sie Material abholte oder er sie besuchen kam. Der bevorstehende Verlust führte ihr vor Augen, wie sehr ihr Luigi ans Herz gewachsen war.

»Das ist eine weitreichende Entscheidung«, sagte sie und betrachtete den Jungen, der zur Werkbank zurückgekehrt war und mit seinem Zeigefinger über den Griff eines Hobels strich. »Wir sollten gemeinsam in Ruhe darüber nachdenken, Luigi. Im Moment willst du nicht in die Schule gehen, weil du dich vor den Lehrern fürchtest. Aber das muss nicht so bleiben. Ich kann mit ihnen reden.«

Enttäuscht fielen die Mundwinkel des Jungen wieder nach unten.

»Aber natürlich darfst du das selbst entscheiden«, fügte Maria hinzu.

Es war erstaunlich, wie schwer ihr die Worte über die Lippen gingen.

»Sicher erwarten Sie nicht, dass Luigi hier und jetzt eine Entscheidung trifft, Signor Renzi, oder?«

Der alte Mann zuckte mit den Schultern. Offenbar hatte er sich genau das erhofft. Laut sagte er: »Ich halte die Lehrstelle noch eine Weile frei. Ich würde mich freuen, wenn Luigi sie annimmt.«

Es war dem Jungen anzusehen, dass er am liebsten laut Ja geschrien hätte, aber Maria bestand darauf, dass er die Entscheidung noch einmal überschlief. Luigi stimmte zu, auch wenn auf seinem freudestrahlenden Gesicht jetzt schon seine Wahl abzulesen war. Signor Renzi schien es ebenfalls kaum erwarten zu können, den Jungen einzustellen, und Maria musste zugeben, dass Luigi hier wohl glücklicher werden würde als an der technischen Schule. Auch wenn sie sich auf den Kampf mit den Lehrern beinahe gefreut hatte. Zu gerne hätte sie den aufgeblasenen Männern bewiesen, dass Luigi intelligenter war als einige von ihnen. Nun musste Maria die Nachricht Sciamanna und Giuseppe möglichst schonend beibringen. Der Vorzeigeschüler entschied sich für seinen eigenen Weg, und sie hatte ihn gelehrt, dass er den auch gehen durfte.

Rom, Anfang Juni 1901

Florence Piavelli hatte die intellektuelle Elite der Stadt zu einem Liederabend eingeladen. Namhafte Maler, Musiker und Schauspieler standen ebenso auf der Gästeliste wie berühmte Wissenschaftler aus den Bereichen Medizin und Technik. Natürlich durften auch die beiden Leiter der neu gegründeten *Scuola Ortofrenica* nicht fehlen.

Da sie beruflich enge Kollegen waren, konnten Maria und Giuseppe bei dieser Veranstaltung zu zweit erscheinen, ohne Aufsehen zu erregen. Sie hatten sich auf der Hinfahrt gestritten. Grund war Marias geplante Reise nach London gewesen. Maria war zu einem internationalen Frauenkongress nach England eingeladen worden, wo sie mit der englischen Königin Victoria zusammentreffen sollte, was eine große Ehre war. Doch Giuseppe behauptete, dass sie in Rom nicht abkömmlich sei.

»Wer soll in der Zwischenzeit die ganze Arbeit an der Schule übernehmen?«, hatte er zu bedenken gegeben. »Was ist mit den Vorträgen, die du in den nächsten Wochen vor den angehenden Lehrerinnen halten sollst? Wer wird dich vertreten?«

»Ich dachte, dass du das tun könntest«, sagte Maria vorsichtig. Wenn Giuseppe aus irgendeinem Grund nicht in Rom war, weil er seine Familie besuchen oder zu einem Vortrag in den Norden des Landes reisen musste, übernahm Maria anstandslos seine Aufgaben. Freilich waren es nie mehr als zwei oder drei Tage, aber sie würde auch länger für ihn einspringen.

Giuseppe verzog den Mund. »Du kannst von mir nicht ständig verlangen, dass ich deine Arbeit für dich erledige.«

»Aber das tue ich doch gar nicht«, empörte sich Maria. »Es geht um eine Reise nach London. Das ist eine einmalige Gelegenheit. Ich kann dort unsere Schule vorstellen und über die neuesten Erkenntnisse aus unserer Arbeit berichten. Je mehr Menschen unsere Ideen kennenlernen, umso mehr Unterstützung werden wir erfahren. Schwachsinnige Kinder müssen auch in anderen Ländern gefördert werden.«

»Du sprichst jedes Mal von einmaligen Gelegenheiten«, hatte Giuseppe entgegnet. »Zuerst Berlin, dann Turin und jetzt London. Diesmal wirst du sogar ein paar Wochen weg sein.«

Sehnsucht hatte in seiner Stimme gelegen, und Maria hatte sofort eingelenkt. Er würde sie vermissen, nur deshalb war er verärgert.

»Ich komme ja wieder«, hatte sie versöhnlich gesagt und seine Hand liebevoll gedrückt, bis die Kutsche ihr Ziel erreicht hatte und sie aussteigen mussten.

Jetzt stand Maria gemeinsam mit der Gastgeberin Florence am Büfett und unterhielt sich darüber, welches Wetter um diese Jahreszeit in London herrschen mochte.

»Pack auf alle Fälle einige warme Strickjacken ein«, riet

Florence. Auf dieser Reise würde Marias Freundin Anna sie begleiten und als Dolmetscherin behilflich sein, denn Florence war aus familiären Gründen an Rom gebunden, und Rina hatte ebenfalls keine Zeit.

»Auch ein Regenschirm kann nicht schaden«, fügte der ältere Mann neben ihr hinzu. »Bei jedem meiner Aufenthalte in London hat es unablässig geschüttet. Ich hatte den Eindruck, sämtliche Regenmengen würden ausschließlich über England abgehen. Für den Rest Europas blieb nichts mehr übrig.«

»In mancherlei Hinsicht scheinen wir maßlos zu sein«, meinte Florence lachend. Auch nach zwanzig Jahren in Rom fühlte sie sich nach wie vor als Britin. Das Wetter allerdings vermisste sie nicht.

Maria folgte der Konversation nur halbherzig. Kaum hatten sie ihre Mäntel an der Garderobe abgegeben, hatte sich Giuseppe in den Rauchersalon zurückgezogen. Er saß neben einer jungen Frau, mit der er sich intensiv unterhielt. Sie sah hübsch, aber nicht außergewöhnlich aus. Ihre Figur war schlank, ihr braunes Haar sittsam nach oben gesteckt, und sie trug ein elegantes, unauffälliges Kleid aus teurem Stoff. Ihr Gesicht war ebenmäßig, aber so durchschnittlich, dass man es vergessen würde, sobald sie nicht mehr vor einem stand. Das einzig Bemerkenswerte war ihr Lächeln. Es war warm und gewinnend.

»Mit wem unterhält sich Dr. Montesano eigentlich gerade?« Maria hoffte beiläufig zu klingen. Aber allein die Tatsache, dass sie mitten im Gespräch das Thema wechselte, zeugte von ihrem großen Interesse.

Überrascht lehnte sich Florence nach vorne, um in den

Rauchersalon zu blicken. »Ich kenne ihren Namen nicht«, gestand sie. »Aber sie ist eine Cousine deines Kollegen Dr. Andrea Testoni.« Der Name weckte unliebsame Erinnerungen in Maria. Ausgerechnet mit einer Verwandten von Testoni musste sich Giuseppe abgeben. Genau wie Maria immer geahnt hatte, war Testoni in der Stadtregierung gelandet und war nun für die Finanzierung öffentlicher Krankenhäuser zuständig. Eine Position, in der er über viel zu viel Steuergelder zu entscheiden hatte.

Die junge Frau bemerkte, dass sie beobachtet wurde. Sie hob den Kopf und sah direkt in Marias Gesicht. Da sie sich nicht kannten, schien sie über die Intensität von Marias Blick irritiert zu sein. Auch Giuseppe war Marias Interesse nicht entgangen. Er flüsterte der jungen Frau etwas ins Ohr, worauf sie ihn enttäuscht anlächelte. Dann stand er auf und kam zu Maria herüber.

»Du scheinst dich eben ganz blendend unterhalten zu haben«, sagte sie ungewollt scharf.

»Ich wollte den Gesprächen über London ausweichen«, gab er zu. »Sie erinnern mich bloß daran, wie lange du weg sein wirst.«

Wieder gelang es Maria nicht, ihm böse zu sein.

»Ich fahre doch noch gar nicht. Wir haben bis zur Abreise bestimmt ein paar Tage für uns«, sagte sie leise.

»Pah«, schnaufte Giuseppe. »Wie sieht diese Zeit denn aus? Wir arbeiten zehn Stunden am Tag in der Klinik und setzen uns abends zusammen, um über den nächsten Arbeitstag zu sprechen. Wir planen und arbeiten, arbeiten und planen.«

»Aber nur so können wir erfolgreich sein«, erinnerte ihn Maria.

»Manchmal frage ich mich, ob es richtig ist, den beruflichen Erfolg als einziges Ziel im Leben zu sehen.« Giuseppe klang unzufrieden.

»Bis jetzt war dir unsere Arbeit immens wichtig.«

»Das ist sie ja immer noch«, räumte Giuseppe ein. »Aber hin und wieder würde ich gerne einfach einen schönen Abend mit dir verbringen.«

»Aber das tun wir doch gerade.«

Er verzog den Mund zu einer leidenden Grimasse. »Willst du etwa sagen, dass es hier gemütlich ist?«

Maria fühlte sich geschmeichelt. Er hatte das Gespräch mit der jungen Frau offenbar nicht sonderlich anregend gefunden, sonst hätte er bleiben wollen.

»Was würdest du denn lieber machen?«, fragte sie so leise, dass nur er sie hören konnte.

Statt zu antworten, bedachte er sie mit einem Blick, in dem so viel Leidenschaft und Sehnsucht lag, dass Maria errötete.

Kurze Zeit später verabschiedeten sie sich von der Gastgeberin unter dem Vorwand, noch eine Aufgabe in der Klinik erledigen zu müssen. Bereits in der Kutsche konnten sie nicht voneinander lassen und küssten sich voller Hingabe. Später in Giuseppes Wohnung glitt Marias Kleid schon im Vorzimmer auf den Boden, und ihr Korsett landete neben dem Kleiderständer im Schlafzimmer.

Sie liebten sich mit einer neuen Intensität, als wollten ihre Körper miteinander verschmelzen. Die Nähe zwischen ihnen war beinahe schmerzlich. Sie klammerten sich aneinander wie ein Paar, das sich nach dieser Nacht für immer trennen musste. Jeder Kuss fühlte sich an wie der letzte, weshalb sie einen weiteren folgen ließen. Gegen alle Konventionen und

Regeln blieb Maria über Nacht. Erst als die ersten Sonnenstrahlen über den Dächern von Rom aufblitzten, schlich sie sich auf Zehenspitzen aus dem Bett und sammelte ihre Kleidungsstücke wieder auf.

»Maria?« Giuseppe blinzelte sie verschlafen an.

»Ja?«

»Wie lange willst du dieses Spiel der Heimlichkeiten weiter betreiben?«

»Was meinst du, Giuseppe?«

»Dass du dich auf Zehenspitzen aus meiner Wohnung schleichst, statt dich als meine Frau mit mir zum Frühstück zu setzen.«

Maria zuckte zusammen. Da war er wieder, Giuseppes Wunsch nach einer offiziellen Beziehung.

»Giuseppe, du weißt, dass ich dich nicht heiraten kann. Ich müsste meine Arbeit aufgeben.«

Sie waren füreinander geschaffen, dachte Maria, völlig egal, ob sie in den heiligen Stand der Ehe traten oder nicht.

»Ich glaube, dass mir das auf Dauer nicht reichen wird«, sagte Giuseppe plötzlich. Seine Worte trafen Maria wie ein Schlag ins Gesicht.

»Was meinst du damit?«

»Ich will mit einer Frau zusammen sein, die sich nicht für mich schämt.«

»Aber das tue ich doch nicht. Ich liebe dich!«

Sie hatte die Worte zum ersten Mal ausgesprochen. Giuseppe schien ebenso überrascht darüber wie sie. Für einen Moment freute er sich und lächelte. Doch dann legte sich wieder ein Schatten über sein Gesicht. »Aber deine Arbeit liebst du noch mehr.«

»Das ist unfair!«, empörte sich Maria.

Verlangte Giuseppe wirklich von ihr, dass sie ihre Karriere aufgab, damit sie sich nicht mehr heimlich treffen mussten?

Rasch schlüpfte sie in ihre Kleidung und verließ ohne einen Abschiedsgruß die Wohnung.

London, Ende Juni 1901

Obwohl die Reise nach England deutlich länger und umständlicher war als die nach Berlin, war Maria längst nicht so nervös. Vielleicht lag es daran, dass sie ihre beste Freundin Anna an ihrer Seite hatte, vielleicht war es, weil sie mittlerweile wusste, dass sie eine begnadete Rednerin war, die sich nicht davor fürchten musste, vor Publikum zu sprechen. Eigentlich hätte Maria die Reise in vollen Zügen genießen können. Aber das Gegenteil war der Fall. Bereits in der Woche vor ihrer Abreise ging ihr das Gespräch mit Giuseppe nicht aus dem Sinn. Unentwegt musste sie darüber nachdenken, was er tun würde, wenn sie ihn nicht heiraten wollte. Das änderte sich auch während der Eisenbahnfahrt nicht.

Drei Tage nach ihrer Abreise in Roma Termini kamen sie in London an. Sie fuhren über Turin, das Maria vom letzten Kongress bereits vertraut war, weiter nach Calais und nahmen von dort eine Fähre nach Dover.

Eigentlich liebte Maria das Meer, aber auf der Fahrt über den Ärmelkanal war ihr so übel, dass sie trotz des rauen Wellengangs und des schneidenden Winds an Deck ging. Mit flauem Magen hielt sie sich an der Reling fest und starrte auf die dunkelgrauen Wogen, auf denen weiße Schaumkrönchen wie freche Trolle tanzten. Anna war es draußen zu kalt, weshalb sie sich in den Speisesaal zurückgezogen hatte, wo sie eine Tasse Tee mit Scones und Butter genoss. Als nach Stunden endlich die weißen Klippen der englischen Küste in Sicht kamen, verspürte Maria große Erleichterung.

Doch die Übelkeit ging auch an Land nicht weg. Anna und Maria mussten eine Ewigkeit warten, bis die Einreiseformalitäten erledigt waren. Weinende Kinder klammerten sich an müde Mütter, hier und dort hatte jemand auf seinem großen Koffer Platz genommen, um ein kleines Nickerchen zu machen. Marias Füße schmerzten, und der Rücken tat ihr weh. Irgendwann war es dann so weit. Ein Grenzbeamter stempelte das Wappen des Empires in die italienischen Pässe, und die beiden Frauen konnten weiter zum nächsten Zug, der sie direkt nach London brachte. Je mehr sich die Lokomotive der Hauptstadt näherte, umso dichter wurden die Häuserreihen. Die saftig grünen Wiesen wichen riesigen Fabriken, aus deren Schornsteinen schwarzer Qualm stieg. Noch nie hatte Maria eine Stadt gesehen, in der es so viele unterschiedliche Grautöne gab wie in London. Die Dächer der eng stehenden Gebäude verschwanden in einer dicken Glocke aus Staub und Rauch, weshalb auch der Himmel nicht blau, sondern grau aussah. Maria musste sich die Hand vor die Nase halten, um nicht ständig zu husten, so sehr kratzte der Ruß im Rachen.

Am Bahnhof Kings Cross riefen sie nach einer Kutsche. Es dauerte ewig, bis sie endlich eine bekamen. Maria hatte den Eindruck, dass in London noch mehr Menschen auf den Straßen unterwegs waren als in Berlin. Überall wimmelte es von Droschken, Tramways und Pferdeomnibussen. Neben einem Schild mit der Aufschrift »Metro« führten Treppen in den Untergrund, auf denen Männer und Frauen hinuntereilten. Dort musste die Bahn liegen, die Fahrgäste unter der Erde von einem Ende der Stadt zum anderen transportierte. Vielleicht würde Maria sie in den nächsten Tagen ausprobieren. Aber jetzt wollte sie nur noch ein Bett und viel Schlaf.

Auch Anna war müde, aber längst nicht so erschöpft wie Maria.

Am nächsten Tag fühlte sich Maria noch immer unwohl. Ihre Übelkeit wollte sich trotz eines ausgiebigen Frühstücks nicht legen. Im Gegenteil, als sie den gebratenen Speck und die Eier auf ihrem Teller sah, rebellierte ihr Magen.

»Ich liebe englisches Frühstück«, schwärmte Anna und biss herzhaft in eine Scheibe getoastetes Weißbrot. Von den Rändern tropfte flüssige, gesalzene Butter. Maria musste wegschauen und hielt sich lieber an einen trockenen Biskuit. »Ich kann dir gar nicht sagen, wie sehr ich mich freue, dass ich mitkommen durfte«, fuhr Anna fort und beschmierte eine weitere Scheibe Toast mit Butter. »Wie gut, dass du unserer Frauenbewegung beigetreten bist. Mittlerweile bist du das prominenteste Mitglied. Ganz Italien bewundert dich.«

»Mmm«, murmelte Maria. Ihr war im Moment nicht nach Lobeshymnen, sie kämpfte gegen ihre Übelkeit.

»Erinnere dich nur an den großartigen Vortrag, den du in Berlin gehalten hast«, fuhr Anna unbeirrt fort.

Lustlos kaute Maria an ihrem Biskuit. »Der Vortrag war sinnlos«, brummte sie. »Ich wette mit dir, dass Frauen in hundert Jahren immer noch nicht den gleichen Lohn erhalten werden wie Männer.«

Anna legte ihren Toast zurück auf den Teller. »Maria, bitte sei nicht so pessimistisch«, schimpfte sie. »Du verdirbst mir ja den ganzen Appetit. Natürlich brauchen solche Veränderungen Zeit. Aber die Missstände müssen aufgezeigt werden, und das machst du auf eine ganz hervorragende, einmalige Art. Ich bin stolz auf dich.«

Maria wollte erneut protestieren, aber sie verkniff sich ihren Kommentar und trank stattdessen einen Schluck exzellenten Schwarztee. Sie wollte Anna den Tag nicht vermiesen.

Am Nachmittag war der Besuch bei der Königin angesagt. Anna konnte es kaum erwarten und probierte der Reihe nach alle drei Reisekleider an, die sie mitgebracht hatte. Mit keinem war sie zufrieden, weshalb sie versuchte, Maria zu einem Einkaufsbummel zu überreden.

»In Knightsbridge gibt es das größte und modernste Kaufhaus des Königsreichs. Es ist noch eindrucksvoller als die riesigen Kaufhäuser in Paris«, meinte Anna begeistert. »Moderne Frauen können dort herumflanieren und sich Ware zeigen lassen, ohne sie kaufen zu müssen.«

»Wirklich?«, hakte Maria erstaunt nach. Für gewöhnlich ging man in ein Geschäft, ließ sich beraten und nahm dann einen Teil der gezeigten Waren mit. Es galt als unhöflich, nichts zu kaufen.

»Das Harrods ist ein Luxustempel«, fuhr Anna mit leuchtenden Augen fort. »Wir müssen es uns ansehen. Es gibt nichts, was man dort nicht käuflich erwerben kann. Kleidung, Haushaltsartikel, Schreibwaren, Bücher und alle Lebensmittel, die man sich nur wünschen kann. Leider ist das Kaufhaus vor ein paar Jahren völlig abgebrannt. Seither wird es renoviert, die meisten Abteilungen sind zum Glück wieder geöffnet.«

»Ich weiß nicht«, sagte Maria zögerlich. Am liebsten hätte sie sich auf ihr Zimmer zurückgezogen, ins Bett gelegt und einfach den Tag verschlafen.

»Bist du krank?« Besorgt legte Anna ihrer Freundin die Hand an die Stirn. »Du hast kein Fieber«, stellte sie fest, war aber immer noch beunruhigt. »Natürlich gibt es auch Krankheiten, bei denen man kein Fieber bekommt. Du bist die Ärztin. Was meinst du? Glaubst du, dass du krank bist?«

Maria zuckte mit den Schultern. »Ich bin bloß von der Reise erschöpft. Wenn du nichts dagegen hast, lege ich mich ein bisschen hin und ruhe mich aus, damit ich am Nachmittag wieder frisch bin.«

»Ich soll allein ins Harrods?«

»Wäre das so schlimm für dich?«

Anna überlegte. »Eigentlich nicht«, sagte sie dann. »Ich nehme eine Kutsche und lasse mich bis vor die Türen des Kaufhauses bringen. Drinnen kann ich dann allein herumflanieren. Das ist ein weiterer Vorteil von Kaufhäusern. Man benötigt als Frau nicht die Begleitung einer Anstandsdame.«

Die Vorstellung, allein einen Kaufhaustempel zu besuchen, schien ihr zu gefallen. Schon lief sie zur Rezeption und bat den Hotelmitarbeiter, ihr eine Droschke zu organisieren.

Unterdessen ging Maria nach oben ins Hotelzimmer. Vielleicht war sie ja doch krank. Sie beschloss, ihre Haut gleich auf einen Ausschlag zu untersuchen. Doch kaum lag sie im Bett, war sie auch schon eingeschlafen.

Nach einem kurzen Schläfchen fühlte sich Maria deutlich besser, auch wenn sie längst nicht über ihre übliche Tatkraft verfügte. Der Empfang bei der Königin ließ ihr Herz schneller schlagen, und sie suchte ihr bestes Kleid heraus. Gemeinsam mit Anna, die hinreißend aussah, fuhr sie in einer Kutsche zum Buckingham-Palast, wo rechts und links einer breiten Prachtstraße die Schaulustigen bereits auf das Eintreffen von Queen Victoria warteten. Anna und Maria verließen die Kutsche, bezahlten den Fahrer und suchten nach einer Lücke zwischen den Zuschauern.

Nach einer gefühlten Ewigkeit ritten mehrere uniformierte Reiter die Prachtstraße entlang und sahen mit ernsten Blicken in die wartende Menge. Ihnen folgte eine von sechs Pferden gezogene Kutsche, in der mehrere Menschen saßen, darunter auch die Königin. Sie winkte den Menschen huldvoll zu. Begeisterte Rufe und freudiges Winken mit Taschentüchern und kleinen Fähnchen war die Antwort. Die Kutsche ratterte so schnell an ihnen vorbei, dass Maria nur einen kurzen Blick auf die Königin erhaschte, und fuhr dann zu einem Seiteneingang, der für die Zuschauer nicht einsehbar war. Nun durften die geladenen Gäste nach Vorzeigen der Einladungen die schwarzen schmiedeeisernen Tore passieren und im Innenhof weiter warten.

Maria fror trotz ihres Mantels in dem dünnen Sommerkleid. Zu allem Überfluss fing es zu nieseln an. Leider hatten weder sie noch Anna einen Regenschirm dabei. Schon nach kurzer Zeit lösten sich ein paar von Marias Haarsträhnen und kringelten sich vorlaut an den Schläfen.

Zum Glück wurden die Tore relativ schnell geöffnet, doch im Buckingham-Palast hieß es erneut warten. Zuerst in einer eindrucksvollen Halle, die mit Gemälden der Königsfamilie geschmückt war, dann in einem Saal, der eigens für Empfänge wie diesen diente.

Marias Füße schmerzten, und sie trat ungeduldig von einem Fuß auf den anderen. An jedem anderen Tag hätte sie sich die Zeit vertrieben, indem sie die Gäste studiert und sich Gedanken darüber gemacht hätte, wie viele wichtige Persönlichkeiten hier wohl schon gestanden hatten und ähnlich wie sie ihre Zeit mit Warten verbracht hatten. Aber heute war ihr die Geschichte ebenso gleichgültig wie die Gegenwart, und sie ärgerte sich über die sinnlos verbrachten Stunden. Da sie seit dem Frühstück nichts gegessen hatte, knurrte ihr Magen, und zwar so laut, dass die umstehenden Menschen es hörten. Maria presste ihre Hand dagegen, um ihn zu beruhigen, doch ohne Erfolg.

»Du hättest etwas zu Mittag essen sollen«, flüsterte Anna vorwurfsvoll.

»Da war mir aber noch übel.«

Die Frau neben ihnen drehte sich pikiert zu ihnen und zischte ungehalten: »Pst!«

Maria fragte sich, warum. Schließlich war bisher rein gar nichts passiert. Noch immer standen sie in dem übertrieben ausgeschmückten Saal mit goldenen Stuckaturen an der Decke und mittelalterlich anmutenden Fresken an den Wänden und warteten.

Als auch die geduldigsten Gäste unruhig wurden, trat endlich einer der Männer in Uniform nach vorne. Er schlug mit einem goldenen Stock auf den Boden und kündigte die Ankunft der Königin an. Es hatte ganze zwei Stunden gedauert, bis Queen Victoria aus der Kutsche gestiegen und in den Saal gekommen war. Jetzt bewegte sie sich mit langsamen, hinkenden Schritten zum Podium, wo ein Stuhl für sie bereitstand. Es war nicht ihr Thron, aber er sah ähnlich prunkvoll aus.

Die Königin sah noch strenger und trauriger aus als auf den Fotos, die es von ihr gab. Eine ernste Frau, die den Anschein erweckte, als hätte sie seit Jahren nicht mehr gelacht. Sie war übergewichtig, hatte ihr schütteres Haar zu einem strengen Knoten nach hinten gebunden und trug ein schwarzes Kleid mit hohem Kragen. Angeblich hatte sie seit dem Tod ihres Mannes keine andere Farbe mehr angehabt. Ihr Gesicht war teigig, ihre Backen aufgedunsen und schwer.

Nun ging das Warten weiter. Ein geladener Gast nach dem anderen wurde aufgerufen. Der Grund, warum ihm oder ihr die große Ehre zuteilwurde, von der Queen empfangen zu werden, wurde ebenfalls verlesen. Dann erst durften die Gäste einzeln vortreten und die Königin begrüßen. Also stand Maria zwei weitere Stunden Schlange, um dem Oberhaupt des Britischen Empires die Hand zu schütteln. Die ganze Prozedur dauerte so lange, weil von jedem Gast ein Foto mit der Königin gemacht wurde. Auch Maria würde einen Abzug mit nach Hause bekommen. Sie hatte erwartet, dass sie mit Queen Victoria ein paar Worte würde wechseln können, aber das war nicht vorgesehen.

Für einen winzig kurzen Moment hatte sie den Eindruck, die Königin zeigte Interesse an ihr, als sie hörte, dass Maria Ärztin war, aber dieser Eindruck verflog gleich wieder. Maria trat nach vorne, machte den Knicks, den sie zuvor geübt hatte, und stellte sich in Pose, damit der Fotograf sie ablichten konnte. Ein Blitz flammte auf, der Geruch von verbranntem Schwefel stieg auf, und schon war Maria wieder fertig und durfte sich mit Anna unter die anderen Gäste mischen. Als alle Wartenden vor die Königin getreten waren, verschwand Queen Victoria wieder. In einem separaten Raum wurden Erfrischungen gereicht. Mit Gurken und Senf belegte Sandwiches.

»Ich will etwas Richtiges essen«, jammerte Maria.

»Du willst schon wieder gehen?« Für Anna fing der Spaß gerade erst an.

»Hast du meinen Magen vorhin nicht gehört?«

»Aber es gibt Brötchen, Maria.«

»Ich habe Hunger!«

Widerwillig verdrehte ihre Freundin die Augen. »Hätte ich gewusst, wie anstrengend du auf Reisen bist, wäre ich in Rom geblieben.«

Auch an den nächsten Tagen fühlte sich Maria seltsam unwohl. Sie hielt zwei Reden vor einem interessierten internationalen Publikum, doch trotz des minutenlangen Applauses wollte keine echte Freude bei ihr aufkommen. Ständig hatte sie das Gefühl, sie müsse sich auf der Stelle übergeben – ganz gleich, ob sie etwas aß oder eine Mahlzeit ausließ. Dazu kam diese Müdigkeit, die sie so noch nicht erlebt hatte.

Ähnlich wie in Berlin übertrafen sich auch die Reporter in London mit Lobeshymnen über die charmante, hübsche und kluge Ärztin aus Italien. Anna übersetzte Maria jeden Beitrag, doch Begeisterung über den Erfolg wollte sich bei ihr nicht einstellen.

»Was ist los mit dir?«, fragte Anna streng.

Maria wusste es nicht.

»Bekommst du etwa deine Tage?« Anna selbst machte vor ihrer Freundin kein Geheimnis daraus, dass sie schrecklich zickig war, bevor sie ihre Monatsblutung hatte. Dies war ein Thema, das man nur mit der allerbesten und engsten Freundin besprechen konnte. Anna und Maria verband eine solche Freundschaft.

Maria zählte im Kopf nach, dann riss sie ihre Augen erschrocken auf.

»Was ist los?«, wollte Anna wissen.

»Ich hätte meine Periode noch vor unserer Abfahrt bekommen sollen.«

Anna zuckte bloß mit den Schultern. »Eine Reise kann den weiblichen Zyklus völlig durcheinanderbringen. Bei mir fällt die Regel hin und wieder völlig aus, wenn ich einige Wochen unterwegs bin, und ehrlich gesagt bin ich darüber nicht böse.«

Doch Maria schüttelte entschieden den Kopf. »Nein, ich habe noch nie verspätet meine Tage bekommen.«

»Dann ist es eben jetzt das erste Mal.«

Aber Maria ließ sich nicht beirren. »Ich bin schwanger«, sagte sie mit einer Sicherheit, die keinen Widerspruch erlaubte.

»Aber es ist doch viel zu früh. Das kannst du noch gar nicht wissen.« Anna klang nun nicht mehr ganz so sicher. Sie kannte Maria seit ihrer Kindheit. Wenn sie von etwas dermaßen überzeugt war, dann entsprach es fast immer der Wahrheit.

»Mir ist übel, meine Brüste spannen und schmerzen, ich habe meine Tage nicht bekommen. Wie viele Beweise brauchst du noch?« Maria stiegen die Tränen in die Augen.

Anna fasste nach ihren Händen. »Wäre es denn so schlimm, wenn du ein Kind bekämst?«

Unwirsch entzog Maria ihr ihre Finger. »Es wäre das Ende meiner Karriere«, sagte sie ungehalten.

»Aber Giuseppe liebt dich doch. Er würde dich heiraten.«

»Ich will aber nicht heiraten!« Marias Stimme wurde so laut, dass die anderen Gäste im Restaurant sich neugierig nach ihr umsahen.

Deutlich leiser fügte sie hinzu: »Auch wenn ich heirate, muss ich meine Tätigkeit als Ärztin aufgeben. Mein ganzes Studium, die nächtelange Plackerei, die fürchterlichen Sezierstunden – all das wäre umsonst gewesen.«

Anna presste die Lippen zusammen und schwieg.

»Ich kann dieses Kind nicht bekommen«, sagte Maria entschieden.

»Lass uns noch ein paar Tage abwarten. Vielleicht löst sich alles in Wohlgefallen auf, und deine Blutung setzt ganz normal ein«, versuchte Anna ihre Freundin zu beruhigen.

Maria glaubte nicht daran, aber sie schwieg. In ihrem Kopf ging sie bereits alle möglichen Szenarien durch. Eine Abtreibung war nicht nur verboten, sondern auch gefährlich, außerdem würde ihr Gott das niemals verzeihen, und sie selbst könnte sich nicht mehr im Spiegel anschauen, würde sie ein Menschenleben töten. Und was würde Giuseppe zu der ganzen Sache sagen?

Die nächsten Tage fühlte sich Maria, als wäre sie in einem bösen Traum gefangen. In ihrem Kopf gab es nur ein Thema: das Kind, das sie nicht wollte. Nach außen hin musste sie so tun, als würde sie den Vorträgen der anderen Kongressteilnehmerinnen interessiert folgen. Nach den Veranstaltungen lief sie neben Anna durch die Straßen Londons. Die Freundin ließ keine Sehenswürdigkeit aus, in der Hoffnung, Maria auf andere Gedanken zu bringen. Aber ihre Rechnung ging nicht auf. Die beiden marschierten zum Tower und überquerten die Tower Bridge. Sie besuchten Big Ben und fuhren mit einem Schiff über die Themse, vorbei am Parlament. Als Anna noch St. Pauls Cathedral besuchen wollte, weigerte sich Maria.

»Ich muss zurück ins Hotel«, sagte sie.

»Willst du nicht wenigstens noch in den Hyde Park?«

»Nein, ich will ins Hotel.«

Also gingen sie zurück und verbrachten den letzten Abend im Hotelzimmer.

Die Heimreise gestaltete sich ähnlich anstrengend wie die Tage in England. Obwohl Maria das Reisen liebte, konnte sie diesmal keine Sekunde der Fahrt genießen. Mittlerweile war sie sich sicher, dass sie schwanger war. Alle Anzeichen sprachen dafür. Auch Anna hatte aufgegeben, ihr das Gegenteil einzureden. Sie versuchte aber weiterhin, Maria aufzuheitern, und war der festen Überzeugung, dass es für jedes Problem eine Lösung gab. Die beiden Freundinnen hatten ein Abteil der ersten Klasse genommen, weshalb sie ausreichend Platz hatten und bequem auf gepolsterten Bänken saßen. Regelmäßig wurden ihnen Erfrischungen serviert und aktuelle Zeitungen der jeweiligen Länder gebracht, durch die sie gerade fuhren. Maria verstand die Überschriften nicht, aber sie erkannte ihr eigenes Konterfei auf allen Titelseiten. Sie war eine gefeierte Wissenschaftlerin und neben der italienischen Königin Margherita im Moment zweifelsohne die berühmteste Italienerin. Doch sie konnte sich über den Erfolg nicht freuen. Sie war gerade dabei, ihn selbst zu zerstören.

Niedergeschlagen schaute sie aus dem Fenster und betrachtete desinteressiert die vorbeiziehende Landschaft. Wie sollte sie Giuseppe von ihrer Schwangerschaft erzählen? Würde er darauf bestehen, dass sie heirateten? Und was war mit ihren Eltern? Was würden sie sagen, wenn sie von Marias Fehltritt erfuhren? Eine Tochter mit einem unehelichen Kind war ein Skandal, eine Schande für die gesamte Familie. Maria schloss die Augen, ballte die Hände zu Fäusten und drückte sie so fest gegen die Augen, bis sie helle Blitze sah. Die Übelkeit, von der sie ein paar Stunden verschont gewesen war, kehrte zurück. Für einen winzig kurzen Moment dachte sie, dass es das Einfachste wäre, aus dem fahrenden Zug zu springen. Der Gedanke war so erschreckend, dass ihr vor sich selbst graute. Sie musste sich zusammenreißen und durfte diese Idee keinesfalls erneut aufkommen lassen. Anna hatte völlig recht, es gab für jedes Problem eine Lösung. Die Frage war bloß, welche.

Als der Zug knapp vier Wochen nach ihrer Abreise wieder am Bahnhof in Rom einrollte, schaute Maria sorgenvoll auf den Bahnsteig. Sicherlich würde Giuseppe irgendwo da draußen auf sie warten. Er hatte sie bisher jedes Mal von ihren Reisen abgeholt. Er wusste genau, mit welchem Zug sie ankam. Aber so sehr Maria den Bahnsteig auch absuchte, sie konnte seinen dunklen Lockenkopf in der Menge der Wartenden nicht ausmachen.

»Vielleicht sitzt er in der Bahnhofshalle. Dort ist es freundlicher«, murmelte sie. Es nieselte und war trotz der Jahreszeit empfindlich kalt.

»Sieht so aus, als hätten wir das Wetter aus London mitgebracht«, entgegnete Anna lachend. Aber Maria war nicht nach Scherzen zumute. Wo war nur Giuseppe?

Sie hievten ihre Koffer auf den Bahnsteig und riefen nach einem Gepäckträger. Der trug beide Koffer in die Bahnhofshalle, wo sich Fahrgäste und Wartende drängten. Auch hier hielt Maria Ausschau, konnte Giuseppe aber nirgends entdecken.

»Er ist nicht da«, sagte sie enttäuscht. Seit Stunden hatte sie darüber nachgedacht, wie sie ihm von ihrer Schwangerschaft erzählen sollte, und jetzt war er gar nicht hier. Wie konnte er sie dermaßen im Stich lassen?

»Giuseppe ist Arzt«, versuchte Anna sie zu beschwichtigen. »Vielleicht ist er zu einem kranken Patienten gerufen worden. Du weißt doch selbst am besten, wie schnell man als Medizinerin Pläne über den Haufen werfen muss, weil ein Notfall dazwischenkommt.«

»Er wusste, dass ich heute ankomme«, beharrte Maria und ahnte, dass Giuseppes Abwesenheit einen anderen Grund hatte.

»Wir nehmen uns gemeinsam eine Kutsche«, schlug Anna vor. »Du wirst deinen Giuseppe noch früh genug sehen.«

Renilde wartete seit Stunden am offenen Wohnzimmerfenster auf ihre Tochter. Noch bevor Maria die Treppe zur Wohnung hochsteigen konnte, lief sie ihr schon mit ausgebreiteten Armen entgegen.

»Maria, endlich!«, rief sie voller Freude. Doch dann hielt

sie abrupt inne, trat einen Schritt rückwärts und musterte ihre Tochter. »Was ist passiert?«, fragte sie.

»Nichts, ich bin bloß müde«, log Maria und versuchte, an ihrer Mutter vorbei in ihr Zimmer zu gehen.

Renilde hielt sie zurück. Als Maria in die besorgten Augen ihrer Mutter blickte, brach ihre Selbstbeherrschung wie ein fragiles Kartenhaus in sich zusammen. Sie konnte ihre Tränen nicht länger zurückhalten. Die Anspannung der letzten Wochen holte sie erbarmungslos ein. Zu lange hatte sie für die Kongressteilnehmer und Reporter eine strahlende, lächelnde Fassade aufrechterhalten müssen, die jetzt von ihr abfiel. Schluchzend warf sie sich in Renildes Arme und weinte bitterlich. Sie fühlte sich wie ein kleines Kind und wünschte sich, ihre Mutter würde mit einer Wärmflasche und einem Pflaster alles wieder gut machen. Eigentlich wäre es Giuseppes Aufgabe gewesen, sie zu trösten. Aber er war nicht da gewesen.

»Ich muss meine Karriere aufgeben«, gestand sie, während ihr die Tränen hinunterliefen. »Alles war umsonst. Die ganze Arbeit für nichts und wieder nichts. Und ich bin selbst schuld.«

Renilde erfasste die Lage sofort. »Du bist schwanger«, sagte sie leise.

Maria hatte Enttäuschung, Vorwürfe oder Schimpftiraden erwartet. Stattdessen legte Renilde ihren Arm um Marias Schultern und zog sie fürsorglich zu sich.

»Jetzt komm erst einmal richtig an und beruhige dich. Ich habe heiße Schokolade zubereitet. Danach reden wir in Ruhe über alles.«

Maria kam es so vor, als hätte sich in den letzten zwanzig Jahren nichts verändert. Sie war wieder das Schulmädchen, das weinend nach Hause kam und sich über einen Mitschüler beschwerte, der ihr ein Bein gestellt hatte. Ein Gefühl von Dankbarkeit durchströmte sie. Maria lehnte sich gegen die Brust ihrer Mutter, die genauso roch wie damals. Für den Moment fühlte sie sich in Sicherheit. Auch wenn sie wusste, dass diesmal Kakao nicht ausreichen würde, um ihre Probleme zu lösen.

Leider hielt das Gefühl der Geborgenheit nicht lange an. Nachdem Maria aufgehört hatte zu weinen, fasste Renilde ihre Möglichkeiten ganz nüchtern zusammen. Es wirkte so, als hätte sie sich seit Monaten auf eine solche Nachricht vorbereitet. Auch Marias Vater schien wenig überrascht. Während die alte Standuhr im Speisezimmer laut tickte, sprach Renilde so leise, dass Flavia, die hin und wieder gerne an den Zimmertüren lauschte, nichts hören konnte.

»Entweder du heiratest Dr. Montesano und wirst Mutter und Ehefrau, oder du ziehst dich zurück, bekommst dein Kind heimlich und gibst es zur Adoption frei. Ich habe Kontakte zur Leiterin eines komfortablen Nonnenklosters in Bologna, wo man sich auf die Geburtshilfe versteht. Dort wird man dich aufnehmen.«

»Niemand würde ein solches Kind adoptieren«, wandte Maria ein. »Es müsste in einem der Waisenhäuser Roms aufwachsen.« Sie musste an Luigi denken und das ganze Leid, das ihm widerfahren war. Schützend legte sie die Hände auf ihren Bauch.

»Dann wirst du auf deine Karriere verzichten müssen. Vielleicht gestattet Dr. Montesano dir, dass du heimlich an deinen Forschungen weiterarbeitest. Aber den Erfolg wird er für sich beanspruchen.«

Maria wusste genau, wovon ihre Mutter sprach. Es gab unzählige Frauen, die an der Seite ihrer Männer arbeiteten, deren Leistungen aber nie öffentlich anerkannt wurden, da offiziell ihre Ehemänner für den Erfolg verantwortlich gemacht wurden. Beispiele dafür gab es in der Kunst ebenso wie in der Wissenschaft. Oft waren es nicht die Ehemänner, die sich ungerecht verhielten, sondern bloß die Gesellschaft, die es verheirateten Frauen nicht zugestand, in gehobenen Positionen zu arbeiten. Nach wie vor herrschte die Meinung, dass eine Frau sich entweder auf ihre Familie oder auf ihre Karriere konzentrieren konnte, niemals aber auf beides.

»Könntet ihr beide das Kind nicht adoptieren?«, fragte Maria vorsichtig. Die Idee war ihr im Zug gekommen, kurz bevor sie die italienische Landesgrenze passiert hatten. Würde sie das Kind heimlich bekommen und ihre Eltern es zu sich nehmen, konnte sie es aufziehen, ohne auf irgendetwas verzichten zu müssen. Sie wären eine kleine, aber glückliche Familie. Vorerst würde niemand wissen, wer die wirklichen Eltern wären. Und wenn das Kind alt genug wäre, um es zu erfahren, hätten sich die gesellschaftlichen Regeln vielleicht gelockert und Maria konnte sich offen zu ihrem Kind bekennen. Die Lösung war perfekt.

»Ausgeschlossen«, sagte Renilde strikt. »Ich müsste mit einem Kind zusammenleben, das in Sünde geboren wurde. Du hast dir diesen Schlamassel eingebrockt, jetzt musst du zusehen, wie du wieder aus der Sache herauskommst.«

Maria hatte diese Reaktion befürchtet. Sie erinnerte sich an das Dienstmädchen, das vor Flavia hier gearbeitet hatte.

Renilde hatte die junge Frau hochschwanger auf die Straße gesetzt. Zum Glück verfuhr sie mit der eigenen Tochter anders.

»Es wäre dein Enkelkind, Mama.« Maria gab noch nicht auf.

»Nein«, sagte Renilde so vehement, dass Maria wusste, jede weitere Nachfrage wäre sinnlos. Ihre Mutter würde sie unterstützen, das Kind heimlich zu bekommen und den Skandal zu vertuschen, damit sie weiterarbeiten konnte. Aber sie würde sich niemals um ein uneheliches Kind kümmern, auch nicht, wenn es ihr eigener Enkel war.

Marias Vater hielt sich zurück. Zu ihrer Überraschung war nicht ein einziges Wort des Vorwurfs gefallen. Lag Traurigkeit in seinen Augen? Enttäuschung? Nein, es war Mitleid. Vielleicht wäre er bereit gewesen, sein Enkelkind zu adoptieren. Aber solange Renilde dagegen war, hatte es keinen Sinn, ihn zu fragen. Maria kannte ihre Mutter gut genug, um zu wissen, dass sie sich nicht umstimmen ließ.

»Auf alle Fälle musst du mit Dr. Montesano reden«, fasste Renilde zusammen. »Schließlich ist er an der Sache nicht ganz unbeteiligt.«

Entgegen Marias sonstiger Entschlossenheit ging sie Giuseppe vorerst aus dem Weg. Sie wusste, dass sie mit ihm reden musste, scheute sich aber gleichzeitig davor. Sie waren nach einer wunderschönen Nacht im Streit auseinandergegangen, und Giuseppe war immer noch wütend, sonst hätte er sie vom Bahnhof abgeholt. Oder gab es etwas anderes, was ihn bedrückte? Als sie ihm auf dem Gang der Klinik in Begleitung von Professor Sciamanna begegnet war, hatte er zwar erfreut, aber auch beschämt gewirkt. So als würde er ihr etwas verheimlichen. Ach, es war alles so furchtbar kompliziert. Niemals hätte Maria gedacht, dass sie in so eine Situation geraten könnten. Sie machte Giuseppe dafür verantwortlich. Er hatte an jenem Abend darauf gedrängt, dass sie die Veranstaltung verließen.

Es dauerte eine ganze Woche, bis Maria endlich den Mut aufbrachte, Giuseppe um eine Unterredung zu bitten. Sie trafen sich im *Caffè Greco*. Der Kellner wies ihnen einen abgeschirmten Tisch in einer Nische zu, wo sie vor unliebsamen Blicken und Zuhörern geschützt waren. Nach belanglosen Worten über den Kongress, über die Stadt London und die Reise entstand eine schier endlose Pause. Giuseppe rührte nervös in seinem Kaffee, und Maria merkte, dass auch er sich unwohl fühlte.

»Du verheimlichst mir etwas«, stellte sie fest. Er hatte noch kein einziges Mal versucht sie zu berühren, weder mit Blicken, noch mit seinen Händen.

»Es gibt da eine …« Er starrte in seinen Kaffee, als fände er dort die Worte, die er nicht aussprach. Mit einem Mal begriff Maria. Wie hatte sie nur so blind sein können?

»… eine andere Frau«, ergänzte sie mit heiserer Stimme.

Giuseppe schaute niedergeschlagen auf. »Es war eine einmalige Sache«, erklärte er. »Ich liebe diese Frau nicht, aber ich fühlte mich nach unserer letzten Nacht so niedergeschlagen. Ich war mir sicher, dass du mich niemals heiraten würdest. Diese Aussichtslosigkeit hat mich schier um den Verstand gebracht.«

Eine ganze Welle von Erklärungen und Entschuldigungen sprudelten aus Giuseppes Mund, doch Maria hörte sie nicht.

Ihr war schwindelig, in ihren Ohren rauschte es, und die dunkelroten Wände des Caffès drohten auf sie einzustürzen.

»Wer war es?«, wollte sie wissen.

»Das ist unwichtig«, meinte Giuseppe verlegen.

»Wer?«, beharrte Maria. Sie glaubte die Antwort bereits zu kennen.

»Du kennst sie nicht.«

»Testonis Cousine?«

Giuseppe nickte geknickt, und Maria schloss die Augen. Ausgerechnet eine Verwandte von Testoni – geschmackloser ging es nicht mehr.

Giuseppe versuchte nach ihren Händen zu greifen, aber Maria entzog sie ihm energisch.

»Ich dachte, du hättest schon davon gehört und wolltest dich deshalb mit mir treffen«, meinte Giuseppe.

»Der Grund, warum ich mit dir reden wollte, war ein anderer«, erklärte sie eisig.

Giuseppe hob fragend die Augenbrauen.

»Ich bin schwanger.«

Jetzt war es heraus. Maria beobachtete Giuseppes Reaktion. Nie zuvor hatte sie ihn so fassungslos gesehen. Er starrte sie eine ganze Weile an, bevor sich ein Lächeln auf seinem Gesicht ausbreitete.

»Das ist ja, das ist ja …«, stotterte er.

»Es ist das Grauenhafteste, was mir passieren konnte«, stellte Maria fest.

»Du findest es grauenhaft, ein Kind von mir zu erwarten?« Nun war er gekränkt.

»Du hast mich betrogen!«, platzte Maria heraus. Vor ihrem inneren Augen zogen Bilder vorbei, wie Giuseppe mit Testonis Cousine im Bett lag, wie er sie auszog und küsste, wie er sie liebkoste … Ihr wurde übel, und sie spürte, wie etwas in ihr für immer zerbrach.

Giuseppe sah sie lange an. Er lehnte sich zurück und verschränkte die Arme vor der Brust.

»Willst du behaupten, dass du mich geheiratet hättest, wenn mir dieser Fehltritt nicht passiert wäre?«

»Möglich«, sagte sie.

»Dann hör mir zu, Maria.« Er beugte sich wieder nach vorne, stützte beide Ellbogen auf den kleinen Tisch und forderte ihren Blickkontakt ein. »Ich habe in meinem ganzen Leben noch nie eine Frau so geliebt wie dich. Du bist klug, schön und faszinierend. Ich will, dass du mich heiratest und dass wir gemeinsam unser Kind großziehen. Dass ich eine einzige Nacht mit einer anderen Frau verbracht habe, tut mir aufrichtig leid. Ich verspreche dir, dass es nie wieder vorkommen wird. Ich will keine andere als dich.«

Er wartete auf Marias Antwort. Sie horchte in sich hinein. Alles, was sie fühlte, war Schmerz. Giuseppe hatte sie enttäuscht. Wie sollte sie ihm jemals wieder vertrauen können? Ihn wollte sie ganz sicher nicht heiraten.

»Ich will dich nie wieder sehen«, sagte sie heiser.

»Das wird schwer möglich sein, wir leiten gemeinsam eine Schule, hast du das vergessen?«

Maria wandte ihren Blick ab und presste ihre Lippen aufeinander.

»Maria, du bist verletzt. Das kann ich gut verstehen«, sagte Giuseppe nun sehr sanft. »Denk in Ruhe über alles nach. Wenn wir heiraten, wirst du auch weiterhin an unseren Forschungsprojekten arbeiten. Es würde sich nichts ändern.«

»O ja«, schnaufte Maria aufgebracht. »Ich arbeite dir im Hintergrund zu, und den Erfolg für die Arbeit heimst ausschließlich du ein. Mein Name als Ärztin und Wissenschaftlerin wird von der Bildfläche verschwinden, stattdessen wird überall Dr. Montesano zu lesen sein. Das würde dir mit Sicherheit gefallen.«

»Du würdest diesen Namen ebenfalls tragen«, sagte Giuseppe. »Ehen funktionieren nun einmal so, dass Mann und Frau zusammenhalten.« Er klang verletzt. »Aber dir ist offenbar deine Karriere wichtiger als alles andere. Sogar wichtiger als unser gemeinsames Kind.«

»Wie kannst du es wagen, von Zusammenhalt zu sprechen?«, zischte Maria. »Du bist ein Mann. Für dich ist alles furchtbar leicht. Wenn dir danach ist und dir deine Frau oder deine Geliebte nicht mehr passt, dann suchst du dir einfach eine andere und teilst mit ihr das Bett.«

»Was hat mein Fehltritt mit deiner Karriere oder unserem Kind zu tun? Ich habe mich bereits für meinen Fehler entschuldigt. Es tut mir aufrichtig leid, Maria. Ich werde ihn mein ganzes Leben bereuen.«

»Das sollst du auch«, sagte Maria unversöhnlich.

»Was hast du vor, wenn du meinen Antrag ablehnst?«

»Ich werde das Kind heimlich bekommen.«

»Und dann?« Giuseppes Gesicht rötete sich vor Ärger. »Ich lasse nicht zu, dass du unser Kind in ein Waisenhaus steckst.«

»Ach nein?« Maria lachte böse. »Was willst du dagegen tun?«

»Ich werde dem Kind meinen Namen geben«, sagte Giuseppe. »Ich werde mich zu ihm bekennen und für seinen Unterhalt aufkommen.«

»Ja, natürlich. Du wirst dich freikaufen, wie einfach.«

Giuseppe schüttelte traurig den Kopf. »Du weißt, dass das nicht stimmt. Ich wünschte, du würdest deine Meinung ändern und mich heiraten. Aber so wie du momentan reagierst, kann ich wohl nicht damit rechnen, dass das je der Fall sein wird.«

Maria drehte sich von ihm weg und antwortete nicht.

»Ich werde nach einer wohl situierten Familie auf dem Land Ausschau halten, die Pflegekinder aufnimmt. Dann können wir das Kind beide besuchen. Vielleicht kommt irgendwann der Tag, an dem auch du dich zu dem Kind bekennen willst«, fuhr Giuseppe fort.

»Ich will nicht, dass mein Name in den Geburtsurkunden erwähnt wird«, sagte Maria.

»Das ist ganz allein deine Entscheidung.«

Giuseppe winkte den Kellner herbei. Er beglich die Rechnung, stand auf und verließ das Café.

Eigentlich sollte Maria erleichtert sein, aber das Gegenteil war der Fall. Tränen traten in ihre Augen und liefen ihr über die Wangen, tropften auf den Kragen ihres Kleides und durchnässten den Stoff auf ihrer Brust. Als Maria die neugierigen Blicke der Frauen am Nebentisch bemerkte, holte sie ein Taschentuch hervor und schnäuzte sich. Dann verließ sie das Caffè. Sie würde auch weiterhin Ärztin bleiben. Aber nichts würde je wieder so sein wie früher.

Während der nächsten Wochen versuchte Maria, sich mit Arbeit zu betäuben. Während sie Vorträge hielt, Patienten behandelte und Überstunden in der Klinik machte, hoffte sie auf ein Wunder. Sie wünschte sich nichts sehnlicher, als morgens aufzuwachen und ihr altes Leben zurückzuhaben.

Ihre Übelkeit verging zwar, doch ihr Körper zeigte schon bald erste Anzeichen der Schwangerschaft, die sie verbergen musste. Sie schnürte ihr Korsett so straff, dass ihr an manchen Tagen die Luft zum Atmen fehlte und ihr schwindelig wurde, wenn sie zu rasch aufstand. Trotz ihrer Bemühungen sah sie bald aus wie eine Frau, die sich der maßlosen Völlerei hingab. Giuseppe versuchte sie aus dem Weg zu gehen, was weitaus schwieriger war als gedacht, schließlich arbeiteten sie eng zusammen. Während sie einen Bogen um ihn machte, sobald er ihr auf dem Gang oder in einem der Vortragssäle begegnete, suchte er den Kontakt zu ihr. Wann immer er sie allein antraf, bat er sie darum, ihre Entscheidung zu überdenken und ihn zu heiraten.

»Es ist die beste und eleganteste Lösung für uns beide, und du wirst sehen, die Zeit heilt die Wunden«, flehte er.

Maria schenkte seinen Beteuerungen keine Beachtung. Anfangs waren seine schuldbewussten Blicke noch eine Genugtuung für Maria, aber das änderte sich bald. Nachdem Giuseppe akzeptiert hatte, dass sie ihn mit Sicherheit nicht heiraten würde, wandte er sich von einem Tag auf den anderen wieder Testonis Cousine zu. Er traf sich mit der jungen Frau und machte ihr den Hof. Zuerst ahnte Maria nur von der Beziehung, doch dann begegnete sie den beiden am Tiber. Maria hatte sich mit Rina Faccio zu einem Spaziergang getroffen, als sie Giuseppe und Testonis Verwandte entdeckte, die vor einem Drehorgelspieler standen und andächtig der Musik lauschten. Der Anblick dieser zarten Verliebtheit ließ Maria erstarren und trieb einen weiteren Keil in ihr ohnehin schon angeschlagenes Herz. Gegen alle Regeln des Anstandes entschuldigte sie sich bei Rina und ließ sie einfach stehen.

Sie lief den ganzen Weg nach Hause zu Fuß, und in der elterlichen Wohnung angekommen, sperrte sie sich in ihrem Zimmer ein und warf sich weinend aufs Bett. Sie wollte niemanden sehen und fühlte sich unendlich verletzt. Mit beiden Fäusten trommelte sie zuerst gegen die Matratze, dann gegen ihren Bauch und schrie: »Ich will dich nicht!«

Besorgt versuchte Renilde sie zu beruhigen und klopfte gegen Marias Tür. »Bitte, mach auf!«, forderte sie.

Aber Maria ignorierte ihre Bitte. Auch auf das Drängen ihres Vaters reagierte sie nicht. Maria wollte weder essen noch trinken. Sie fühlte sich missbraucht, belogen und verletzt. Giuseppe hatte sie hintergangen. Und selbst Renilde, die ihr ganzes Leben auf Marias Seite gestanden hatte, ließ sie jetzt im Stich. Sie wollte ihr Enkelkind nicht zu sich nehmen.

Maria wälzte sich auf den Rücken und starrte mit hoffnungslosem Blick an die Decke. Sie horchte in sich hinein und stieß auf eine schier endlose, Angst einflößende Leere. In diesem Moment der Einsamkeit begriff sie, dass sie nie wieder jemandem bedingungslos vertrauen konnte. Mit Giuseppes Betrug war etwas in ihr zerbrochen, das nicht mehr heilen konnte.

Es dauerte Stunden, ehe sie sich wieder von ihrem Bett aufrappelte und in der Lage war, ihr Zimmer zu verlassen. Die bestürzten Fragen ihrer Mutter ließ sie unbeantwortet, und auch in den nächsten Tagen wechselte sie mit ihr nur die nötigsten Worte.

Zwei Tage nach der Begegnung am Tiber passte Giuseppe Maria vor der Klinik ab. Er schien schon länger zu warten und trat trotz seines warmen Mantels frierend von einem

Bein aufs andere. Maria wollte nicht mit ihm reden. Sie war müde vom langen Arbeitstag und der fortschreitenden Schwangerschaft und versuchte ihm auszuweichen. Aber kaum hatte Giuseppe sie erblickt, holte er sie rasch ein und zwang sie, ihm zuzuhören. Giuseppe sprach schnell.

»Maria, ich weiß, dass du nicht mit mir reden willst. Aber es geht um unser Kind.«

Die Worte ließen Maria zusammenzucken. Das Lebewesen in ihrem Bauch gehörte weder ihr noch ihm. Sie hielt inne, verschränkte die Arme vor ihrer Brust und starrte Giuseppe kalt an.

»Ich habe eine Familie ausfindig gemacht«, erklärte er ganz ruhig. »Sie wohnt in der Nähe von Florenz auf einem wunderschönen Landgut. Gegen ordentliche Bezahlung ist man bereit, unser Kind dort aufzunehmen. Sobald es alt genug ist, wird es eine gute Schule besuchen. Der Gutshof liegt auf einem sanften Hügel. Die Natur ist paradiesisch. Willst du die Familie kennenlernen?«

»Nein.«

Giuseppe wirkte irritiert. Es dauerte eine Weile, bis er antwortete.

»Ich kann nicht glauben, dass es dir völlig egal ist, wo unser Kind untergebracht wird.«

»Ich wollte niemals ein Kind bekommen.«

»Aber du bist schwanger, auch wenn es dir nicht gefällt.«

»Das habe ich dir zu verdanken.«

Giuseppe lachte humorlos auf. »Du gibst mir die alleinige Schuld an der Schwangerschaft?«

»Wem denn sonst? Ich habe nicht mit anderen Männern geschlafen, du bist der Vater.«

Giuseppe schluckte hart. »Ich weiß, dass ich dich verletzt habe, und ich habe mich bereits mehrmals dafür entschuldigt. Du begehst einen großen Fehler, Maria. Du glaubst, dass du dich schützen kannst, indem du möglichst wenig über die Zukunft unseres Kindes weißt. Aber du irrst dich. Sobald das Kind geboren ist, wird es dich nicht mehr loslassen. Bei jedem Kind, das dir begegnet, wirst du an unseres denken und dich fragen, wie es ihm ergeht.«

»Wie schön, dass du genau weißt, was in mir vorgeht.« Maria schlang die Arme fester um ihren Körper.

»Ich will nicht mit dir streiten«, sagte Giuseppe versöhnlich. Er holte einen zusammengefalteten Zettel aus seiner Jackentasche und reichte ihn Maria. »Hier ist die Adresse. Ich habe mit der Familie alles besprochen. Sobald du das Kind geboren hast, kann es zur Familie gebracht werden. Wir beide haben das Recht, es jederzeit zu besuchen.« Er machte eine Pause. »Natürlich kannst du schon vorher die Leute kennenlernen, bei denen unser Kind aufwachsen wird. Es sind ehrbare, brave Bauern.«

Maria zögerte. Sie starrte das Stück Papier an, als handelte es sich um ein ekelhaftes Insekt. Nach einer gefühlten Ewigkeit griff sie endlich danach und steckte es in ihre Manteltasche. Dann drehte sie sich auf dem Absatz um und lief davon.

»Maria!«

Etwas in Giuseppes Stimme ließ sie anhalten. Sie drehte sich zu ihm um und schaute in ein verzweifeltes Gesicht.

»Es tut mir unendlich leid.«

»Das hast du bereits gesagt.«

»Ich wünschte, du würdest wenigstens die Familie kennenlernen. Unserem Kind wird es dort an nichts fehlen.«

Maria antwortete nicht. Sie wandte sich wieder ab und rannte förmlich davon. Die Worte, die ihr auf der Zunge gelegen hatten, schluckte sie hinunter. Natürlich würde ihrem Kind etwas fehlen. Aber diese Antwort wollte sie selbst nicht hören.

Kurz vor Weihnachten fuhr Maria in die Via Sacra, um einen weiteren Satz Holzbuchstaben abzuholen. Die Kinder liebten dieses Material. Es war erstaunlich, wie schnell einige von ihnen damit das Lesen erlernten.

Trotz aller Bemühungen, ihren Bauch zusammenzuschnüren, sah sie aus wie ein kleines Weinfass. Spätestens nach Weihnachten würde sie sich aufs Land zurückziehen müssen. Es war alles vorbereitet. Ihre Mutter hatte ihre Beziehungen zur Kirche spielen lassen. Maria würde Unterschlupf in einem Nonnenkloster bei Bologna finden, wo sie in Ruhe ihr Kind zur Welt bringen konnte. Sie hatte versucht, den Moment so lange wie möglich hinauszuschieben, denn sie hatte Angst, sich ausschließlich auf ihre Schwangerschaft zu konzentrieren. Zu groß war die Gefahr, dass sie eine immer engere Bindung zu dem Ungeborenen entwickelte. Schon jetzt ertappte sie sich dabei, wie sie die immer heftiger werdenden Bewegungen in ihrem Bauch zu beruhigen versuchte, indem sie sanft darüberstrich. Manchmal hatte Maria den Eindruck, das Kind protestierte gegen die eingeschränkten Bewegungsmöglichkeiten. Es war erstaunlich, wie schnell die Stöße sanfter wurden, sobald Marias Hände auf ihrem Bauch lagen. Doch sie wollte den wortlosen Dialogen nicht zu viel Gewicht beimessen. Maria wusste, dass sie sich schützen musste. Schon jetzt wappnete sie sich vor dem bevorstehenden Verlust.

Ihre Überlegungen wurden jäh unterbrochen. Die Kutsche hielt vor der kleinen Tischlerei, und Maria kletterte umständlich aus dem Wagen. Sie beglich ihre Rechnung und betrat den Laden. Die vertraute Glocke an der Tür klingelte, und wie immer schlug ihr der Geruch von frisch gehobeltem Holz entgegen.

»Signorina Montessori!«, rief der Tischler. »Gut sehen Sie aus!«

Säuerlich verzog Maria den Mund. Das war eine höfliche Art zu sagen, dass sie dick geworden war. Aber sie konnte nichts dagegenhalten. Sie hatte tatsächlich zugenommen.

»Luigi, schau, wer eben gekommen ist!«, rief Signor Renzi über den Hof in die Werkstatt.

»Wie macht sich der Junge?«, wollte Maria wissen.

»Er ist das Beste, was meiner Frau und mir seit Jahren widerfahren ist. Wir sind Ihnen zu großem Dank verpflichtet.« Renzi trat näher zu Maria und ergriff ihre Hände. Seine Augen waren feucht, er blinzelte Tränen weg. Maria wusste nicht, was sie antworten sollte. In dem Moment wurde die Tür aufgerissen, und Luigi stürmte herein. Hinter ihm lief ein kleiner Hund. Der Welpe konnte nicht älter als ein paar Wochen sein. Tollpatschig wackelte er in den Laden und sprang an Luigis Beinen hoch, sobald dieser stehen blieb. Als der Junge Maria erblickte, hüpfte er auf sie zu und umarmte sie kurz, aber stürmisch. Viel zu schnell ließ er sie wieder los.

»Maria, ich freu mich, dass du da bist.«

Er sah gesund und glücklich aus. Seine Wangen waren rosig und voller geworden, und seine Augen strahlten Lebensfreude und Energie aus. Seit Maria ihn das letzte Mal gesehen hatte, war er wieder ein Stück gewachsen. Er bückte sich nach dem Hundewelpen und hob ihn hoch. Sofort schleckte das schwarz-weiße Wollknäuel über Luigis Stirn. »Pfui, Cesare, hör auf damit!« Er lachte.

»Die Hündin unserer Nachbarin hat Welpen bekommen. Als Luigi den kleinen Cesare gesehen hat, war das Freundschaft auf den ersten Blick«, erklärte Signor Renzi. »Ich dachte, dass es vielleicht ganz gut wäre, wenn der Junge einen Hund hat. Der kann ihn von der Sehnsucht nach Ihnen und den anderen Kindern in der Klinik ablenken.«

Maria musterte Luigi. Er sah nicht aus, als würde er irgendetwas vermissen. Noch nie hatte sie den Jungen so fröhlich und ausgelassen erlebt. Auch Signor Renzi wirkte verändert. Er sah deutlich jugendlicher aus. Die tiefen Furchen auf seiner Stirn waren weicher geworden.

»Wie gefällt dir die Arbeit in der Tischlerei?«, erkundigte sich Maria.

»Sehr gut«, antwortete Luigi. Aus einem Korb im Regal holte er einen Gegenstand aus Holz. Stolz reichte er ihn Maria. Es war ein Holzbuchstabe. Ein perfekt geschnitztes M.

»M wie Maria«, sagte Luigi. »Das habe ich für dich gemacht.«

Gerührt nahm Maria es in Empfang. Das Holz war glatt poliert und fühlte sich weich an. »Das ist wunderschön«, sagte sie.

»Danke!« Luigi freute sich über das Lob.

»Der Junge hat den Buchstaben ganz allein angefertigt. Er ist sehr geschickt. Schon jetzt ist er mir eine große Hilfe in der Werkstatt«, sagte Signor Renzi. Wie ein Vater, der lobend über seinen Sohn sprach, berührte er den Jungen an der Schulter.

»Das ist fein«, sagte Maria.

Der Junge hatte seinen Platz im Leben gefunden. Hier an Signor Renzis Seite konnte er sich nach all den schrecklichen Erfahrungen in seinem eigenen Tempo entwickeln. Er wurde mit Liebe und Anerkennung überschüttet und entfaltete sich wie eine Pflanze, die nach langer Dürre endlich Wasser bekam. Maria musste an den deutschen Pädagogen Fröbel denken, der seine Einrichtungen Kindergärten genannt hatte.

Plötzlich zuckte sie zusammen. Das Kind in ihr trat heftig gegen ihren Bauch, als wollte es sie daran erinnern, dass es ebenso wie Luigi ein Recht auf eine gesunde Entwicklung hatte. Dazu brauchte es nicht unbedingt die leiblichen Eltern, aber doch eine liebevolle Umgebung.

Mit einem Mal wusste Maria, was sie als Nächstes tun würde. Bevor sie sich ins Kloster nach Bologna zurückzog, würde sie nach Florenz fahren und einen gewissen Bauernhof aufsuchen. Sie griff in ihre Manteltasche, in der noch immer der Zettel mit der Adresse steckte. Mit zitternder Hand holte sie ihn heraus und entfaltete ihn. Sie erkannte Giuseppes Schriftzug. Seine kleinen, akkurat gesetzten Buchstaben, die an einen gedruckten Text erinnerten. Maria versuchte zu vergessen, wer die Worte geschrieben hatte. Mit klopfendem Herzen las sie: Giovanni und Allegra Mancini. Sie hoffte inständig, dass sie ihr Kind so liebevoll aufnehmen würden wie Signor Renzi und seine Frau den kleinen Luigi.

Florenz, Januar 1902

Der offene Wagen rumpelte über einen holprigen Weg, und Maria rutschte auf der harten Holzbank unbequem hin und her. Schützend legte sie beide Hände vor ihren großen Bauch. Das Kind in ihr schien die Fahrt zu genießen, es strampelte lebendig, als wollte es mitturnen.

Schon von Weitem erblickte Maria den Gutshof. Ein niedriges, lang gestrecktes Gebäude mit grauen Steinwänden und einem dunkelroten Dach. Hohe Zypressen säumten den Weg zum Hof. Neben einem Ziehbrunnen hielt der Fahrer an.

»Wir sind da«, sagte er.

Umständlich kletterte Maria vom Wagen. Ihre Wangen waren vom kalten Fahrtwind gerötet, obwohl sie den warmen Schal fest um den unteren Teil ihres Gesichts gewickelt hatte. Etwas ratlos stand sie vor dem Wohnhaus. Zwei Hühner liefen auf dem Hofplatz herum, irgendwo krähte ein Hahn. Aus einem offenen Stall drangen die blökenden Rufe von Schafen. Das Haus war von einem riesigen Garten umgeben. Knorrige Olivenbäume standen neben Orangenbäumen und Apfelbäumen. Jetzt waren sie alle kahl, aber in wenigen Wochen würden sie erste Blüten tragen.

»Sind Sie die Dottoressa?« Maria zuckte zusammen. Eine Frau, die deutlich älter war als sie selbst, war beinahe geräuschlos aus einem der Nebengebäude getreten. Sie trug ein einfaches, sauberes Kleid und einen gestrickten Umhang. Im Arm hielt sie einen Korb mit frischem Gebäck. Maria stieg der Geruch knusprigen Landbrots in die Nase.

»Ja, das bin ich. *Buongiorno.*« Sie reichte der Frau die Hand, die diese bereitwillig ergriff.

»Wir haben Sie schon erwartet«, sagte die Bäuerin. »Ich bin Allegra Mancini. Mein Mann ist unterwegs.« Sie war keine Schönheit, aber in ihrem Gesicht lag eine gewinnende Wärme. »Die Magd hat heute Brot gebacken, wollen Sie ein Stück? Mit frischer Butter vielleicht?«

Dankend nahm Maria das Angebot an und folgte der Bäuerin ins Haus. Signora Mancini öffnete eine niedrige Holztür zur linken Seite, hinter der sich die Stube befand. Die dicken Holzbalken, die die Decke trugen, hingen so tief, dass ein groß gewachsener Mann hier gewiss seinen Kopf einziehen musste. Durch die kleinen Fenster in der dicken Steinmauer drangen helle Sonnenstrahlen herein und schienen auf einen quadratischen Holztisch, der mitten im Raum stand. Er war mit einem Festtagstuch gedeckt, dessen Ränder mit bunter Blumenstickerei versehen waren. Vermutlich hatte die Bäuerin es eigens für Maria aufgelegt. Auf dem Tisch standen ein Strauß getrockneter Blumen, ein Krug Milch und zwei Becher.

»Setzen Sie sich doch.«

»Danke!« Maria nahm Platz. Sie öffnete ihren Mantel, war sich aber nicht sicher, ob sie ihn ablegen sollte.

Die Bäuerin stellte den Brotkorb vor Maria auf den Tisch,

holte Butter, zwei Teller und Messer von der Anrichte und setzte sich dann.

»Es sieht so aus, als wäre es bald so weit«, sagte sie und zeigte auf Marias Bauch.

»Im März soll es kommen«, entgegnete Maria und legte sich die Hand auf den Bauch. In den letzten Wochen tat sie das immer öfter.

»Ich werde dafür sorgen, dass mein Mann rechtzeitig die Wiege vom Dachboden holt, damit ich sie ordentlich putzen kann«, sagte die Bäuerin. »Es ist schon ein paar Jahre her, seit sie das letzte Mal in Gebrauch war.«

»Ich dachte, Sie hätten selbst einen Säugling«, meinte Maria verwirrt, denn sie fragte sich, wie die Frau ihr Kind ernähren wollte, wenn sie keine Milch hatte.

»Unsere Francesca hat vor zwei Wochen ein Kind bekommen. Sie wird auch das Ihre stillen. Das Mädchen hat so viel Milch, dass sie eine ganze Kompanie Soldaten ernähren könnte.«

»Wer ist Francesca?«

»Unsere Dienstmagd. Sie ist ein bisschen einfältig, aber kerngesund. Sie brauchen sich keine Gedanken wegen ihrer Milch zu machen.«

Es klang so, als spräche die Bäuerin von einer Milchkuh.

»Greifen Sie zu!« Signora Mancini hielt ihrem Gast den Brotkorb entgegen, und Maria bediente sich bereitwillig.

»Was meinen Sie mit einfältig?«, fragte sie vorsichtig.

»Na ja, besonders schlau kann sie ja nicht sein, wenn sie sich von irgendeinem dahergelaufenen Burschen ein Kind andrehen lässt.«

Maria fiel das Brot aus der Hand. Zum Glück landete es auf

dem Teller. Die Bäuerin schien sich ihrer taktlosen Bemerkung nicht bewusst zu sein.

»Aber wir haben das Mädchen nicht weggejagt«, fuhr Signora Mancini fort, »das würden wir niemals tun. Francesca ist eine brave Arbeitskraft, und ein Kind mehr oder weniger fällt bei uns am Hof nicht auf.«

Vom Garten her drangen lachende Stimmen in die Stube. Maria reckte ihren Hals und schaute hinaus. Eine Gruppe von Kindern jagte über das brachliegende Feld. Sie schienen große Freude dabei zu haben. Ein Mädchen quietschte vergnügt. Zwei dunkle Zöpfe flatterten fröhlich hinter ihr her.

»Sind die alle von Ihnen?«, wollte Maria wissen.

»Die drei ältesten sind von mir, die zwei jüngeren sind Pflegekinder, genau wie Ihres eines sein wird.« Während sie sprach, schnitt sie ein Stück Butter ab, legte es auf Marias Teller und reichte ihr ein Messer. »Aber ich mache zwischen den Kindern keinen Unterschied. Sie brauchen sich da keine Gedanken zu machen. Alle werden gleich behandelt, egal, ob sie von mir sind oder bloß in Pflege.«

Maria strich mit dem Messer die Butter auf ihrem Brot glatt und biss ab. Ein unvergleichlich köstlicher Geschmack breitete sich in ihrem Mund aus. Wann hatte sie das letzte Mal so herrliches Brot gegessen?

»Schmeckt es Ihnen?« Die Bäuerin lächelte.

Maria nickte mit vollem Mund.

»Wo gehen Ihre Kinder in die Schule?«, fragte sie dann.

»Im Nachbardorf ist eine Schule«, erklärte die Bäuerin. »Aber Dr. Montesano hat gesagt, dass Ihr Kind, sobald es schulreif ist, ein Gymnasium besuchen soll. Mir ist beides recht. Sie müssen mir bloß rechtzeitig Bescheid geben.«

Eigentlich sollte Maria sich über Giuseppes Bemühungen freuen, sie selbst war bisher zu all diesen Überlegungen nicht imstande gewesen. Aber es wollte keine Dankbarkeit aufkommen. Im Gegenteil, ihr stieß die süße Butter sauer auf.

»Dr. Montesano hat gesagt, dass ich jederzeit mein Kind besuchen kann, stimmt das?«

»Wenn Sie sich vorher ankündigen, ist das kein Problem.« Die Bäuerin schenkte aus dem Krug Milch in die schlichten Tonbecher. »Das Einzige, worauf ich bestehe, ist, dass Sie Ihrem Kind nicht verraten, wer Sie wirklich sind.«

»Ich soll verschweigen, dass ich seine Mutter bin?«

Die Bäuerin nickte. »Das gibt bloß Ärger. Da ist es besser, wenn das Kind glaubt, Sie sind tot oder weggezogen. Sonst fragt es sich ständig, warum Sie es nicht behalten wollten und wann Sie es endlich abholen. So was hatten wir vor ein paar Jahren mal mit einem Mädchen. Und das wollen wir uns in Zukunft gern ersparen, glauben Sie mir, Signorina.«

Maria schluckte hart. »Es ist keine Frage von wollen«, sagte sie leicht verärgert. »Würde ich das Kind behalten, könnte ich nicht mehr als Ärztin arbeiten.«

Die Bäuerin zuckte mit den Schultern. Es war ihr sichtlich egal, warum Maria ihr Kind nicht selbst großzog. »Wie auch immer«, sagte sie. »Sie können gerne jederzeit kommen, aber Sie müssen sich als Tante vorstellen und mir vorher Bescheid geben. Ich mag es nicht, wenn ich unvorbereitet überrascht werde.«

Der Gesichtsausdruck von Signora Mancini war eindeutig. In dieser Angelegenheit würde sie keinen Kompromiss dulden. Maria versuchte erst gar nicht, sie umzustimmen. Wieder drang Kinderlachen in die Stube. Jetzt saßen das

Mädchen und ein Junge in einem Handkarren, der von zwei anderen Jungs gezogen wurde.

»Ich lasse sie noch ein Weilchen draußen«, sagte die Bäuerin. »Dann hole ich sie zur Brotzeit in die Stube. Erst danach sollen sie sich mit ihren Hausaufgaben beschäftigen. Wer kann schon Zahlen zusammenzählen, wenn er sich vorher nicht ordentlich bewegt hat?« Sie lächelte entschuldigend. »Die Armen müssen in der Schule den ganzen Vormittag stillsitzen, ich würde das nicht aushalten.«

Ohne es zu wissen, hatte sie Maria eben einen Teil ihrer Zweifel genommen. Dieser Gutshof war ein Ort, an dem Kinder ausgelassen spielen durften, ausreichend zu essen bekamen und zum Lernen animiert wurden. Maria sollte zufrieden sein. Und trotzdem wollte keine echte Freude aufkommen, denn wie sie es auch drehte und wendete. Eines würde ihrem Kind fehlen: die Mutter.

Bologna, März 1902

Seit einigen Wochen lebte Maria nun schon in einer kargen Zelle des Nonnenklosters Santuario della Madonna di San Luca. Sie genoss die Stille, die es ihr nach Jahren der harten Arbeit ermöglichte, sich ausschließlich auf sich selbst zu konzentrieren. Selbst bei den Mahlzeiten schwiegen die Schwestern. Nur zwischen den Gebeten, während der Arbeit im Gemüsegarten oder in der Klosterapotheke flüsterten sie leise miteinander. Maria verbrachte den Großteil des Tages allein im Garten. Hier saß sie unter einer hohen Zypresse und lauschte dem Wind, der sachte durch das Geäst wehte. Die letzten Monate hatten ihr Leben völlig auf den Kopf gestellt. Jetzt galt es, sich neu zu erfinden, denn die alte Maria war tot.

Giuseppe hatte ihr wiederholt Briefe geschrieben, aber sie hatte sie ungelesen zerrissen und in den Papierkorb geworfen. Sie wollte mit ihm nichts mehr zu tun haben. Von ihrer Mutter hatte sie erfahren, dass er kurz nach Weihnachten Testonis Cousine geheiratet hatte. Die Angebetete hatte seinen Antrag sofort angenommen. Und Marias verwundete Seele erfuhr die nächste Schramme.

Nach Tagen der Verzweiflung hatte sie sich aufgerappelt und Entscheidungen getroffen. Sie konnte mit ihm nicht weiter zusammenarbeiten. Deshalb gab es nur eine Lösung: Maria musste ihre Arbeit in der Klinik und an der Schule für einige Zeit niederlegen. Sciamanna gegenüber hatte sie erklärt, sie brauche Erholung. Das war nicht einmal gelogen gewesen. Sie benötigte tatsächlich Wochen der Ruhe.

Wie lange war es nun her, dass sie Mario im Schutz der Klostermauern zur Welt gebracht hatte? Zwei Wochen? Oder waren es drei? Sie hatte jedes Zeitgefühl verloren. Immer noch war die Geburt in ihren Erinnerungen so präsent, als wäre es gestern passiert. Mario war das schönste, zarteste und perfekteste Wesen, das sie je gesehen hatte. Seidig weiche Wangen, ein winzig kleiner Mund und dunkle Locken, genau wie Giuseppe. Auf ihren eigenen Wunsch hin hatten die Schwestern ihn gleich nach der Geburt zu den Pflegeeltern gebracht. Maria hatte gedacht, dass es ihr so leichter fallen würde, ihr Kind herzugeben. Jede Minute mit ihm hätte es ihr noch schwerer gemacht, sich zu trennen.

Aber sie hatte sich geirrt. Es war auch so der schmerzhafteste und bitterste Schritt, den sie jemals in ihrem Leben getan hatte. Niemals würde sie den Moment vergessen, als Schwester Bonifacia das kleine schlafende Bündel aus ihren Armen genommen und behutsam aus der Zelle getragen hatte. Maria hatte ihr so laut nachgeschrien, dass alle Nonnen im Kloster sie gehört hatten.

Eine ganze Woche lang hatte Maria geweint. Sie war unfähig gewesen, etwas zu essen oder mit irgendjemandem zu reden. Auch ihre Mutter hatte sie weggeschickt, da sie ihren Anblick nicht ertragen hätte. Sobald sie ihre Augen schloss, tauchte Marios Bild vor ihr auf. Dieses kleine, hilflose Bündel Mensch, das den Erwachsenen ausgeliefert und völlig abhängig war von ihrer Liebe. Maria fühlte sich schuldig, denn sie würde ihm diese Liebe nicht schenken können. Sie wusste, dass die Familie Mancini ihr Bestes gab. Mario würde dort eine glückliche Kindheit verbringen. Er würde mit Pferden, Ziegen, Hühnern und Schweinen aufwachsen. Vielleicht würde er sogar einen Hund bekommen, genau wie Luigi. Aber er würde niemals erfahren, wer seine Mutter war.

Giuseppe hatte Wort gehalten und in Marios Geburtsurkunde seinen Namen eintragen lassen, während Marias Name nicht genannt wurde. Die Gefahr, dass jemand davon erfahren könnte, war einfach zu groß. Die Presse würde sich voller Schadenfreude auf diesen Skandal stürzen und Marias Karriere genüsslich beenden. Gut, dass sie den Jungen jederzeit besuchen durfte. Sie würde sich damit zufriedengeben müssen, ihren Sohn dann und wann zu sehen. Sollte sie das Gefühl haben, er sei unglücklich, würde sie sofort eingreifen.

Das war der Preis, den sie für ihre Freiheit und ihre berufliche Zukunft bezahlen musste. Maria hoffte inständig, dass zukünftige Generationen anders mit Frauen umgehen würden. Sie selbst würde nicht aufhören, für eine gerechtere Welt zu kämpfen, in der Frauen die gleichen Rechte wie Männern eingeräumt wurden.

Die Klosterglocken läuteten zur Andacht. Ob Mario gerade in den Armen seiner Amme Francesca lag und auch den Klang von Glocken hörte, während er an ihrem Busen trank? Noch lange schwangen die metallenen Töne nach. Dann folgte wieder die Stille, die Maria jeden Tag mehr schätzte. Sie sorgte für absolute Leere. Manchmal gelang es ihr für einige Minuten, an absolut nichts zu denken. Ihr Kopf war frei von Bildern, Vorwürfen und Erinnerungen. Maria atmete tief ein und wieder aus. Sie konzentrierte sich auf ihren Atem und konnte für einen Augenblick den schrecklichen Verlust vergessen, der ihr manchmal die Luft zum Atmen nahm.

Aber heute war ihr auch dieses kurze Vergessen ihrer Traurigkeit nicht gegönnt. Die Stille wurde jäh unterbrochen. Schritte näherten sich über den langen Korridor. Wer mochte das sein? Harte Absätze schlugen auf den Fliesenboden, das war keine von den Schwestern. Noch bevor Maria darüber nachdenken konnte, wer sie wohl besuchen kam, vernahm sie ein leises Klopfen an der Tür.

»Ja, bitte?«

Langsam ging die Tür auf. Schwester Bonifacias rundes Gesicht tauchte auf. »Sie haben Besuch«, sagte sie leise. Hinter der kleinen Ordensschwester mit dem sanften Gesicht und den kräftigen Armen, die auch vor harter körperlicher Arbeit nicht zurückschreckten, entdeckte Maria ein Paar blitzblaue Augen: Anna. Noch vor eine Woche hätte sie die Freundin weggeschickt, aber heute wehrte sie sich nicht gegen Besuch. Anna hatte intuitiv gespürt, wann Maria bereit für ein Gespräch war, und den perfekten Zeitpunkt gewählt.

»Ich lasse Sie beide allein«, sagte die Nonne und zog vorsichtig die Tür hinter Anna zu. Dann entfernte sie sich ebenso geräuschlos, wie sie gekommen war.

»Anna.« Maria breitete ihre Arme aus, und Anna stürzte sich hinein.

»Wie geht es dir? Ich wollte früher kommen, aber dann dachte ich, du brauchst noch Zeit.«

»Das hast du völlig richtig erkannt«, meinte Maria.

Anna löste sich aus der Umarmung und musterte Maria eingehend.

»Du siehst traurig aus«, meinte sie dann.

»Ich bin auch traurig«, gab Maria zu. »Ich habe das Großartigste, was ich jemals hervorbringen werde, weggeben müssen.«

Anna kniff die Augen zusammen, so wie sie es immer tat, wenn sie sich über etwas noch nicht ganz im Klaren war. »Aber die Müdigkeit ist aus deiner Körperhaltung verschwunden«, stellte sie dann fest.

»Ich fühle mich körperlich und geistig völlig gesund«, sagte Maria. »Es ist die Seele, die mir wehtut.«

Anna nahm ihre lederne Umhängetasche von der Schulter und öffnete sie.

»Ich habe dir ein Geschenk mitgebracht«, sagte sie und reichte Maria ein Buch, das in braunes Papier eingeschlagen war.

»Was ist es?«

»Schau hinein«, forderte Anna sie auf.

Behutsam wickelte Maria das Papier auseinander und las: »*Report on Education* von Édouard Séguin«.

»Anna!« Zum ersten Mal seit Marios Geburt klang Marias Stimme nicht traurig. »Du hast Séguins Schriften bekommen, wie hast du das geschafft?« Sie sprach so laut, dass die Vögel vor ihrem Fenster erschrocken aufflatterten. Sie waren diese Stimmlage nicht gewohnt.

Anna grinste schief. »Ich habe meine Beziehungen«, antwortete sie geheimnisvoll und fügte dann hinzu: »Mein Cousin aus Amerika ist gerade in Rom zu Besuch. Ich habe ihn gebeten, eine Abschrift mitzunehmen.«

»Du musst mir unbedingt den Text übersetzen«, bat Maria. Ein winzig kleiner Teil der alten Begeisterung kehrte zurück.

Annas Grinsen wurde noch breiter. Erneut griff sie in ihre Tasche und zog nun ein dickes Notizheft heraus. »Schon erledigt.«

»Anna, du bist mein Herzensmensch«, sagte Maria ergriffen.

»Das will ich hoffen.«

»Ich habe in den letzten Wochen viel nachgedacht.«

»Nun, was anderes kann man hier wohl auch nicht tun«, bemerkte Anna und schaute sich naserümpfend in der kahlen Zelle um.

»Ich werde noch einmal studieren.«

»Wie bitte?« Anna suchte nach einer Sitzgelegenheit, entdeckte einen Hocker und ließ sich darauf plumpsen. »Reicht es dir nicht mehr, Medizinerin zu sein? Willst du jetzt auch noch Architektin oder Schiffskapitänin werden? «

»Ich werde Pädagogik und angewandte Psychologie studieren.«

»Aber warum? Du bist eine anerkannte Ärztin. Man kennt dich in ganz Europa.«

Maria widersprach nicht. »Das weiß ich, und diese Bekanntheit werde ich nutzen, um eine völlig neue Methode der Kindererziehung zu entwickeln.«

Anna öffnete den Mund, um etwas zu erwidern, vielleicht wollte sie Maria fragen, warum sie ihr eignes Kind weggegeben hatte, wenn sie sich der Erziehung widmen wollte. Stattdessen sah sie ihre Freundin verwirrt an.

»Ich habe mit schwachsinnigen Kindern gearbeitet und habe sie Lesen, Schreiben und Rechnen gelehrt«, fuhr Maria fort.

»Das weiß mittlerweile ganz Italien.«

»Ich stelle nun die Behauptung auf, dass dieselben Methoden bei gesunden Kindern zu noch großartigeren Leistungen führen können.« Sie dachte an Luigi. Wäre er in der technischen Schule anderen Lehrern begegnet, hätte er problemlos ein Studium absolvieren können. Zum Glück hatte er auch so seinen Weg gefunden, aber das war nicht selbstverständlich gewesen.

»Aha.«

»Ich werde eine Methode entwickeln, die sich von allen anderen grundlegend unterscheidet. Ich werde der Welt zeigen, wie man mit Kindern umzugehen hat, und ich werde Respekt gegenüber allen Kindern einfordern.«

Marias Augen leuchteten nun. Es war das altbekannte Glitzern, das Anna nur zu gut kannte. Seit dem Kongress in London hatte sie es nicht mehr gesehen. Anna hatte schon befürchtet, dass es für immer erloschen sei, aber in diesem Moment glühte es intensiver denn je.

»Ich werde der Methode meinen eigenen Namen geben«, erklärte Maria. »Und die Kinder dieser Welt werden damit Respekt, Liebe und Wertschätzung verbinden. Ich werde Schulen zu Orten machen, an denen Freude herrscht.«

Eine Weile schwiegen beide.

»Was meinst du?«, fragte Maria schließlich.

»Das ist ein wirklich guter Plan«, sagte Anna. Sie stand auf und umarmte Maria erneut. Sie war glücklich, dass sie ihre alte Freundin wiederhatte. Es war höchste Zeit, dass Maria diese Zelle verließ und ins Leben zurückkehrte. Visionen und Ideen hatte sie bereits genug. Jetzt galt es, sie umzusetzen.

Wie ging die Geschichte weiter?

Maria schrieb sich tatsächlich noch einmal an der Universität ein. Dieses Studium gestaltete sich deutlich unkomplizierter als das der Medizin. Maria war bereits eine anerkannte Wissenschaftlerin, die sich am Höhepunkt ihrer Karriere befand. Parallel arbeitete sie noch ein paar Jahre als Ärztin und nutzte geschickt ihre Beziehungen und Kontakte für ihre großen Pläne. Sie schrieb ihr erstes Buch *Il metodo* und begründete eine neue Pädagogik, der sie ihren eigenen Namen gab, die »Montessori-Methode«.

Aufgrund ihrer Popularität und des Erfolgs ihrer Methode wurde sie 1907 gebeten, ein Kinderhaus (*Casa dei Bambini*) im römischen Armenviertel San Lorenzo nach ihren Vorstellungen zu leiten. Wie von Maria prophezeit, gelang es ihr innerhalb kürzester Zeit, die Kinder der Arbeiter von den Straßen zu holen und mithilfe ihrer Methode im Lesen, Schreiben und Rechnen zu unterrichten. Vieles, was uns heute selbstverständlich erscheint, wie zum Beispiel kindgerechte Möbel im Kindergarten und in der Schule, sind Ideen, die Maria im Laufe ihrer Lehrtätigkeit entwickelte. Sie hat ihr ganzes Leben für einen respektvollen Umgang mit Kindern gekämpft und ging immer von dem Grundgedanken aus, dass jedes Kind lernen will.

Am 20. Dezember 1912 starb Renilde Montessori. Kurz nach ihrem Tod holte Maria ihren Sohn Mario zu sich und eröffnete ihm, dass sie nicht seine Tante, sondern seine Mutter sei. Bis auf eine kurze Unterbrechung begleitete Mario seine Mutter auf all ihren Reisen und war bis zu ihrem Tod stets an ihrer Seite. Mit Giuseppe Montesano brach Maria nach Marios Geburt den Kontakt ab. Sie ging nie wieder eine andere Beziehung ein. Maria starb am 6. Mai 1952 im Alter von einundachtzig Jahren in den Niederlanden. Ihre Methode lebt weiter bis heute. Siebzig Jahre nach ihrem Tod wird in Schulen und Kindergärten auf der ganzen Welt mit ihrem Material gearbeitet und nach ihrer Methode unterrichtet.

Nachwort

Als mich im Sommer 2019 meine Agentin Franka Zastrow anrief und fragte, ob ich eine Romanbiografie über Maria Montessori schreiben wolle, sagte ich sofort begeistert zu. Als ausgebildete Pädagogin, deren drei Kinder Montessorischulen besucht hatten, war ich der festen Überzeugung, bestens für dieses Projekt vorbereitet zu sein. Wie sehr hatte ich mich getäuscht … Sobald ich mit der Recherche begonnen hatte, merkte ich, wie schwierig das Vorhaben werden würde.

Es gibt zahlreiche Schriften über Maria Montessoris Methode, ihre Arbeit und ihr Schaffen, aber nur ganz wenige Quellen verraten etwas über ihr Privatleben. Überall finden sich dieselben Anekdoten. Das Archiv, das bei der *Association Montessori Internationale (AMI)* in Amsterdam verwahrt wird, ist Forschenden nach wie vor nicht zugänglich. Die einzige Biografin, die es hatte zu Rate ziehen dürfen, war Rita Kramer. Aus diesem Grund stützte ich mich beim Schreiben vorwiegend auf ihre Erkenntnisse. Ein weiteres hilfreiches Buch war das von Marjan Schwegman, die sich ebenfalls mit Marias Privatleben auseinandergesetzt hat. Doch welches Buch oder welchen Artikel über Maria Montessori man auch liest, man kommt immer zu dem Schluss, dass sie eine außergewöhnliche Frau war. Es ist ihr gelungen, in einer männerdominierten Welt gehört zu werden und sich eine herausragende Stellung als Medizinerin und später als Pädagogin zu verschaffen.

Sie war eine schillernde Persönlichkeit, eine Kämpfernatur und eine großartige Rednerin. In ihrer Biografie finden sich aber auch Brüche. Der auffallendste ist zweifellos die heimliche Geburt ihres Sohnes Mario. Sie selbst gab als Zeitpunkt seiner Geburt das Jahr 1898 an, doch sowohl Rita Kramer als auch Marjan Schwegman zweifeln in ihren Büchern dieses Datum an. 1898 war ein Jahr, in dem Maria fast permanent in der Öffentlichkeit stand, quer durch Europa reiste und zahlreiche Vorträge hielt. Erst 1902 zog sie sich für längere Zeit in ein Kloster zurück, angeblich, um ihr erstes Buch zu schreiben. Es ist jedoch naheliegend, dass die Geburt ihres Sohns den eigentlichen Grund darstellte. Erst danach dürfte sie ihr Buch geschrieben haben. Ich habe mich daher für diese Variante entschieden. Die etwas größeren Zeitsprünge gegen Ende der Geschichte zeigen, wie schwierig es war, ein Bild dieser Zeit zu zeichnen, da Marias Leben in den Jahren zwischen 1898 und 1902 nur notdürftig und sehr widersprüchlich dokumentiert ist.

Das Buch *Il metodo*, das während der Klausur entstand, war bahnbrechend und bildete den Startschuss einer einzigartigen Erfolgsgeschichte. Die Montessori-Methode fand nicht nur in Europa, sondern auch in den USA und später in Indien und Afrika begeisterte Anhänger. Maria nutzte ihren Bekanntheitsgrad und ihre Kontakte, entwickelte ihre Methode beständig weiter und erfuhr international großen Zuspruch. Die Erzählungen über ihr Leben nach Marios Geburt lassen jedoch auch den Schluss zu, dass ihre Denkweise mit zunehmendem Alter starrer wurde. Sie ließ keine neuen Ideen zu und legte großen Wert darauf, dass ihre Theorien geschützt und nicht verändert wurden. Ideen, die sie von anderen Pädagogen übernommen hatte, gab sie als ihre eigenen aus. Gleichzeitig brach sie mit Frauen, die sie über viele Jahre begleitet hatten, wie Lili Roubiczek oder Clara Grunwald. Gut funktionierende Zusammenarbeiten wie die zwischen dem Kinderhaus am Wiener Rudolfsplatz und Anna Freud waren ihr ein Dorn im Auge. Diese Haltung scheint so gar nicht zu der Pädagogik zu passen, die sie lehrte, denn dort stehen Toleranz, Respekt und Freiheit im Mittelpunkt.

Aber gerade dieser Widerspruch reizte mich. Ich wollte in meinem Roman erzählen, wie aus der jungen, weltoffenen und neugierigen Maria eine Einzelkämpferin wurde, die sich selbst in ein starres Korsett zwängte und die den Schutz ihres Namens und ihre Methode über die Zusammenarbeit mit anderen stellte. Natürlich kann ein Roman immer nur eine Annäherung sein und der Versuch, der Wahrheit möglichst nahe zu kommen. Die meisten der beschriebenen Figuren sind historisch belegt. Einigen habe ich fiktive Namen gegeben, um eventuelle Nachfahren nicht vor den Kopf zu stoßen. Beim Zeichnen eines authentischen Bildes dieser Zeit hatte ich Unterstützung von Barbara Ellermeier, die mir viele wunderbare Details geliefert hat: vom *Schwarzen Austernkeller* in Berlin über die Speisenfolge im Lokal bis hin zu Marias Reisewörterbuch. Zitate aus Marias Reden sind historisch belegt, ebenso Ausschnitte aus Zeitungen.

Luigi und seine tragische Geschichte sind ausschließlich meiner Fantasie entsprungen. Er steht stellvertretend für all die Kinder, denen Maria Montessori zu mehr Freiheit und einem selbstbestimmten Leben verholfen hat.

Auch wenn einige von Maria Montessoris Vorstellungen heute überholt wirken mögen, so ist ein Großteil ihres Materials und ihrer Ideen ungebrochen aktuell.

Es war mir eine große Freude, dieses Buch zu schreiben, und ich hoffe, dass Sie, liebe Leserinnen und Leser, ebenso viel Spaß damit hatten. Vielleicht haben Sie eine neue Seite einer starken Frau entdecken können, die am Höhepunkt ihrer medizinischen Karriere beschloss, Pädagogin zu werden.

Zum Schluss möchte ich mich bei all den Menschen bedanken, die mich tatkräftig bei der Entstehung dieser Geschichte unterstützt haben: bei Franka Zastrow, weil sie den Kontakt zur Piper-Lektorin Anne Scharf hergestellt hat, die ursprünglich die Idee zu diesem Buch hatte. Bei Barbara Ellermeier und bei meiner Freundin Bettina Humer vom Montessori Kinderhaus in Klosterneuburg, die mich mit Informationen gefüttert haben. Bei Annika Krummacher, die den Text lektoriert und nicht nur sprachlich, sondern auch inhaltlich manche Unstimmigkeiten gefunden hat. Bei meiner Familie, allen voran meiner Tochter Ida, die Probe gelesen hat, und meinem Mann, der wie immer eine Engelsgeduld an den Tag legte.

Die allerletzten Worte gehen an Sie, liebe Leserinnen und Leser, Buchhändlerinnen und Buchhändler, Bibliothekarinnen und Bibliothekare – denn ohne Ihr Interesse würden keine Bücher entstehen. Haben Sie alle vielen Dank.

Herzlichst
Laura Baldini